RAMTHA

El Misterio del Nacimiento
y la Muerte

La Redefinición del Yo

El Misterio del Nacimiento y la Muerte
La Redefinición del Yo

Segunda Edición

Copyright © 2000, 2023 JZ Knight

Título original: *The Mystery of Birth and Death: Redefining the Self*
Copyright © 2000, 2017, JZ Knight

ISBN: 9798862714739

Diseño de la portada: Leonardo Vivi
Imagen de la Portada: Veckstocka en Freepik

Este libro es la traducción al español de la edición corregida y aumentada publicada en el año 2017 del título original en inglés publicado en el año 2000: *The Mystery of Birth and Death: Redefining the Self*. La traducción de esta nueva edición fue elaborada por Valeria Zimmermann de Bel Shanai Publishing, LLC con permiso de JZ Knight y JZK, Inc. *Copyright* © 2023, JZ Knight.

El contenido de este libro se basa en Ramtha Dialogues®, una serie de cintas magnetofónicas registradas en la Oficina de Copyright de los Estados Unidos, con autorización de JZ Knight y JZK, Inc. Las grabaciones de audio originales de las enseñanzas de Ramtha utilizadas en la creación de este libro son las siguientes:

Para más información sobre las enseñanzas de Ramtha:
Ramtha's School of Enlightenment
P.O. Box 1210, Yelm, Washington
98597, Estados Unidos
www.ramtha.com

Para material de Ramtha en español visite
www.belshanai.com

Bel Shanai
publishing

Bel Shanai Publishing
una división de Bel Shanai Productions, LLC
P.O. Box 1777
Yelm, WA 98597
Estados Unidos
www.belshanai.com

ÍNDICE

Capítulo 1

Capítulo 2

CONCLUSIÓN:

EPÍLOGO

Agradecimientos

Quiero agradecer sinceramente a todas las personas que han contribuido conjuntamente a la realización de este libro en nuestro idioma. Ha sido un arduo trabajo en equipo inspirado por el mismo amor que todos compartimos por nuestro Maestro Profesor Ramtha, y sus maravillosas palabras.

Agradezco infinitamente a Paula Drausal por su esfuerzo y colaboración con el minucioso y excepcional trabajo que realizó con la corrección de pruebas.

Mis más sinceras gracias por la inspiración y creatividad que desplegó nuestro maravilloso artista gráfico Leonardo Vivi en la bella portada de este libro.

Por último, me gustaría extender mi más profundo agradecimiento, reconocimiento y amor a JZ Knight por llevar el timón de este barco y ayudarnos a surcar por las aguas de la consciencia hacia nuestro despertar espiritual al poner en nuestras manos las enseñanzas de Ramtha.

—Valeria Zimmermann
Editora y traductora, Bel Shanani Publishing

Rendido tras el viaje, al lecho me apresuro,
Los miembros fatigados no anhelan otra cosa;
Pero entonces comienza la jornada en lo oscuro,
Y trabaja la mente cuando el cuerpo reposa.
Porque mis pensamientos, desde reinos inciertos,
Fervientes peregrinos, llevan a ti sus ruegos,
Y mis cansados párpados deben seguir abiertos,
Viendo la oscuridad que contemplan los ciegos,
A mis ojos sin vista una imagen se muestra,
Y eres tú la visión que el alma me depara,
Y alta como una joya en la noche siniestra
Embellece a la negra noche su vieja cara.
En el día mis miembros y en la noche mi mente,
Por ti y por mí se agotan, interminablemente.

— William Shakespeare

Soneto XXVII

Mensaje Importante sobre la Traducción

Este libro está basado en Ramtha Dialogs® una serie de grabaciones magnetofónicas de discursos y enseñanzas dados por Ramtha. Ramtha ha elegido una mujer americana, JZ Knight como su único canal para repartir su mensaje. El único idioma que usa para comunicar su mensaje es el inglés. Su estilo de oratoria es único y nada común, por lo que a veces se puede malinterpretar como un lenguaje arcaico o extraño. Él ha explicado que su elección de las palabras, su alteración de las palabras, su construcción de frases y orden de los verbos y los nombres, sus descansos y pausas en medio de las frases son todos intencionales, para alcanzar múltiples capas de aceptación e interpretación presentes en una audiencia compuesta por gente de gran diversidad de herencia cultural o clase social.

Para conservar la autenticidad del mensaje dado por Ramtha, hemos traducido este libro lo más cercanamente posible a las palabras originales y así permitir al lector que experimente las enseñanzas como si estuviera presente. Si usted encuentra algunas frases que parecen incorrectas o extrañas de acuerdo a las formas lingüísticas de su idioma, le aconsejamos que lea esa parte de nuevo tratando de captar el significado que hay detrás de las palabras, en lugar de simplemente criticar la construcción literaria. También le aconsejamos comparar y usar como referencia la obra original en inglés publicada por JZK Publishing, una división de JZK Inc. para mas claridad. Nuestros mejores deseos. Disfrute su lectura.

Introducción del Editor: El Libro de los Muertos y los Vivos de Ramtha

El otro lado de la muerte ha sido un gran desconocido, un misterio frío y amargo para la mayoría de las personas de nuestra civilización actual. Muchos la experimentan como un destino inevitable y un final aterrador. Es una gran incógnita que contiene muchos elementos comunes compartidos a través de todas las fronteras, las religiones y las culturas de todo el mundo. Indudablemente, su anticipada imaginería se ha arraigado en nuestra cultura moderna, en la literatura, el cine, las obras de arte, mucho más allá del ámbito religioso. Las imágenes de la vida después de la muerte inspiradas por la religión —especialmente la visión cristiana del cielo y el infierno— son culturalmente compartidas por creyentes y no creyentes. Pueden llegar a ser sumamente mórbidas, macabras, cruentas y escalofriantes si uno se siente culpable o si se ha ganado la desaprobación de la Iglesia, no apto según las leyes religiosas, para vivir con Dios en su morada celestial. Podemos ver un claro ejemplo de ello en la representación del infierno y los tormentos de la condenación eterna que hace el Bosco en su famoso cuadro «El Jardín de la Delicias».

La afilada hoja de la duda y el miedo, cuando la muerte parece estar cerca, a menudo pone de rodillas incluso al agnóstico o materialista más acérrimo, por si acaso pudiera haberse equivocado. El miedo —el miedo a la muerte, el miedo a lo desconocido— es siempre más intenso y opresivo frente a la ausencia de conocimiento. La antorcha divina del conocimiento disipa la oscuridad del temor y hace surgir la novedad y la vida, mientras que el miedo al conocimiento es la peor esclavitud y el peor autocastigo que nos mantiene en la superstición y la ignorancia, y nos deja paralizados.

No ocurría lo mismo en el mundo antiguo, en lugares como Egipto, donde tenían conocimientos, arte y rituales sobre la vida después de la muerte conocidos hoy como el Libro de los Muertos. Los tibetanos del Lejano Oriente y los mayas del antiguo Yucatán también tenían sus propias versiones e instrucciones para cruzar el umbral de la muerte hacia la vida en el otro mundo. El problema que enfrentamos hoy en día es que ya no disponemos de las herramientas y el contexto de la interpretación adecuados para comprender estos libros y rituales de los muertos. El surgimiento del Judaísmo fuera de Egipto y, más tarde, el Cristianismo se hicieron cargo de destruir y dejar enterrada bajo las arenas del desierto la gran sabiduría antigua de Egipto. La situación se agravó cuando adaptaron y distorsionaron gran parte de la tradición y el saber egipcios de forma fanática y materialista, sin comprensión alguna.

Una de las historias egipcias más antiguas e importantes, la historia de Isis y el nacimiento de Horus —el verdadero hijo divino, heredero del trono y futuro gobernante sabio— se transformó en la historia de María, la virgen madre de Jesús, el hijo único de Dios y Rey de Reyes. Este es uno de los ejemplos más claros que demuestra la trágica destrucción y distorsión de las antiguas tradiciones egipcias fundamentales. Incluso el arte cristiano tradicional que representa a la virgen madre y al hijo de Dios en su regazo es idéntico a las obras originales del antiguo Egipto que representan a Isis y a su hijo Horus en su amoroso regazo miles de años antes de que surgiera el cristianismo. ¿Cómo es posible? ¿Cuál fue el propósito de copiar y distorsionar esta imaginería sagrada original? ¿Y cuál era el conocimiento y la sabiduría originales de los egipcios que se encubrió y se perdió a través del proceso de edición y apropiación judeocristiana?

Para poder entender correctamente las instrucciones del Libro de los Muertos del Antiguo Egipto original necesitamos encontrar las respuestas a estas preguntas que han permanecido tan misteriosas e impenetrables. Posiblemente también podría arrojar luz sobre muchos otros textos sagrados que surgieron después. Para descifrar realmente este conocimiento, debemos pensar y caminar como un antiguo egipcio. No podemos intentar leer e interpretar el conocimiento antiguo con nuestro pensamiento moderno, utilizando nuestros puntos de vista, creencias y comprensión actuales de la realidad. Eso no funciona. Desafortunadamente, es un error demasiado común. Necesitamos a alguien que nos guíe y nos ayude a comprender las ideas y la mente del mundo antiguo y nos dé una visión de su antigua sabiduría.

Ramtha y sus enseñanzas nos han ofrecido una gran ayuda y conocimiento a lo largo de cuatro décadas, y siguen sumándose. Simplemente su historia de la creación del Vacío contemplándose a sí mismo —y el primer punto de consciencia que surgió, el legendario Punto Cero, y la travesía de la involución y la evolución a través de siete niveles de consciencia y energía— esta historia por sí sola hace que brille la luz de la comprensión y elimina las contradicciones paradójicas y los misterios ocultos que son inherentes a tantas historias tradicionales de la creación. No sólo fundamenta sus enseñanzas en la sabiduría antigua, sino que hace todo lo posible por disipar la oscuridad de la superstición utilizando conceptos actuales, comunes y científicos con los que cualquiera puede relacionarse, comprender y poner a prueba para verificar personalmente las enseñanzas.

En lo que respecta a nuestra búsqueda en el más allá y a las instrucciones del Libro de los Muertos para hacer nuestro viaje a salvo, estamos en compañía de una gran fuente experta y conocedora. Ramtha explica a menudo que sus enseñanzas son, de hecho, la resurrección de lo que una vez fue el antiguo conocimiento y sabiduría de Egipto, ya desaparecido:

14

«En el antiguo Egipto, el faraón era un servidor del pueblo. Y todos sabían leer. Todos tenían acceso a los misterios secretos. Todos participaban en la construcción de los íconos y en el simbolismo de su propio pensamiento. No existía tal cosa como que las mujeres estuvieran sometidas a los hombres. ¿Sabes de dónde vino esa idea? Vino de los judíos de los últimos tiempos, para quienes las mujeres se volverían sucias e impuras, pero en el antiguo Egipto eran consideradas Faraonas Aladas de los Dioses. Estaban más cerca de Dios. Tener una mujer en tu vida era estar más cerca de Dios, pues su sabiduría y su virtud eran una gratificación instantánea en nuestro reino varonil, y salvaban nuestro reino.»

«En el antiguo Egipto, el faraón era el pueblo. Toda la gente sabía leer y escribir, y todas las personas tenían acceso a todos los grandes templos de veneración. Tenían acceso a todos los sacerdotes. Y eso fue abolido por los príncipes del desierto de Abraham, el reino hitita, que vino y los conquistó, los masacró y fomentó un punto de vista masculino y sometió a las mujeres por siempre jamás. Quiero que sepas que, sí, hay una resurrección de la antigua religión de Egipto y la estás viendo aquí y ahora.»[1]

— *Ramtha*

---

[1] Ramtha. *Revolution of the Spirit and Mammy, the Goddess of Genesis.* [«La Revolución del Espíritu y Mammy: la Diosa del Génesis»] Cinta de audio ed. 444. 10 de marzo de 2000 (Yelm: Ramtha Dialogues®, 2000); también en Ramtha. *A Master's Reflection on the History of Humanity.* Part II, *Rediscovering the Pearl of Ancient Wisdom* [«Reflexiones de un Maestro sobre la Historia de la Humanidad. Parte II, Redescubrimiento de las Perlas de la Antigua Sabiduría»]. (Yelm: JZK Publishing, 2017).

Ramtha señala aquí dos puntos muy importantes para nosotros: todo el mundo en Egipto, en aquellos tiempos antiguos, tenía igual acceso a lo divino y al conocimiento sagrado. También señala que las mujeres no estaban sometidas a los hombres ni eran consideradas desiguales. Las mujeres eran veneradas por su sabiduría y virtud. Se les consideraba seres divinos y muy valiosas para todos en el reino. Hoy en día, las mujeres siguen sin ser consideradas como iguales, por ejemplo, en lo que respecta a su salario en el lugar de trabajo, y siguen estando excluidas de los puestos de liderazgo y autoridad en muchas religiones y políticas del mundo. ¿Por qué son importantes estos puntos? ¿Qué tienen que ver con la vida después de la muerte? Su significado puede escapársenos fácilmente. Pero en realidad se reduce a cómo nos vemos a nosotros mismos, cómo nos definimos. ¿Quiénes somos y, por tanto, a quién le toca vivir y morir, y quién o qué sobrevive a la muerte del cuerpo y sigue adelante? Si todavía tenemos dificultades con la igualdad de género y un género se considera superior y está por encima del otro, entonces significa esencialmente que nos hemos reducido —quizás inconscientemente— y hemos definido nuestra esencia en términos de masculino y femenino y del cuerpo físico. Esta es la primera llave de oro que debemos mantener cerca en nuestra exploración, una llave maestra importantísima que abre puertas ocultas a una nueva comprensión, como lo verás.

En las enseñanzas de Ramtha y en el antiguo Egipto, los seres humanos —independientemente de su sexo, condición social, edad o credo— son reconocidos como seres divinos, entidades soberanas, dioses y creadores de la realidad y el destino en virtud de sus pensamientos comunes y su mente. Una de las razones por las que la religión tiene tan poca sabiduría que ofrecernos hoy en día, y tanta superstición llena ese lugar vacante, es precisamente porque la esencia de un ser humano se ve comúnmente en términos de su imagen física, su cuerpo y sus atributos. Precisamente porque las cualidades divinas y el conocimiento divino de Dios como creadores y fuente de nuestra vida no están incluidos en nuestra definición de lo que somos por naturaleza, entonces se deduce inevitablemente que estamos separados de Dios, criaturas totalmente indefensas y frágiles condenadas a una vida mortal.

Qué interesante que dos cosas aparentemente simples y sin relación —la igualdad de género y el acceso directo a Dios— puedan tener un impacto tan fundamental en cómo nos vemos a nosotros mismos y en el destino potencial que podemos esperar y aceptar en la vida y en el más allá. Al fin y al cabo, en las tradiciones y religiones es el cuerpo lo que se ve ascendiendo al cielo y recibiendo el premio supremo de la dicha eterna, y es el cuerpo lo que se percibe descendiendo al infierno y al tormento eterno y castigado con un horrible destino. Pero nosotros no somos el cuerpo. No estamos reducidos a nuestra encarnación física y a nuestra expresión de género y no estamos aislados del acceso directo a lo divino porque estamos hechos de lo divino en sí mismo, dotados del don del libre albedrío, la libre elección y la capacidad del libre pensamiento y la razón. Eso es lo que realmente somos y lo que nos convierte en seres humanos extraordinarios y verdaderamente divinos. Desde el principio de su mensaje, cuando apareció por primera vez a finales de la década de 1970, Ramtha insiste enfática y amorosamente: «He aquí a Dios. Ustedes son Dioses, creadores de su destino, los Dioses olvidados».

Las instrucciones del Libro de los Muertos no estaban destinadas al cuerpo físico, embalsamado y enterrado en una lujosa tumba, sino al Dios vivo que le daba vida, que imbuía su encarnación con un tacto cálido y un brillo en los ojos. Ramtha lo explica:

«El Libro de los Muertos del Antiguo Egipto sirve para enseñar al soberano qué hacer en el momento en que está fuera de su cuerpo: qué decir, adónde ir, a quién ver, qué hacer. Está bajo su hechizo. ¿Por qué los sacerdotes rezan veinticuatro horas al día recitando esos pasajes, recitándolos una y otra vez? Porque ese sacerdote está en la revisión en la luz de ese soberano. Ese sacerdote está rezando por ese soberano, y ese soberano en la revisión en la luz está oyendo al sacerdote desde el más allá. ¿No lo entiendes?»[2]

—*Ramtha*

Cuando nuestra esencia e identidad, el yo, se define en términos de nuestro libre albedrío, nuestros pensamientos, nuestras elecciones, en lugar de reducirse a nuestro cuerpo, empezamos a entender el cuerpo físico como lo que realmente es. Es la prenda, el traje espacial que llevamos puesto, el vehículo que necesitamos para experimentar las realidades que creamos en nuestra vida. El concepto de la reencarnación, la inmortalidad del alma o del Espíritu y la vida después de la muerte pueden empezar a adquirir un nuevo significado y claridad en este contexto. Ahora podemos empezar a entender quién es el que sobrevive a la muerte física y quién tiene la capacidad de seguir viviendo después de la vida o volver a un nuevo vehículo de vida encarnada, una nueva reencarnación de vida en carne y hueso, por así decirlo, o ir a un futuro más allá y desconocido como el hijo divino y la hija del Dios invisible que realmente somos y que siempre hemos sido eternamente.

---

[2] Ramtha. *Plane of Bliss, Part II*. Edición CD-9716. 8-10 de agosto de 1997 [«El Plano Sublime Parte II» Bel Shanai Productions LLC]. (Yelm: Ramtha Dialogues®, 1997).

En este libro, hemos preparado para ti las enseñanzas clásicas de Ramtha en las que profundiza en estos misterios arcanos de la vida y la muerte, el más allá y la revisión de la vida en la luz, la reencarnación, cómo llegamos a elegir a nuestros padres y nuestra encarnación futura, con la carga de los asuntos inconclusos grabados por nuestra alma que, antes de nacer, nos propusimos hacer conocidos y adueñarnos de ellos para llevarlos a la sabiduría. Ramtha explica el lugar de reposo donde nos encontramos con otros seres como nosotros en el más allá y cómo podemos planear nuestro siguiente paso en el plano de la manifestación. Nos da sugerencias y opciones a las que podríamos recurrir si estamos revestidos de conocimiento y sabemos cómo hablar y pedirlo y cómo visualizar y planificar nuestro gran destino evolutivo y futuro.

Lo que quizá sea más importante en esta enseñanza de Ramtha son los detalles que revela de cómo los maestros, los maestros inmortales, no tienen que esperar a morir para planificar su próxima vida o para adueñarse, en forma de sabiduría, de lo que aún les queda por hacer en su alma. ¿Cómo es que hablan, incluso si la muerte los llegara a sorprender? Estos son secretos arcanos verdaderamente grandiosos puestos al descubierto para que todos los aprendamos y veamos. Son realmente los rayos dorados y rosados del sol naciente de una nueva mañana, las claves maestras de sabios maestros que descubrieron el secreto de la vida y vencieron a la muerte. Por eso llamamos a estas enseñanzas «El Gran Libro de Ramtha de los Muertos y de los Vivos». Mientras sigues leyendo, no olvides los dos puntos que Ramtha nos recordó de los antiguos egipcios: los Hombres y las Mujeres son iguales como Dioses, creadores divinos del destino de la mañana en la muerte y en la vida.

¡Por tu gran vida!

—*Jaime Leal-Anaya*
Editor y escritor, JZK Publishing

CAPÍTULO 1
LA RUEDA DE LA REENCARNACIÓN

«Este hilo, o este Yo sombrío, es el Yo que lleva la carga, así como también el poder del victimismo —de la reacción, el odio, el resentimiento, la amargura, los celos, la ira, todas esas emociones lamentables que no hacen más que destruir la salud del cuerpo— y hace que tengas que regresar de nuevo y corregir esas cuestiones con las mismas personas en una situación futura».

— *Ramtha*

Nuestras Opciones Antes de Nacer

Oh, mi amado Dios,
en este día
he contemplado
mi crecimiento espiritual.
Y en cuanto a esta noche,
deseo saber
dónde estoy
en mi crecimiento.
Te suplico
que me envíes una señal,
que esta señal
me indique
el nivel de mi crecimiento
y, en verdad, el nivel
de mi aceptación espiritual.
Que así sea.

Ahora bien, vamos a tener una enseñanza maravillosa esta noche porque ya ha sucedido. Sé que ha sido maravillosa. Esta fantástica habilidad de poder saberlo de antemano se debe a que puedo ver cómo se desarrollan varias escenas y, como un estratega, ser capaz de elegir diferentes escenas de diferentes momentos de esta misma noche, responder preguntas de distinto modo, enseñar de diferente manera y enviar mensajeros específicos. Y me alegra mucho poder decir que fue todo un éxito. Cuando estás en la cima de la montaña tienes una visión diferente de las cosas que cuando estás abajo, en el valle, y no puedes ver nada.

Voy a comenzar recordándote un suceso que, en su curioso enunciado, dirá mucho sobre quién eres. Cuando concluya esta enseñanza, quiero que reflexiones sobre esto y quiero que lo hagas profunda y detalladamente. El suceso es que antes de encarnar en esta vida —antes de esta vida, antes de este cuerpo— ya tenías la opción de estar aquí, y elegiste estar aquí porque era parte del viaje de tu alma. Todos ustedes, procedentes de todas las épocas, de todas las culturas y de todas las razas, antes de volver a nacer tenían que tener un plan para la vida, porque, de lo contrario, esa vida no se desarrollaría. Y en ese plan todos ustedes eligieron encontrarme en esta escuela.

Quiero que pienses en ello, porque plantea la siguiente pregunta: «Si esto era parte del viaje de mi alma —haber logrado llegar hasta aquí y estudiar—, entonces, ¿qué era lo que necesitaba saber específicamente para cumplir con los requisitos de los señores del karma y la reencarnación? En otras palabras, ¿qué ganaría yo al venir aquí para tratar de resolver este problema persistente que parezco acarrear en cada vida y con el que me sigo tropezando, morir en esa vida y seguir teniendo el mismo problema? ¿Qué es lo que esta escuela y este Profesor tienen para ofrecerme?».

Esto es lo que quiero que sepas: por todo lo que has aprendido en mi audiencia y todos los mensajeros y todas las enseñanzas que te he dado, te has saltado vidas enteras en conocimiento y experiencias. Permíteme especificar esto diciendo que esos saltos de vidas enteras no tienen nada que ver con influenciar la forma material —eso está por venir—, sino que tienen todo que ver con influenciar el estado de tu Yo espiritual; en evolucionarlo a través de una conexión cerebro-cuerpo en una vida hasta un nivel de entendimiento que permita que ese Espíritu y alma se muevan muy rápidamente a través de los velos de vidas enteras.

En otras palabras, aún no podemos medir qué es lo que has ganado, pero comprender el conocimiento —una experiencia enriquecedora— aporta sabiduría. Y de esa manera, cuando se te dé la oportunidad, puedas estar a la altura de las circunstancias y abordar las situaciones de la vida no desde un estado de consciencia social común y empobrecido —que siempre está culpando a algo o a alguien por la condición de vida de las personas, en particular de la tuya—, sino que puedas enfrentar las situaciones en tu vida sin ser la víctima, y que puedas afrontarlas de una manera tan enriquecida que tú mismo quedarás sorprendido ante la sabiduría que empieza a fluir a través de ti. Y esto habla de una capacidad de aprendizaje que has adquirido y que no siempre tuviste.

¿Por qué es eso importante? Porque a nosotros —entre los que me incluyo—, que hemos elegido saberlo todo en la vida y descubrimos que no hay fronteras ni parámetros para lo desconocido y optamos por vivir exclusivamente en un sendero que siempre nos llevara a lo desconocido, fuimos llamados los maestros. Nos llamaron los grandes porque no vinimos a aprender más sobre aquello que se llama el Yo de lo que la chusma común y corriente en la plaza del mercado. deben tener la capacidad de entender su vida, de esa naturaleza y de comprender y asumir la responsabilidad de sus actos en la naturaleza antes de que se les conceda el poder e inmediato de manipular la materia.

Por eso te digo que has venido y todo porque querían estar aquí. Y lo que has aprendido hasta que no sea visible, está acumulando en tu interior lo que una abundancia de conocimiento formidable. Si podemos refinando ese conocimiento y eliminar de él y las cualidades inmaduras, la victimización, los pasado, el «fue culpa de alguien más»; si podemos seguir este entendimiento hasta el momento presente del Yo —lo cual nos estamos esforzando por hacer—, cuando entramos en ese santuario donde lo que somos no es responsabilidad de nadie más en ningún aspecto de nuestra vida, sino de nosotros mismos; cuando finalmente llegamos a ese espacio puro es el momento en el que nos empoderamos fantástica y absolutamente como legisladores. Pero no es hasta que podamos entrar en ese lugar desnudos —desnudos de nuestro pasado, de la culpa, de la envidia, de los celos; desnudos de todo lo que atormenta a la consciencia humana y la mantiene sumisa frente a la consciencia social— que refinamos nuestras actitudes hasta alcanzar un sistema de conocimiento que no culpa a nadie, que no vive en ningún otro tiempo que no sea el Ahora y, en verdad, a partir de esa base echa fuertes raíces en el Vacío con un poder tremendo.

Querías saber lo que has venido a aprender aquí. En la vida no hay casualidades; todo es intencional. Digamos que quizás la razón por la que te has reciclado en los motores de la reencarnación una y otra y otra vez es porque hay una falla en tu manera de pensar, y esa falla puede ser una cosa pequeña o un pequeño suceso —una pequeña actitud. ¿Por qué sería eso una falla? ¿Por qué sería eso como una soga que te ancla vida tras vida teniendo que lidiar con el mismo problema? No importa en qué cultura hayas nacido, en qué época —no importa el color de tu piel o si eres rico o pobre—, no importa; aún estás atormentado por este mismo problemita. Tal vez eso sea lo ún███████ haya traído de regreso aquí —aparte de estudiar en est██████ y tal vez en este estudio encuentres la solución.

El karma y lo███████ karma. A mí me gustaba enfrentarme a ellos en la batal██████rcen un enorme poder de represión. Pero lo que realm█████ el karma es que lo que piensas, lo eres; lo que piensas,██████ pensamiento debe ser así de puro y así de claro, de mod██████nsas mal de otra persona y le haces daño, se te devolverá porque eso es experimentar la realidad que estás impartiendo. El karma puede ser un concepto tan opresor que, en lugar de crear maestros, puede destruir por completo las mentes que van camino a la grandeza, despojándolos de todas las dulzuras que la vida puede ofrecerles. Viven un estilo de vida monástico y trazan el curso de su pensamiento en mantras interminables que no significan nada; postran el cuerpo y lo matan de hambre; hacen todo lo posible para evitar el encuentro con el karma potencial, incluso con la mirada. Ahora, esto es bastante extremista.

Déjame decirte que en tu vida no hay ningún acontecimiento que te mantenga en el ciclo de la reencarnación que no pueda ser resuelto cuando pules la actitud y la desvinculas de las personas, los lugares, las cosas, los sucesos y el tiempo. Eso es ir desnudo al centro de una actitud. Cuando puedas hacer eso con cualquier problema que tengas, esa será la única vez que lo resolverás. Culpar a tus padres, culpar a una época, ser la víctima de un suceso, todo eso son acciones en respuesta a una reacción que te hacen regresar. Y la solución es sumamente sencilla: velo por lo que es sin ningún adorno, incluso el pasado. Y si eres capaz de hacerlo, entonces sabrás qué clase de entidad sustanciosa eres que puede mirar a su nigromante a los ojos hasta que se levante el velo y descubras que el nigromante no tiene rostro.

Vivir en el Pasado

Lo que es y siempre ha sido tu dificultad es que vives con un dolor del pasado y con un agravio del pasado. No sé cuántas veces tengo que decirlo, pero incluso mi grupo más avanzado aún desentierra de su pasado motivos para justificar su comportamiento, y desenterrar viejos cadáveres solo va a hacer que la situación apeste. Eso no resuelve nada. Lo que sí hace es conectarte con esas mismas personas en otra vida futura. ¿Por qué crees que hay grupos de almas que trabajan juntas? Existe tal cosa. Hay varios en esta misma audiencia. Y, por supuesto, el grupo más grande tiene una conexión del alma con mi vida aquí: una vez estuvimos todos juntos. Pero en el lapso de tiempo desde entonces hasta ahora, todos ustedes han tenido pequeños dramas en su vida que recrean unos con otros. Y a quienquiera que culpes en esta vida por tu miseria actual es precisamente a quien vas a tener en la próxima.

Ahora piensa en ello. ¿No te parece lógico? Si la consciencia y la energía crean la realidad por medio de los procesos del cerebro y el mapeo de su red neuronal, entonces si tu red neuronal te dice que eres débil debido a tus padres y eso no se resuelve en esta vida y ellos están siempre ligados a ese asunto, ¿no son entonces la consciencia y la energía las que crean eso como una realidad absoluta? ¿No se transferirá entonces esa realidad a otra experiencia con las mismas personas? Sí, porque ellos están en tu realidad. ¿Cómo se escapa de ser despojado en la luz? Solo se le despoja de la memoria en la luz, pero el alma, esa página en la que no se ha escrito nada durante miles de años, pide resolución porque durante miles de años has estado estancado en una pequeña actitud. Y esa es la carencia.

Todos los grandes seres lo saben y muy pronto tú lo vas a saber. Lo vas a saber porque voy a insistir para que llegues a ese entendimiento y sus profundas implicaciones para tu futuro Ahora. Y quiero hacerlo porque mientras juegues con la idea de sufrir a causa de una persona, un lugar, un suceso o un tiempo, entonces tú y ese sufrimiento y esa entidad estarán ligados por toda la eternidad hasta que un día renuncies a todo ello.

Ahora bien, esto tiene grandes implicaciones —grandes implicaciones— porque muestra el nivel de inmadurez en una escuela de antigua sabiduría. Ningún maestro o maestra le echaría la culpa a su vida jamás. Ningún maestro o maestra dejará jamás que su poder aumente o se pierda a causa de otro individuo o de algún suceso o de algún momento. Es así como te das cuenta de que estás hablando con un auténtico maestro de la Gran Obra.

¿Es posible realmente cambiar la forma de pensar de tu cerebro enfocándote en este problemita tuyo sin conectarlo a todas esas otras formas que son comunes en asociación con el problema? Claro que sí, porque cuando te enfocas en lo que es —no en quién lo hizo, cuándo sucedió, quién lo causó y por qué estás progresivamente de cierta manera en los días que siguen—, cuando todo esto se elimina estás mirando un concepto desnudo en el cerebro. ¿No sabes lo que eso provoca en el cerebro? Ahora tenemos una desconexión de las neuronas de sus estaciones dendríticas, porque si nos enfocamos en lo que somos sin asociación, el cerebro, para ser capaz de entender qué es lo que estás haciendo, debe obedecer y las neuronas tienen que desconectar el circuito de asociación y darte simplemente lo que es. Y cuando miras fijamente lo que carece de asociación, ya no puede existir. Es en virtud de la asociación por lo que existe en primer lugar. No puedes sostener la carencia de ninguna forma cuando la desvinculas de las asociaciones conectadas a ella.

Ahora bien, el camino más rápido hacia la iluminación no son las drogas ni el vino. No es nada que esté fuera de lo que somos. El camino más rápido hacia la maestría es el camino del desapego. Y eso significa separar la culpa de todas las actitudes mentales limitadas —tiempo, personas, lugares, sucesos—, porque cuando tomas la carencia y la dejas por sí sola, no se puede sostener sin la culpa. Y el odio no puede vivir, no se puede sostener a menos que tenga una víctima. Desvincula a la víctima y no habrá odio. Desvincula la carencia de tu trabajo, el lugar donde vives, cuánto dinero ganas. Separa de la carencia cualquiera de tus facultades percibidas que impidan que ocurra la abundancia. Si te desprendieras de todo eso y simplemente observaras la carencia, ella no podría existir en tu realidad, porque en un estado puro de desapego tenemos el momento presente puro que es el poder más asombroso que existe.

El Camino Hacia la Iluminación

Mi amada gente: iluminación es una palabra muy antigua, de hecho, es una palabra muy poderosa y solo ha sido respetada por muy pocas personas. A menudo se les llamaban profetas y hombres y mujeres sabios. Eran muy inusuales por lo que eran muy especiales y siempre fueron perseguidos. Pero la iluminación aquí se enseña en la escuela. Entonces, ¿qué tipo de persona se requiere para llegar a ser un iluminado o para iniciar el camino de la iluminación? Se requiere la siguiente persona: una que esté preparada y dispuesta a adueñarse de todo su pasado. De hecho, ya no hay nada de su pasado que le llame la atención. Lo ha hecho todo. Ha cumplido todos sus sueños. Tuvo todas sus riquezas. Tuvo toda su pobreza. Lo ha tenido todo. Ha sido amante, marido y esposa, hetaira. Lo había hecho todo y llegó un momento en su vida en el que estaba listo para algo más. Lo quería, así que el maestro apareció.

Cuando uno deja de añorar su pasado, ¿qué dice eso de la persona? Que la persona no posee nada ni nada la posee. No la posee nada. Ahora bien, esa es una afirmación muy general. Aquí te esfuerzas por acumular cosas y yo te digo que se trata de alguien que no posee nada. ¿Que significa eso realmente? Quiere decir que no hay nada del pasado con lo que esté en deuda —en deuda no simplemente en cuestión de dinero, sino por medio del dolor y de la adherencia emocional.

Ahora, en segundo lugar, la persona que está lista para la iluminación es una entidad que está dispuesta a tener una actitud diversa y diferente a la de su pasado. Actitud —una actitud— es una palabra muy poderosa porque las formas anteriores de pensar ya no se reconocen en una nueva actitud. Una actitud nueva es como un cerebro que nace en esta vida y que todavía no ha sido programado. Es un organismo que es maduro, pero virtuoso. ¿Qué significa una actitud virtuosa? Significa una actitud que no está llena, que está vacía —una actitud en la que ya no importa nada, por así decirlo. Parece imposible que una persona que ha vivido muchos, muchos años llegue a tener una actitud en la que ya no le importe nada. Pero cuando la persona ya no está poseída por el ayer —número uno—, cuando no hay nada que le llame la atención; no hay sueños, no hay obligaciones, no hay nada que le pertenezca ni nada que deba, cuando eso se ha logrado la persona tiene una actitud virgen, y esa actitud, entonces, está madura para desarrollarse.

Ser Dios ejemplificado es ser iluminado en el sentido más profundo de la palabra, estar en conocimiento de, y luego experimentar agresivamente ese conocimiento. Esta nueva actitud, como una nueva consciencia, por así decirlo, tiene espacio para absorber el conocimiento y luego, con tal enfoque dinámico, crear el conocimiento como la vida diaria de uno para participar en ello y de hecho realizarlo. Esta nueva consciencia no juzga, no es parcial, ya no tiene prejuicios, ya no se dedica, por así decirlo, a los semidioses. Está dedicada a Dios Todopoderoso, el potencial soberano. Esta actitud virgen no necesita chismorrear. Esta actitud virgen no necesita ser una dictadora, no necesita ser una víctima. Esta nueva actitud no tiene necesidad de tener más sensaciones corporales porque la consciencia virgen ha llegado a ser así debido a que la persona se adueñó de su pasado.

Lo siguiente, lo tercero, es que la vida es para siempre: la vida es para siempre. Todo el mundo puede decir eso en esta audiencia. Pero un individuo que puede reconocer que el potencial de su ser eterno existe más allá de algún velo —por el mero hecho de saber que es eterno— ya no tiene miedo. Se da cuenta de que es eterno y tiene hambre de eso y conceptualiza que su eternidad está detrás de algún velo. Es a través de él que se levantará el velo, porque para pensar en esos términos no hay que tener miedo a morir. Cuando ya no se tiene miedo a morir, entonces el concepto de la vida eterna está siempre presente.

Entonces, ¿cuál es esa cualidad? ¿Qué significa para ti? ¿Qué podrías hacer para caminar al borde del precipicio y no perder nada? Ser intrépido es ya no tenerle miedo a la muerte y, por tanto, ya no tenerle miedo a los cambios que te llevan hacia lo desconocido. A la mayoría de ustedes les asusta mucho lo desconocido. Esa es una cualidad difícil y una de las razones por las que no son buenos para manifestar. Una persona que realmente se compromete con lo que se denomina la vida eterna ya no considera la muerte y ya no considera el envejecimiento porque se convierte en una persona por siempre joven a la luz de toda la eternidad. Entonces, si una persona ya no teme a la muerte, ¿qué temería? No teme el ostracismo público. No teme el reproche social. No teme ser famoso o desconocido. Y en la mayoría de los sentidos el gran iniciado no busca ser conocido porque eso tiene todo que ver con el ayer. ¿Lo entiendes ahora?

Entonces, ¿cuáles son las tres características? Adueñarse del pasado, tener una nueva actitud, y la vida es para siempre. Esas son las características de un Cristo. Esa es la razón por la que los iluminados eran tan inusuales en la antigüedad porque mira en lo que tenían que convertirse, no a la fuerza, sino que era una evolución natural en ellos. Ahora pongamos a ese iniciado a hacer la disciplina de Consciencia y Energía®[3]. Cuando ese iniciado forma la imagen de lo que desea —su disciplina está tan alineada que su respiración es un poder consciente— cuando se enfoca en una palabra es el Ahora absoluto. No le da miedo ganar o perder. Ganar y perder no existen porque tiene una nueva consciencia.

Y en la eternidad, vivir para siempre es una señal de esa eternidad por lo que tiene una gran pasión. No está aquí sentado pensando en otra persona. No está aquí sentado pensando en su aspecto, en lo que va a hacer mañana, en lo que hizo ayer. No está sentado aquí temeroso de lo que sucederá cuando se enfoque en esta palabra. No le da miedo lo que la gente pueda pensar una vez que lo manifieste. Es absoluto. Y hay algunos de ustedes en esta audiencia que son todas estas cosas que acabo de enumerar y ustedes son los manifestadores. Así que cuando lo manifiestan, es una ley absoluta porque no les da miedo que se manifieste o que no se manifieste.

Ahora veamos al siguiente grupo que está teniendo algunas dificultades por aquí. Si el verdadero iniciado posee estas tres cualidades, ¿cuáles serían los indicadores de alguien que anhela el conocimiento y la iluminación pero que aún no ha llegado allí? Vive en el pasado y sigue luchando con su imagen. No ha aprendido que ya ha sido esta imagen. No ha aprendido que es suficiente, que el tiempo para ser esta identidad ya ha terminado. Así que no sólo vive en el pasado, sino que lo hace a través de la actividad de su imagen. ¿Y qué es eso? Eso tiene todo que ver con el ayer, el hoy y el mañana. Tiene todo que ver con tu sexualidad. Tiene todo que ver con tu relación. Tiene todo que ver con cómo te ves y cómo no te ves.

---

[3] Consulte el Glosario para más información acerca de la disciplina de Ramtha de Consciencia y Energía (C&E®).

Tiene todo que ver con vivir para la aprobación pública. Tiene todo que ver con huir de la adversidad. Todo tiene que ver con una mente cerrada.

En segundo lugar, es una actitud. ¿Cuál es la actitud de quien aún no ha llegado? La actitud de una persona así sigue siendo enjuiciadora. Su cuerpo gobierna su vida: lo que hay entre sus piernas, en su pecho, cuántos músculos o qué tan pocos músculos tiene, y quién duerme en su cama y quién no duerme en su cama. Estas personas juzgan a la gente y, en consecuencia, son juzgadas. A estas personas les da miedo, por así decirlo, no hacer siempre lo correcto. ¿Y quién determinó qué era lo correcto? La imagen es lo que determinó lo correcto, y siempre hiciste lo incorrecto intentando hacer lo correcto. Las posesiones de estas personas tienen un gran valor, por pequeñas o grandes que sean. Todo es relativo. Y a estas personas, ante todo, no les gusta estar solas.

Y, en tercer lugar, ¿qué pasa con el velo de la eternidad? ¿Qué le pasa a este grupo en particular? Temen la muerte. Temen el dolor. Temen sufrir. Si temes el dolor y el sufrimiento y te da miedo morir dormido, sin despertar, eso te da miedo porque ambos conducen al máximo dolor, la muerte. ¿Dónde está el velo de la eternidad para ellos? Pueden cortarle la cabeza a alguien y ver la sangre brotar del cuello y decir, mira, esta persona está muerta. ¿Dónde está el Espíritu? ¿Dónde está su consciencia? Está muerta y se ha ido. Estas personas tienen una mente mecánica que se oculta bajo la apariencia del misticismo. Saben que van a morir, pero esperan en Dios ser salvados.

Ahora estas personas no sólo le tienen miedo a la muerte. Ese miedo extremo les refleja todo, puesto que la base de todo en su vida parte de la motivación del miedo. ¿Y cómo viven su imagen todo este tiempo? Les da miedo no complacer a los demás, porque si no los complacen son condenados al ostracismo, y si alguien es condenado al ostracismo sufrirá emocionalmente, y si sufre emocionalmente morirá como un maníaco depresivo o se le romperá el corazón.

Entonces, ¿por qué algunos de ustedes obtienen lo opuesto a lo que quieren cuando lo soplan? Porque pertenecen al segundo grupo. No es una afirmación despectiva. Es un hecho. Y el hecho es que no has llegado a ese punto épico de limpieza, a esa nueva consciencia de lo que es verdaderamente importante en tu vida. Y el amor no gobierna tu vida porque no te has ganado el derecho a tenerlo. Sólo el iniciado posee ese hilo dorado llamado amor. No es el amor entre dos personas. Es el amor supremo de Dios, que es la totalidad del Todo que está en el Todo —todo.

Entonces, ¿por qué te enfocaste en la alegría y en un principio empezaste a sufrir y todo empezó a ir mal? ¿Por qué te enfocaste en la soberanía y de pronto empezaste a perderlo todo? ¿Y por qué te enfocaste en la salud y de repente empezaste a enfermarte? Tú perteneces a la segunda categoría. La razón de esto es que tu sinceridad y tu compromiso con el cambio y la gloria de la transformación no pueden ocurrir hasta que la fractura, por así decirlo, de lo que se denomina el pasado, la fractura y el resquebrajamiento del espejo de las imágenes, el resquebrajamiento y el desprendimiento del miedo haga que finalmente quede fuera de tu vida. Así que cuando pides alegría, lo que empieza a suceder es que todo lo que está en tu subconsciente, concerniente a tu imagen, empieza a salir a la superficie. Para que el Dios tenga la soberanía de la alegría, debe limpiar su armario y pulir sus estantes para que una cosa brillante e iluminada pueda permanecer allí en la gloria.

Así que cuando te enfoques en la alegría, te vas a topar con la miseria, el dolor y el sufrimiento, y vas a tener que tomar decisiones porque estas son las cosas que te mantienen en el pasado y, de hecho, definen tu imagen de necesidad. Así que se te van presentando una por una. Estás sufriendo y estás confundido y, de hecho, te duele y no está sucediendo de la manera que pensabas. Pero la alegría no puede vivir en el mismo cuerpo que el dolor. La alegría no puede compartir su trono con el pasado porque el pasado no es alegre, sólo lo es el Ahora. Así que empiezan a presentarse las cosas que hiciste, las personas a las que culpaste. Todo ese desmerecimiento empieza a aflorar. Y no importa si alguien te compra un bonito regalo, ni siquiera puedes sentir el regocijo y el entusiasmo de su envoltorio, y estás dolido.

Ahora déjenme decirles, maestros, que lo entiendo perfectamente porque así fue mi vida. La alegría no puede renovarte a menos que tú mismo te renueves. La conquista del yo consiste en conquistar las limitaciones del individuo clasificado como persona del pasado, fracturando todo el fanatismo, todo el odio, la injusticia, toda la deshonestidad. Lo fractura todo y lo saca a la superficie. El espejo de la imagen se resquebraja. Así que se van presentando uno a uno, y lo que se manifiesta son los problemas, no la alegría. Como ves, el camino hacia el reino de los cielos consiste en encontrar tu camino.

Si vas a empezar este día para ser el iluminado que verdaderamente posee las cualidades de un iniciado excepcional, tú que estás en segundo lugar debes hacer todo esto. Debes regocijarte de alguna manera de que esto esté ocurriendo, porque algún día tú también tendrás la claridad, una nueva consciencia y una eternidad de ser que permitiría crear, en un abrir y cerrar de ojos, milagros así de poderosos y así de puros. Tu sendero es muy difícil porque vas a tener que despejar el camino para que aparezca todo aquello que estás tratando de manifestar, y con cada depresión, con cada pena, con cada debilidad vas a forjar la espada que hará que realmente te conquistes a ti mismo. Eso fue lo que me dijeron: «Toma, Ram, conquístate a ti mismo». Sí, lo hice.

Entonces, ¿qué haces cuando estás en medio de la tristeza y quieres alegría? ¿Qué es lo que haces? ¿Te regodeas en la autocompasión? ¿Vas y lo discutes con tus amigos para hundirte un poco más? ¿Llamas a todos por teléfono y les cuentas tu angustia? ¿Te van a ayudar? Te he escuchado. No te van a ayudar. ¿Qué es lo que haces? Aplicas el segundo y más poderoso aprendizaje del primer iniciado, una nueva consciencia. En lugar de ver esto como «Pobre de mí, pido alegría, pero solamente obtengo sufrimiento, por lo que soy indigno de ella» —eso no es nada nuevo, es el mismo dictado de siempre, la misma respuesta de siempre, el mismo escape de siempre— la consciencia del iniciado, la nueva actitud, dice: «Por fin estoy encontrando mi salvación, pues, en verdad, ha estado dentro de mí todo este tiempo. Esta opresión que siento, yo sé de dónde viene».

Y si no lo haces, sopla la opresión y aparecerá la siguiente parte de la imagen hasta que la respuesta solitaria se vislumbre ante ti. Lo único que tienes que hacer es ponerla allí y hacer que se presente. ¿Por qué? Ponla allí y aparecerá como algo mágico en tu vida. En forma de personas del pasado, del presente, en forma de una cosa, en forma de una letra, en forma de una palabra aparecerá y entonces te iluminarás y mirarás esto con una nueva consciencia. Dirás: «¡Ah! Por fin soy libre, pues ahora lo entiendo». Y con esa gloria y un gran grito se habrá consumado en la sabiduría y la consciencia se habrá limpiado para siempre de ese drama interminable.

Entonces surge la siguiente situación, y en lugar de huir de ella la enfrentas con una espada, y la espada es Consciencia y Energía®. La nueva actitud dice que esto es una bendición, esto está despejando mi camino para la gloria de Dios, y la enfrentas y la invocas. Te darás cuenta cuándo se habrá manifestado la manifestación para la que has trabajado tan arduamente, porque una dulce mañana te levantarás de tu camastro y mirarás lo que se denomina el cielo matutino, y al ver el centelleo de las estrellas fugaces sentirás un gran regocijo y una alegría que se elevarán a su cenit. La más dulce de las risas se fundirá con el canto del ave nocturna, y el nuevo día se llenará de una energía dorada en el que todo lo que veas y toques reflejará tu belleza. Y, he aquí, que ahora conocerás la alegría y habrás trabajado por ella – habrás trabajado por ella.

¿Qué has hecho con la imagen fracturada del pasado? La has convertido en perlas. El espejo de la imagen está tan fracturado y distorsionado que trabajas con los restos que quedan. Con cada conquista ganas fuerza, y con la fuerza surge la valentía, y con el coraje surge el nacimiento de un verdadero iniciado, y ese nacimiento realmente te hace libre y nunca volverás a ser el mismo. Entonces, cuando te enfoques en la soberanía y te des cuenta de que no tienes ni un penique, alégrate de no tener ni un penique. Y si sólo tienes pan para cenar y tu corazón empieza a llorar, ¿está llorando por la frugalidad de tu cena o estás llorando por los que tienen menos? Y la soberanía comienza a vivirse del mismo modo que la alegría. No siempre se necesita oro para ser soberano. Se necesita fuerza y coraje y una mente ilimitada para crear, y la buena tierra y la dulzura de la vida te lo proporcionarán en el momento en que te comprometas a vivirlo.

Y luego te enfocas en la salud. ¿Por qué la salud es lo último? Porque la falta de salud es una enfermedad física o lo que se denomina una aflicción corporal, ya sea la vejez, el deterioro de lo que se denomina el tejido, o la enfermedad te sobreviene, y el cuerpo cae bajo el asedio. ¿Por qué la salud debería ser lo último? Porque la salud, por así decirlo, es una manifestación física, y la manifestación física equivale a lo que se denomina la gota que colma el vaso de la creación. Se manifestará en el cuerpo. El cuerpo vive en el tiempo. Tiene su propio ritmo. Tiene su propio electrum. Tiene su propia función individual. Es un instrumento de lo que se denomina este plano. El cuerpo sufrirá o se regocijará ante la creatividad de la alegría, de la imagen, de la soberanía, de la pobreza. El cuerpo se regocijará o llorará bajo la actitud de ti que lo habitas.

Ahora es la gota que colma el vaso de la creación de todos: lo físico. Entonces, ¿por qué al soplar la palabra salud te enfermas aún más? Si el cuerpo manifiesta la enfermedad al enfocarse en la manifestación llamada la salud, entonces lo que el cuerpo te está diciendo en su lenguaje es que sólo puede hablarte a través del dolor o de los gases o de un calambre o de una debilidad o de un achaque, de una hinchazón o de perderlo todo. El cuerpo te habla todos los días y está intentando decirte algo que le estás haciendo. Necesita ayuda. Si tú eres el Señor Dios de tu ser, si tú eres la imagen suprema de tu ser, entonces seguramente lo que debe seguir es que tu cuerpo físico es el reino supremo y, de hecho, el sirviente de cualquiera de los dos. Así que tu cuerpo te está hablando.

Si estás cada vez más enfermo y estás soplando la salud, debes mirar esto con la nueva actitud de la consciencia. Este cuerpo físico está pidiendo ayuda. Esa es su manera de hablar. Ahora empezará a mostrarte lo que está mal, y entonces tú lo soplas y descubres la actitud que lo ha creado. Por cada dolor, padecimiento y enfermedad, hay una actitud que reina y es soberana sobre este cuerpo. Entonces te diriges a la actitud con valor. Y es muy sencillo de interpretar. No necesitas ser un genio —puedes ser un simplón— para interpretar lo que el cuerpo está tratando de decirte. Y en cualquier parte que te esté hablando, es muy sencillo reconocer la actitud, eso que se denomina la consciencia que está haciendo que este cuerpo físico no funcione correctamente. Entonces te enfocas en cada parte. Y cuando te empiece a doler más, pones tu atención en la actitud o en el lenguaje del dolor y se te revelará. Entonces lo observas y lo cambias.

Ahora llegamos a la razón por la que la gente no cambia, por la que la gente no cura su cuerpo, porque no están dispuestos a encontrar la actitud que los ha paralizado. No quieren cambiar la actitud que han descubierto, de hecho, esa es su identidad. Si pierden su identidad, pierden su imagen. Si pierden su imagen, pierden el respeto de sus colegas. Si pierden el respeto de sus colegas, son indignos. Y si son desmerecedores, tienen miedo de morir porque no existe la eternidad para esa miseria.

¿Así que quieres curar tu cuerpo? Debes estar dispuesto a entrar en él y a hablar con él. Debes tener el coraje y la pasión para cambiar aquello que lo ha puesto en mal funcionamiento y en la miseria, y debes estar dispuesto a cambiar. Y si ese cambio es tan completo, en verdad, tan absoluto que destruya tu pasado, entonces ese cuerpo que no funciona, de hecho, esa enfermedad, tiene entonces la bendición épica de tu vida porque te liberará de la esclavitud de una rutina humana una y otra vez.

Así que Consciencia y Energía® sí funcionan porque la voluntad existe de verdad. Puedo decirte que los santos más valientes, respetados y verdaderamente glorificados que han vivido alguna vez nunca han sido reconocidos porque nunca buscaron notoriedad. Sufrieron, soportaron, por la gloria de Dios manifestándose en ellos, por la iluminación. ¿Y qué tan valiente fue un Cristo? ¿Cuánto valor se necesitó para no tener nada y adueñarse de todo? ¿Cuánta valentía se necesitó para ser el único que conocía la paz en medio de una muchedumbre histérica? ¿Cuánto valor se necesita para estar dispuesto a morir y demostrar que la vida es para siempre? «Bendito seas, porque me envías a mi Padre y me liberas de este mundo».

Entonces, ¿qué clase de valor se necesita para enfrentarse a la adversidad, alegrarse y ver el esplendor incluso en un lirio? ¿Qué clase de grandeza se necesita? Una a la que ya se haya enfrentado uno y haya sido verdaderamente conquistada. ¿Qué clase de persona es la que puede caminar sola y estar sola en medio de diez mil personas, de dónde viene su consuelo? De la gloria del Padre que lleva dentro, algo que no enseña, sino que lo vive. Esa es la epopeya de la iluminación. Y todos los pasos de la vida de estas grandiosas personas estuvieron cargados, por así decirlo, del cambio, y ellos lo tuvieron en su interior para abrazarlo, cambiar, crecer y florecer. Ellos están donde tú, ruega que así sea, puedes caminar algún día, porque habrás caminado como uno de ellos.

El Aspecto Sombrío del Yo

Muchos de ustedes tienen lo que comúnmente se ha llamado un personaje con un lado oscuro, y ese lado oscuro significa tu aspecto sombrío; un filamento o hilo que es áspero y que está sin refinar. Yo más bien diría que ese hilo es un mapa de la red neuronal, y que codicias esta faceta de ti mismo tan deliciosamente que nunca dejas que nada la penetre. Porque este hilo, o este Yo sombrío, es el Yo que lleva la carga, así como también el poder del victimismo —de la reacción, el odio, el resentimiento, la amargura, los celos, la ira, todas esas emociones patéticas que no hacen más que destruir la salud del cuerpo— y hace que tengas que regresar de nuevo y corregir esas cuestiones con las mismas personas en una situación futura. Eso no es algo que debiéramos anhelar. Tú tienes esta faceta de tu carácter que proteges, y la disfrutas y la usas como un látigo y un aguijón. Es un aspecto tuyo muy feo, y lo veo en ti.

Todo eso no es más que un mapa específico que tienes en tu cerebro al que amparas y proteges. Solo un maestro puede ver lo que realmente se esconde detrás de esa dulce carita porque la mayoría de la gente va de aquí para allá tratando de poner buena cara para ocultar este aspecto sombrío de su personalidad. Y como todo el mundo lo hace, nadie ve que todos ya son así.

Ahora bien, déjame hablarte de ese pequeño personaje. Esa obstinada faceta del ego alterado del cerebro —esa parte de ti mismo que rehúsas soltar— está muy bien protegida al tener una vida propia porque puede señalar circunstancias en su vida que la hicieron así: traición, abandono, ser objeto de mentiras, ser objeto de uso y abuso, de descuido, todas esas palabras que usas normalmente en tus conversaciones con los demás. Este pequeño y feo ego alterado que posees ha sido la entidad más difícil de cambiar en esta escuela porque tú no quieres cambiarlo, y yo te he dado las claves para hacerlo. ¿Por qué no quieres cambiarlo? Porque te brinda un arsenal de protección contra las personas que crees que buscan meterse contigo o aprovecharse de ti. Así que te provee el aguijón, el veneno, la fealdad, la manipulación, el resentimiento, la astucia y todas las cosas que descubriste que necesitas por el bien de tu propia supervivencia.

Pero permíteme hablarte de esta criatura pequeña y oscura. Por culpa de esa entidad te vas a perder el mensaje más importante de esta escuela, el que tu alma te trajo aquí para que aprendieras. Cuando disolvemos el demonio interior, esa criatura sombría dentro de nosotros —como lo hice yo cuando entregué mi espada— nos volvemos vulnerables, pero nos volvemos vulnerables solo en el primer momento que sentimos miedo a las represalias por haberlo hecho. Y ese es un miedo inútil a la luz del conocimiento.

Entonces, ¿qué es lo que mantiene íntegro a tu pequeño demonio? Tu mal genio. Puedes decir: «Yo tengo mal carácter por esto, por eso y por aquello». Pero qué tal si quitamos esto, eso y aquello, ¿existiría aún el mal carácter? No, no existiría. ¿Y qué hacemos con la energía del mal genio? Es libre; se convierte en espacio libre.

Y qué sucede entonces si dices: «Yo no confío en la gente porque me han traicionado». Yo te miraría y te diría que tú eres la primera persona en la que no deberías confiar, pues nunca habrá nadie que te traicione más que tú mismo. ¿Y por qué? Porque tienes una actitud cautelosa y te niegas a neutralizar la asociación con esa actitud para poder liberarte de ella. Verás, confiar en la gente solo se convierte en un problema cuando tienes dificultades para confiar en ti mismo. Cuando se confía en uno mismo, esta nunca se convierte en un problema, pues no hay ninguna asociación a la que aferrarse. Lo que empezamos a hacer entonces es desarmar —en presencia del poder absoluto— una parte de ti que es realmente responsable de que lleguen muchas cosas maravillosas a tu vida pero que no llegan porque siempre tienes levantado este escudo y el escudo nunca te permite vivir en este momento. Nunca estás realmente aquí conmigo; realmente estás en algún otro lugar, en otro tiempo.

Esta pequeña criatura que tienes dentro de ti —a la cual se la llamó apropiadamente el diablo o el demonio; el demonio interior— es esa persona que tiene todo un arsenal de información referente a por qué debería ser de la manera que debería ser. Toda esa información está interconectada con muchas personas y muchos lugares, muchas cosas y muchos sucesos, pero es un único demonio con muchos tentáculos. Y alimentar al monstruo requiere una gran resistencia a la belleza de la vida. Por ejemplo: cuando digo resistencia a la vida, hay gente aquí que prefiere aferrarse a eso antes que disolverlo. ¿Y cómo lo sé? Incluso al enseñarles a moverse y a mirar simplemente lo que es sin el apego a las personas, los lugares, las cosas, los sucesos y el tiempo, algunos de ustedes regresaron a su pasado y continúan aferrándose a eso. La asociación con el pasado es un apego. Es lo único que sostiene aquello que realmente no existe. La carencia es una ilusión. Lo que es real es la actitud que la sostiene.

La maestría de uno mismo es una búsqueda noble y loable, pero es una búsqueda que te lleva a los pasadizos internos de tu ser, por así decirlo, y realmente te hace ver aspectos de ti mismo que hasta ahora han sido parte de tu imagen, la forma en que la gente te percibe. Y hay un elemento de temor al pensar que si te deshaces de esa imagen, la gente no te tomará en serio o no serás lo suficientemente grande y feroz como para impresionarlos. Pero eso es una mentira, porque mientras sigas entretenido en una cuestión insignificante como una única actitud que te ha hecho nacer tantas veces —que ha arruinado tantas relaciones, tantas oportunidades, tantos días que vinieron y se fueron y que nunca volverán, que ha arruinado totalmente el paisaje de la vida—, mientras eso permanezca en tu vida, la esperanza de vidas futuras es poco prometedora. Y la capacidad de ser expresamente un maestro se ve enormemente limitada por aferrarte a algo que simplemente debes soltar. Es algo que no existe.

Esto es una enfermedad en la consciencia humana. Y, mi amada gente, quiero que sepan que los estoy empujando hacia ese escenario central. Los estoy desafiando y a la vez les estoy intentando enseñar algo tan dulce y, en verdad, tan hermoso: que todas esas cosas sobre ustedes mismos a las que temían y que creían que eran la verdad, ni siquiera existen. Lo único real es la asociación que creen tener con ellas. Y es esa asociación lo que hay que eliminar. Entonces no existen tales cosas como la ineptitud o el odio y, en verdad, no existe tal cosa como la malicia. No existe tal cosa como el sufrimiento y la carencia, y ni siquiera existe la muerte. Realmente no existe.

Así pues, si pensamos en esto, tus demonios en realidad tienen que ver con tu necesidad de mantener tus actitudes para poder sobrevivir y, aun así, son las mismísimas actitudes que te incapacitan completamente de la vida. ¿Qué hay al otro lado de eso? Yo puedo identificar a un hombre valiente. Lo único que tengo que hacer es mirarlo y puedo ver en él esa sustancia de calidad que sé que constituye la valentía. La valentía no consiste en ser grande, feroz e intrépido. La valentía es la fuerza impecable de arrancar de uno mismo el pensamiento canceroso que debilita al individuo y su desempeño en cada aspecto de la vida. Eso es fuerza y es también valentía.

Puedo saber, al mirar a una mujer, si en su seno alberga el amor y el afecto sinceros. El amor y el afecto sinceros son la máxima personificación de Dios, pues la Diosa es, en verdad, quien nutre la vida y nunca quien le roba; es la dadora del amor, nunca quien lo mutila. Y en la mujer encontramos la flor más dulce de Dios. Puedo mirar a una mujer y decirte si ese amor habita allí o no. Lo que hace a una mujer hermosa no es la piel, los ojos o la edad. Lo que hace a una mujer hermosa es su capacidad de amar sin reservas y sin condiciones. Eso es lo que yo considero una mujer hermosa.

La carencia puede verse como una bola de cristal sostenida por aquello que se llama una base de tres patas en forma de tríada, y lo que realmente se ve no es la bola de cristal, sino la tríada de patas que la sostiene. Podríamos ver entonces la carencia como una bola de cristal transparente que en realidad no podemos ver, pero lo que sí vemos son los puntales que la mantienen en su posición. Y los puntales de la asociación dicen que eres como eres a causa de algo que te sucedió cuando eras una niña o un niño pequeño, y lo llevas contigo durante toda tu vida y coloreas cada día de tu vida con ello, pues esa es la única manera de vivir que conoces. Aquel suceso, aquel momento, aquellas personas y aquel lugar son los puntos de apoyo de la carencia. Cuando eliminas de la carencia la asociación que la mantiene apuntalada y quitas esos puntales de la asociación, no hay bola de cristal. Solo existía la asociación. La carencia ni siquiera existe, es incapaz de existir en un reino de abundancia absoluta.

¿Sabes por qué eres inseguro? Porque alguien —quienquiera que desees nombrar— te lo dijo y te hizo sentir inseguro. Y continúas regresando a ese momento; sigues sufriendo por ello. Si tan solo miráramos a la inseguridad sin sus muletas, no existiría nada llamado inseguridad, y lo que existe en el no-espacio es el amor. ¿Qué es el amor? El amor es el pegamento que lo mantiene todo unido. Ese es el poder.

CAPÍTULO 2
EL ARTE DEL DESAPEGO Y EL AMOR INCONDICIONAL

«Todos estos bloqueos están realmente vacíos y lo único real en ellos es la culpa. Y cuando nos deshacemos de eso, no hay nada más y todo lo que existe es amor. Esa es la cualidad de Dios que buscamos aquí. Ese es el poder que mueve montañas».

—*Ramtha*

El amor incondicional habita en el seno de la Diosa. ¿Por qué me parece que eso es lo más hermoso de todo? Porque significa que la mujer tiene más amor que asociación, y en el lugar de la asociación vive solamente el amor, porque eso es lo que queda cuando te deshaces de las muletas del victimismo en todos los niveles de tu vida. Y digo que la Diosa está sana y salva porque de su seno fluye solamente amor. No es artificioso; simplemente es, porque allí no hay nada más que el amor. ¿Por qué es eso tan importante? Porque esa es la cualidad que hace a un Cristo. Ese es el amor que cura, el amor que une, el amor que alimenta, y el amor no puede existir en un estado de apego.

Una de las razones por las que mantienes a este demonio intacto es porque si neutralizaras el aspecto sombrío dentro de ti, te asustaría lo que serías sin él. En otras palabras, ¿cuál sería entonces el estímulo de tu conversación? También te asusta el hecho de que no tendrías una razón para levantarte cada mañana y culminar tu día con sangre, sudor y lágrimas sin tener un ataque de nervios. Piensa en ello. La gente tiene miedo de desnudarse hasta llegar al punto del desapego, porque eso significa que hay un verdadero miedo a lo que puedan ser o en lo que se puedan convertir, pues han compartido una amistad verdadera y provechosa con aquello que se llama el Yo sombrío. Están apegados a los apegos. Ese es un concepto perturbador. Sin ir más lejos en este monólogo que esta única declaración —porque no quiero que pierdas los estribos y crees un apego a la enseñanza que te acabo de dar, lo cual es siempre un riesgo—, simplemente piensa que tal vez la razón por la que no estás dispuesto a renunciar a tu pasado es porque ha sido un muy buen compañero en tu presente. Ello significaría realmente tener que ser una persona diferente, y al ser tú la persona que siempre quiere tener el control de tus apegos, entonces eso te pone un poco fuera de control. Te digo que los santos nacen de este fuego —en verdad lo hacen— y también los maestros; personas auténticas y genuinas que están en una misión divina para encontrar esa única falla que ha inhibido su progreso durante milenios. La están buscando, la quieren de verdad.

Tú no tienes un montón de karma. Lo que tienes es un defecto —una falla— de la que te puedes adueñar, y es la falla más obvia en tu vida. Y te puedes adueñar de ella cuando sacas tu espada y derribas las muletas que la sostienen y te das cuenta de que está vacía. Son las muletas las que te siguen trayendo de regreso vida tras vida tras vida.

Sabemos que al hablar de una enseñanza como esta hay algunos de ustedes quienes no me escuchan. Tienen lo que se dice un oído selectivo y se pierden de mucho. Hay lagunas enteras de las que no recuerdan nada, y yo soy mejor orador que eso. El oído selectivo actúa cuando no quieres escuchar lo que te estoy diciendo. Pero te digo que estás aquí para escucharlo. Viniste aquí para escuchar lo que antes no quisiste escuchar.

Nuestro primer paso en esta resolución es que nos ha tomado todos estos años llevarte hasta un punto de conocimiento más allá de la superstición y el fanatismo, llevarte hasta el punto en que ahora ya podemos ir hasta el centro y hablar de esto sin histeria. Voy a seguir teniendo aquí gente histérica, porque ellos no escuchan. Ellos no escuchan la enseñanza completa ni la contemplan a fondo ni ven por sí mismos que todos estos bloqueos están realmente vacíos, y que lo único real en ellos es la culpa. Y cuando nos deshacemos de eso, no hay nada más y todo lo que existe allí es amor. Esa es la cualidad de Dios que buscamos aquí. Ese es el poder que mueve montañas. Tomó todo este tiempo hacer que llegaras a este pequeño lugar para que escucharas este sencillo mensaje; y es así de sencillo.

¿Qué tan difícil es entonces desprenderte de tus apegos? No es para nada difícil, porque con un enfoque aplicado a tu carencia sin personas, lugares, tiempos y sucesos, esta no se puede sostener como

50

carencia; no existe. Y cuando se produzca esa iluminación, el cerebro se apresurará a reconectar sus circuitos exactamente de acuerdo con ese entendimiento. ¿Qué ocurre cuando te das cuenta de que no existe tal cosa en ti como la carencia o el miedo o la enfermedad o la maldad o la ignorancia o cualquier otra cosa que quieras nombrar? ¿Qué te ocurre cuando lo sabes en ese momento? Todo el espacio de esa contemplación se limpia porque no se puede sostener a sí mismo. Se purifica y un poder entra en él. Es un poder de espacio libre; es amor. Y es en ese lugar donde sucede lo milagroso. Lo milagroso no tiene lugar en el pasado ni en el futuro. Tiene lugar en el momento en que estás presente, en la contemplación. Es entonces cuando se produce el milagro. Es el único espacio en el que puede ocurrir. ¿Cuál es el milagro? El milagro es abolir la mentira y en su lugar aparece la abundancia. Siempre estuvo allí. Siempre ha estado allí.

Aquellos de ustedes que no prestan atención van a continuar protegiendo su pequeña y sucia consciencia, y su pequeño y sucio modo de pensar. Y serán los poseedores de su pasado porque les da una razón para quejarse y algo por lo que trabajar, pues ustedes no creen en mí, pero sí creen en su carencia. Aquellos de ustedes que se aferran a su tormento —su tormento imaginario, su traición imaginaria, su reacción ante la maldad imaginaria—, para aquellos de ustedes que se aferran a eso, sus vidas no serán más que un infierno, no solo por el resto de esta vida, sino por todas las vidas que vendrán. ¿Y cuál es el precio que pagamos por estar apegados a este Yo sombrío? Es que el amor por este ser erróneo se vuelve más seductor que el amor por la vida. Sus oportunidades nos permiten que cada día el amor a esta bestia sea más importante que el amor por la vida. Y al participar en ese amor en cada aspecto, cada acción y cada pensamiento, podríamos decir que estamos realmente vivos y que hemos vivido de verdad. Pero tu manera de pensar errada e insignificante nunca te permitirá experimentar la vida, y pobre de ti.

Nunca serás un maestro en esta escuela porque el precio a pagar por la maestría es muy estricto. Exige la conquista de uno mismo y, además, exige la absolución de lo divino en nosotros, lo que significa la liberación de nuestra divinidad. ¿Y dónde está esa divinidad? Está justo en el lugar donde crees que está tu carencia. Y nuestra divinidad es la voluntad. Es la espada de la voluntad la que nos permite, como legisladores, determinar qué clase de vida queremos. Y decir que no hay enemigo, que no hay hombre ni mujer ni hay padre tan poderoso que me pueda robar mi vida y mi poder de hacer de mi vida lo que yo desee. Nunca hubo nadie tan poderoso en mi vida, así que ¿por qué tendría que haberlo en la tuya?

Aquellos de ustedes que tienen oídos, escuchen lo que he dicho y no lo interpreten de forma diferente a como les he enseñado. Para aquellos de ustedes que quieran saber, su libertad está al alcance de la mano. Su absoluta levedad del ser está a su alcance. No me importa quién seas —no me importa qué idioma hables, si sabes leer y escribir o si no lo sabes—, todos somos iguales ante Dios. Cuando todos tenemos ese momento para mirarnos a nosotros mismos honestamente, para ver nuestras limitaciones y calificar nuestra carencia por lo que la sustenta y luego nos deshacemos de lo que la sostiene, entonces te juro que estamos promulgando lo divino, y todos tenemos la capacidad de hacerlo. El amor es un imán; es magnético y poderoso. La carencia es artificiosa, limitada y destructiva. Ahora bien, lo verdaderamente maravilloso en esta escuela aún está por aprenderse, pero no puede aprenderse hasta que esta lección se practique y nos adueñemos de ella.

Nuestro primer paso para abordar esto comenzó antes de esta vida, y fue el encuentro entre tú, yo y esta escuela. Ese fue el primer paso: tú pediste y exigiste que el alma te pidiera en esta vida una solución significativa a tu dilema, a ese pequeño problema. Y cuando satisfacemos al alma entonces somos libres de seguir nuestro camino. En este momento, yo he satisfecho el alma al brindarle a su portador consciente la información que necesita para tomar decisiones sobre esa pequeña actitud y cómo eliminarla. No la puedo eliminar por ti —esa no es mi travesía—, pero yo soy tu Profesor y puedo decirte que esta es la disciplina más rápida y más volátil que puedes practicar. Te catapultará al espacio libre más rápidamente que cualquier cosa que te haya enseñado hasta ahora, y es un paso que está listo para aquellos que estén dispuestos a darlo.

No parece gran cosa, pero te aseguro que dejar de lado tu orgullo es en verdad algo muy difícil de hacer. Ser humilde es muy difícil, tanto para el hombre como para la mujer. El acto del perdón y la postración del Yo en el acto del perdón —postrarse quiere decir yacer boca abajo con los miembros extendidos, como un águila en el suelo a merced de algo más grande—, postrarse ante algo más grande, esa es la imagen que debemos ser. Lo que eso significa es que estamos dispuestos a renunciar y a sacrificar lo que somos por algo más grande. No es fácil, pero a la vez sí lo es.

Vas a descubrir que en el momento en que te enfoques en ese problemita o en esa actitud —y te he prohibido conectarlo con el pasado de ninguna manera, con una persona de ninguna manera, con ningún tipo de suceso y te he prohibido conectarlo con el tiempo— y si bajo esa dirección te enfocas en esa pequeña actitud, te darás cuenta de que no es nada. Ahora estás aprendiendo el secreto. Y lo único que tenemos que hacer es primero saber el conocimiento, y ahora sabes el conocimiento. Lo segundo que debes hacer es estar dispuesto a hacerlo. Entonces, ¿cuándo lo haces? ¿Cuándo quieres hacerlo? ¿Esta noche, mañana por la mañana o mañana por la tarde? Tú decides. Solo tienes que encontrarlo en ti mismo y te prometo que con un poco de ayuda de tu amigo, saldrá a la superficie. Y cuando lo haga, tienes como siempre la elección de hacer algo al respecto o dejar que siga su curso. Si te decides y haces algo al respecto, lo único que tienes que hacer es ir a algún lugar, cerrar esos ojos —si puedes cúbrelos con un antifaz—, entrar en un espacio de tranquilidad, trazar esa estrella azul, poner los ojos en blanco, tensionar tus músculos y soplar con la respiración de poder de Consciencia y Energía (C&E®) y empezar a mover la energía.[4] Y cuando estés listo, entonces tomas esa pequeña actitud y la pones en tu enfoque sin ningún otro apego. Cuando la mantengas allí por un periodo de tiempo, va a empezar a querer escabullirse, y vas a tener que soplar y traerla nuevamente a tu enfoque sin apego. Te prometo que en el momento que lo hagas, tu mundo —tu vida, tu flujo de energía y tu libertad— va a cambiar, y la próxima vez que estemos juntos vas a ser más maduro y más sabio.

A lo largo de los siglos todo el mundo ha hecho la pregunta proverbial: «Maestro, ¿qué es el amor incondicional?». El amor incondicional es aquello que siempre es, y cuando nos deshacemos del apego, se ve de la manera más brillante. No es algo que tengas que ser; es lo que tú ya eres. En su lugar se sostienen las ilusiones y las mentiras, y cuando nos deshacemos de ellas, el amor esta allí. No requiere trabajo. Esa es la naturaleza de nuestro ser, mi amada gente. Fuimos concebidos en él y, por lo tanto, estamos en él. El Punto Cero lo es, y todo el poder que formó todas las dimensiones y todos los planos y todos los cielos es ese mismísimo poder. Y así, si somos concebidos en el seno de tal amor, entonces ese debe ser el aspecto de nuestra verdadera naturaleza. Ser cualquier otra cosa es ser artificial a esa naturaleza y es por eso que tenemos aquello que llamamos la rueda de la reencarnación.

---

[4] La disciplina de Ramtha de Consciencia y Energía (C&E®). Ver el Glosario.

Es Posible Adueñarse de Todo en Una Sola Vida

¿Es posible adueñarse de todo esto en una sola vida? Claro que lo es. Porque si uno tiene el privilegio de ir por la vida como un conquistador en conquista de sí mismo, conquistando las limitaciones y su propia ignorancia, entonces uno se mueve hacia esa área de forma natural. Esperemos estar dotados de suficiente sabiduría como para ver la sabiduría y la lógica de disolver los apegos, porque al disolverlos no hay amenaza ni hay coloración del Yo, de modo que no hay ninguna pequeña actitud que nos ate a otra vida.

¿Es posible en una sola vida empaparse de todas las mañanas en las que Ra se eleva y eclipsa el cielo nocturno con el color rosado, púrpura y carmesí? Por supuesto. ¿Y puedes en una sola vida absorber atentamente el crecer y menguar de la luna hasta el amanecer? ¿Es posible en una sola vida adueñarse de la experiencia de modo que la experiencia sea para siempre? Claro que lo es. ¿Y no es posible en una vida haber comido y haberse deleitado con la comida? ¿Es posible en una vida haber bebido suficiente vino? Desde luego. ¿Es posible en una sola vida haber crecido hasta tal punto que ni siquiera la vida misma es un apego? Por supuesto que sí.

Yo nunca hubiera querido estar en la rueda de la reencarnación porque la rueda, entonces, me hubiera esclavizado. Lo más espantoso y aterrador que te ha ocurrido es nacer sin memoria de quién fuiste alguna vez. Ese es el vino de semejante hechizo que es un terror. Es impensable no estar en plena facultad de lo que una vez vi y conocí y experimenté, y que eso sea abolido en mí en beneficio de una nueva vida, en un nuevo cuerpo que no puede recordar porque el propio cerebro no vivió en aquellos tiempos. Haber tenido un cerebro que no pudiera recordar las mañanas que vi y, en verdad, las noches que conocí; las batallas en las que estuve y los soldados con los que interactué; el hedor de la sangre y la masacre; y sí, el jazmín y las aceitunas y el color de los árboles de hojas plateadas junto a los ríos de juncos verdes y las aves acuáticas tan brillantes y hermosas —la mera idea de que eso sea abolido de mi consciencia es impensable. Y, sin embargo, te he visto tantas vidas empezar de nuevo. Para mí, eso es impensable. Para ti, nunca has pensado en ello, lo cual es lo más horrible. Realmente estás perdido a menos que tengas una manera, un lucero que en la noche de tu ignorancia y tu falta de memoria neuronal pueda alumbrarte un camino que instintivamente sabes que debes seguir, pero que no puedes razonar con tu cerebro actual por qué deberías hacerlo. ¡Qué prisión! Y no es fácil salir de ella.

Es posible hacer todo esto en una sola vida. Y es posible enseñarles a tus hijos a hacerlo todo en una vida cuando eres lo suficientemente sabio como para entender las trampas en las que caíste y enseñarles a tus hijos a caer y a salir de ellas. Cuando les enseñes eso, les habrás dado un conocimiento espiritual vivificante que les ahorrará, a la larga, tener que vivir una vida y preguntarse de qué se trató todo, solo para morir, regresar y darse cuenta de ese pequeño asunto del que no te ocupaste esta vez. Con este conocimiento no puedes evitar sino enfrentarte al asunto, porque esa es la mismísima cosa que te atormenta. Es la espina que tienes clavada y tú lo sabes muy bien. Lo único que tienes que hacer es verla.

En los días que van a seguir a esto, lo que haré por ti y lo que puedo hacer por ti es elevar tu percepción de esas pequeñas actitudes y ayudaré a crear circunstancias alrededor de ellas para que veas cómo empiezan a aflorar. Y no son ni buenas ni malas; son oportunidades. Cuando veas la oportunidad, entiende que te estoy presionando para que hagas algo con ella. Puedes hacer lo que quieras con ella o puedes regresar a tu misma filosofía de siempre, a tus mismos horóscopos de siempre, a tus mismas drogas de siempre, a tu consumo de alcohol desmedido. Puedes regresar a todo eso, pero nunca encontrarás resolución en ello. Esa es tu elección. O, en cambio, puedes quedarte desnudo, sin ataduras, y total y extraordinariamente poderoso. Yo conozco el camino a casa. No te vas a descontrolar demasiado, te lo prometo. Que así sea.

El Aprendizaje de Ramtha para Separarse de Su Cuerpo Físico

Estudiante: Cuando practicabas entrar y salirte de tu cuerpo, ¿cómo sabías dónde estabas? ¿Y fuiste a otros niveles, como el cuarto, el quinto, el sexto y el séptimo? Y si lo hiciste, ¿fuiste instruido allí? Y cuando ascendiste frente a nosotros, ¿sabías adónde ibas? Y si tuviste un repaso de tu vida —sé que no fuiste despojado de tu memoria—, ¿tuviste igualmente que ver tu vida y luego ir adonde decidiste que querías ir? Siempre quise preguntarte esto.

Ramtha: La primera vez que me salí del cuerpo, fue un accidente. ¿Recuerdas la historia del viento? La razón por la que supe que había dejado mi cuerpo es porque me encontré en una atmósfera de altitud en la que no estaba acostumbrado a estar. Además, al tener el punto de vista desde el cual podía ver mi cuerpo —y no experimentaba ninguna sensación al dejarlo— la única percepción consciente que tenía era el estar por encima de él, que es lo más habitual cuando uno sale de su cuerpo.

Ahora bien, al estar separado de mi Yo carnal —aunque había separado a muchos de sus Yos carnales—, yo nunca me había separado de mi Yo carnal, así que fue una experiencia nueva para mí. En el momento que reconocí mi cuerpo, mi túnica y mi meseta fue cuando reclamé el cuerpo como mío, y en ese instante regresé a él. La consciencia y la energía crean la realidad.

Entonces, durante siete años traté de recrearlo todo —soy un Dios paciente—; durante siete años. ¿Adónde más iba a ir? Durante siete años salí y pensé y tramé y planeé y me pregunté y, en verdad, reflexioné. Lo que hice fue crear una expectativa, lo cual se puede asociar estupendamente con la enseñanza de esta noche.

Le adjudiqué un apego a un suceso que no tenía ningún apego. Así que podríamos decir entonces que creé un dogma religioso acerca del suceso al analizarlo intelectualmente. Ese análisis intelectual es lo que me impidió durante siete años hacer la misma maravilla otra vez. Cuando renuncié a la expectativa, entonces renuncié al apego de mi percepción intelectual sobre ello y eso me liberó para hacerlo de nuevo.

La siguiente vez que salí —que fue siete años y unos pocos días después— me trasladé a un lugar que estaba casi a la misma distancia de toda mi consciencia y de mi cuerpo. Y el momento en que supe que aquel era mi cuerpo, fue de nuevo el momento en el que regresé a él. Yo soy muy astuto; entiendo que cada vez que miro ese cuerpo y lo llamo mío es el momento en que regreso a mi cuerpo. Y así, en sucesión a eso, siguieron algunas lecciones maravillosas. Había llegado al punto de rendirme, al punto donde podía irme. Y sabía que me había ido porque en varios de los lugares desde los que partí —la mayoría de las veces fue mi modesta cabaña— siempre tuve el punto de vista de una perspectiva superior observando a otra inferior. Volver a mi cuerpo era el reconocimiento de que aquel era mi cuerpo, así que después de algún tiempo —para mí algún tiempo podían ser meses y años— entendí que necesitaba un punto de referencia para entender mi desapego. Pero en el momento que reconocía de dónde venía, regresaba a él. Así pues, el próximo paso hacia la libertad fue dejar de reconocer mi cuerpo y ya no pensar en él. Eso requirió cierta maestría. Así que en los primeros años en este arte no era un viajero de las dimensiones y los dominios. Era una entidad distanciada de mi cuerpo y trataba de aprender el proceso para así poder hacerlo muy bien.

Cuando entré en el túnel, o la escalera de Jacob, no entré en dimensiones y planos desconocidos para mí porque, como comprenderás —tal como te he enseñado—, todos bajamos esas escaleras y vinimos de esos niveles, y en el momento que volvemos a entrar en ellos nos ponemos la vestimenta de ese plano. Cuando dejé mi cuerpo y entré en el infrarrojo, me puse el cuerpo del infrarrojo. Cuando dejé mi cuerpo y entré en la luz, comprendí la luz porque yo estaba allí. Mi elección de regresar a mi cuerpo me permitió volver a mi cuerpo totalmente consciente de lo que significaba la luz y de lo que había visto allí. Y en la luz descubrí que había reinos precedentes. Así que la próxima vez que visité la luz fui más allá de ella, y al hacerlo me vestí con el cuerpo de Shiva. Ahora bien, si entonces ocupo el cuerpo de Shiva, es el cuerpo que una vez conocí. Aún vive. Y dentro de ese cuerpo está todo el conocimiento que me proporciona una mente que vive en el cuarto nivel, así sé dónde estoy, ¿comprendes?

Estudiante: Sí.

Ramtha: Ahora bien, permíteme continuar. Me tomó hasta el día que dejé este plano explorar todos esos planos y vestir todos esos cuerpos. Y cada vez que regresaba al cuerpo traía conmigo todo ese conocimiento. No lo dejé; lo llevaba conmigo y lo traía a mi encarnación física. Eso significaba entonces que pasaba, por así decirlo, de Ramtha desde la perspectiva del cerebro amarillo o el neocórtex, y me convertí en Ramtha desde la perspectiva del cerebro más profundo, porque asenté la memoria únicamente en el cerebro más profundo y la implementé cuidadosamente en el cerebro amarillo, en el neocórtex.

Cuando ascendí y dejé este plano, lo hice porque había visitado cada uno de los otros planos. Dejaba mi cuerpo aquí en Terra una noche y en el tiempo de otro lugar —por ejemplo, del quinto plano—, lo que duraba una noche aquí yo vivía por cientos de años allí, y por la mañana, cuando despertaba mi cuerpo físico, traía conmigo la riqueza de ese periodo de tiempo.

Así que preguntarme si adquirí conocimiento y si sabía adonde estaba es un eufemismo. Cuando fue el momento de dejar este plano y estuve en comunión con mi gente, compartí con ellos la simplicidad de las enseñanzas y mi verdad que conocía, y la expuse ante ellos en un estilo simple, para que nunca me olvidaran y entendieran cómo vivir una vida —una vida con sentido— y que el reino de los cielos guardaba dentro de sus fronteras una oportunidad ilimitada para que cualquiera en este plano formara parte de ella.

Pero la pasión ha de estar ahí. La dedicación y la paciencia ha de estar ahí. El hecho de que yo partiera y no muriera en compañía de ellos fue un incidente inolvidable. El día que ascendí, hice que mi cuerpo se pusiera de pie, lo vestí con mi vieja túnica y e hice que caminara en medio de mi gente. Y dentro de mi cuerpo proyecté mi mente del séptimo nivel, y esa mente hizo vibrar este cuerpo hasta el reino por venir.

El Libro de los Muertos del Antiguo Egipto

Estudiante: Mi padre falleció en abril del año pasado mientras estaba aquí en un evento. Mi familia vive en la India y yo me enteré en la casa de un amigo. Y cuando lo supe quedé como paralizado, pero no me puse emocional.

Sucedió durante una sesión vespertina a la que se nos invitó y yo me enteré en la mañana del primer día. Entré en mi enfoque y sentí que casi fui hasta allí —fue una sensación inmediata— y que estaba en el cuarto, en su habitación, y su cuerpo yacía ahí y a él lo vi en una esquina. Y cuando lo vi, él estaba muy asustado. Estas son solo mis sensaciones. Las he juzgado después como meras fantasías o algo por el estilo, pero de todas formas voy a continuar.

Cuando lo vi le dije: «¿Por qué no vuelves conmigo?». Y sentí que él regresaba conmigo. No recuerdo la sesión de enfoque después de eso, pero sucedió que durante unos tres días en el transcurso del evento sentí ir y venir su presencia; sentí que él estaba conmigo. Incluso cuando yo iba conduciendo o estaba haciendo cualquier cosa, estaba consciente de su presencia.

En todos esos momentos entraba y salía de mi enfoque. Y lo que hice fue hablar con él y trataba de decirle todo lo que no pude compartir con él cuando estaba en su cuerpo —todo lo que había pensado que había aprendido, tanto si lo sabía como verdad, o como mero conocimiento—, para compartirlo con él porque sentía que si él se podía beneficiar de ello e ir más allá del ultravioleta a través de mí, o al menos saber de qué se trataba, quizás lo beneficiaría en la próxima vida.

Al final, lo que hice fue sentir que estaba construyendo un túnel para que él fuera desde la luz hasta el ultravioleta, y creé unas telarañas azules, un túnel de telarañas. Y le dije que lo mantendría abierto todo el tiempo que pudiera para que así él pudiera atravesarlo y ver cómo era el otro lado y que si quería, podía quedarse ahí. Pero sentí en mi mente que había una resistencia y una desconfianza de su parte, que él realmente no confiaba en mí porque no sabía. En su consciencia nunca había estado expuesto a algo así. Y si bien él no tenía su cerebro actual, la consciencia —la mente que él ocupaba— tenía el concepto del ultravioleta. Así que no estoy seguro de si pudo pasar.

Mi pregunta es: ¿puedes hacer eso por otra persona, por tu familia, tus seres queridos o tus amigos, aunque ellos no hayan estado al tanto de las enseñanzas?

Ramtha: ¿Has oído hablar alguna vez de un libro llamado *El Libro de los Muertos del Antiguo Egipto*?

Estudiante: No.

Ramtha: Te mandaré un mensajero. Trata sobre las oraciones de dirección para los difuntos y, en particular, los difuntos que en tiempos antiguos fueron las entidades más sobresalientes de las dinastías de Egipto en aquella época. Eran las oraciones sagradas para dirigir al espíritu a través de los pasadizos del infrarrojo hasta la luz. Ahora bien, esa era una ciencia que trajeron a este planeta los Dioses que entendían dicha ciencia. De modo que en lo que fuiste capaz de hacer por tu padre hay, obviamente, una revelación.

Cuando se está fuera del cuerpo, lo que se ve se percibe con una iluminación y una claridad mayores que las que te podría ofrecer el cuerpo. La percepción del espíritu en un cuerpo ultrafino y sutil es mucho más dinámica que en el cuerpo humano. Cuando el cuerpo humano, como un instrumento operado por el Yo espiritual, se esfuerza por hacer contacto y sus instrucciones pueden ser recibidas por la entidad espiritual encarnada que ahora está desencarnada —que ahora está en el Espíritu—, ello puede proporcionar un camino enorme, un pasaje, por así decirlo, hacia el otro lado y nunca debería ser pasado por alto.

Y sí, funcionó. Pero la resistencia que sentiste no provenía de tu padre; provenía de ti porque no creías en lo que estabas haciendo.

Estudiante: ¿Fue porque pensé que no era digno de hacer eso, que no tenía suficiente conocimiento? ¿O fue simplemente por incredulidad?

Ramtha: Simplemente no confiaste en que lo que ya sabías que era lo bastante sustancial como para producir un cambio.

Estudiante: De acuerdo. Gracias.

Ramtha: No lo hagas.

La Importancia del Cambio en la Travesía del Alma

El cambio no es una enfermedad ni tampoco es un virus; es necesario para que una persona continúe creciendo y amplíe ese crecimiento en su vida, para que tenga un efecto sobre la vida. Es importante para el alma que cambiemos, y cuanto más lo hagamos en el curso de una vida mayores serán nuestras posibilidades de triunfar en esta vida, no con otra vida, sino con un viaje progresivo de regreso a través de la escalera, de regreso al Punto Cero. Potenciamos así nuestra oportunidad de hacerlo. Ahora bien, en este momento hay muchos de ustedes que están forzando el cambio en sus vidas en áreas en las que no están lo suficientemente maduros para cambiar. Cuando hablo de un nivel de madurez, me refiero a que han creado circunstancias en sus vidas cuya creación fue intencionada y que se encuentran en plena experiencia de esas creaciones.

No existe una línea de tiempo para una experiencia creada intencionalmente. Por ejemplo: puedes estar en una relación que no ha alcanzado un nivel de madurez al punto que esa relación ya no te ofrezca un reto por medio del cual crecer, y el reto podría ser, simplemente, cuestión de tener la capacidad de corresponder con amor. Y si eso ya no habita allí, entonces esa relación ha llegado a su madurez y es hora de cambiar la relación. Algunos de ustedes no encontrarán ese nivel de madurez por muchos años.

Cuando te digo que cambies, eso no significa que debas deshacerte de lo que aún no te has adueñado en tu vida. Es muy fácil y sencillo saber cuándo te has adueñado de algo porque se convierte en algo aburrido, predecible y tedioso. Y la recompensa es tan pequeña como tener un techo sobre tu cabeza y comida en la boca, y ese es el compromiso. Es sencillo saber y es fácil detectar cuándo ha llegado el momento de avanzar. El aburrimiento es la señal de que es hora de cambiar.

Muchos de ustedes no han terminado con sus experiencias y no tienen por qué tratar de cambiarlas cuando no están maduras. El momento en que maduran es cuando has cosechado lo que se supone que debes cosechar de aquello que has creado intencionalmente. No quieres —y sería meramente imposible— alejarte del amor y hacerlo a un lado en favor de algo más grande y mejor, porque cuando el amor está presente, eso nunca es aburrido. Eso es continuo y enriquecedor.

Quiero que entiendas que el requisito para ser un maestro no implica que tengas que desalojar por completo de tu vida todo lo que hay en ella porque crees que eso significa desapego. Despréndete únicamente de tu sufrimiento, de tu carencia y de tu victimismo. Disfruta, por Dios, de los frutos de tu iniciativa enfocada en la vida y es tu tarea experimentarlos hasta el nivel de la madurez. Y cuando se alcance esa madurez, te abandonará; tú no tendrás que hacer nada. Te abandonará porque ya no existirá el magnetismo o la dinámica que supone su continuación.

No te apresures a destruir o a tratar de destruir lo que es real en tu vida porque has malinterpretado las enseñanzas. Hay momentos para disfrutar de lo que has hecho, y esa es la belleza del maestro en la vida. Pero el maestro en la vida puede bajar de la montaña y disfrutar del banquete en la mesa que una vez estuvo vacía, que él o ella —el maestro o la maestra— creó intencionalmente y puede, en verdad, tomar asiento y participar de él. Hay un momento para dejar de visualizar y empezar a comer y a beber.

Habrá días en los que no vas a querer practicar tu enfoque. ¿Y por qué no querrías practicar tu enfoque? Porque quizás lo único que necesitas hacer al despertar es dar gracias a Dios poque tus ojos se hayan abierto a una mañana gloriosa y aquello en lo que ya te has enfocado en tu vida está en pleno florecimiento. Y dices: «Dios: concédeme la amplitud de mente y el aspecto apasionado del carácter para disfrutarlo plenamente». Entonces la disciplina es la vida, es un día bien vivido. Hay días en los que es hora de volver a subir a la montaña y regresar al trabajo y empezar a cambiar el paisaje de allí abajo. Y entonces llegará el día de bajar y disfrutarlo.

Sí, es importante que cambies. No deberías ser la misma persona sentada aquí esta noche que la que eras la primera vez que viniste a verme. Si lo eres, tenemos un problema. Tu vida debería ser como una estrella danzante que brilla en quién sabe qué hermosa dirección y cuán extensos serán sus destellos y qué hermosa coloración tendrá. Deberías estar cambiando y mejorando tu estado mental; mejorando y refinando tu capacidad de encontrar ese centro sin pausa, de reflexionar sobre cualquier circunstancia pasada que te niegue la riqueza de no tener un problema. Deberías trabajar en pulirte, y cada día pulir y asumir la responsabilidad de tus actos y no adjudicársela a nadie más. Cuando ya no puedas encontrar el apego para sostener la acción, este desaparecerá de tu vida y también desaparecerá su efecto en tu vida.

Realmente hay un ser extraordinario dentro de ti que, en el curso normal de la evolución, tardaría muchas vidas más en cultivarse por el simple hecho de estar obsesionado con un pequeño asunto de sufrimiento. Sabemos que es así de fácil librarnos de su sufrimiento y deshacernos de sus asociaciones y su pasado. Cuando sabemos que es así de sencillo, entonces ya no existe en nuestra vida. Y cuando somos lo suficientemente audaces para hacerlo, merecemos ser ese ser radiante que ya nunca se ve afectado por las cosas del pasado, por las personas del pasado, y ya nunca sufre bajo esos criterios. Merecemos ser seres radiantes y, de hecho, merecemos ser poderosos en ese ser radiante. Únicamente esas personas son las que realmente merecen el honor de vivir doscientos años o más. No están calibradas para morir de un momento a otro, pues no han sufrido lo suficiente como para destruir su propia fuerza vital. Púlete. Y cuando empieces a quejarte, analiza a fondo por qué lo haces y límpiate. No requiere un gran esfuerzo. Entonces entenderás la ciencia mágica de la maestría y su efecto llamado longevidad.

Y, por último, es cierto que antes de que nacieras en esta vida sabías de mí, pues yo ciertamente te he conocido; recorriste tu camino hasta llegar aquí y eso estaba predestinado antes de nacer. Esta escuela tuvo que surgir para asistir a aquellos cuya elección del alma fue encontrar el conocimiento que yacía en la raíz de la causa de su comportamiento problemático que los seguía obligando a regresar vida, tras vida, tras vida. Y ese conocimiento ha sido tratado en esta escuela.

Así pues, tú y yo hemos cumplido un destino a nivel del alma, de proveer la información e inspirarte a hacer algo al respecto. Yo soy muy insistente en esta materia. Pero a menos que quieras hacerlo, nunca funcionará para ti. Te prometo que después de esta vida, aquellos de ustedes que no apliquen el conocimiento se van a encontrar otra vez allí arriba, en otra revisión de la luz, y van a tener que examinar su estúpida payasada de haber elegido aferrarse a una actitud bastante amarga que es realmente despreciable y deshonrosa. Prefieres aferrarte a eso que liberarlo para así poder ser libre en las vidas venideras. Vas a ver eso y te vas a entristecer sobremanera del orgullo y la indignación de aferrarte a ello. Después de que le pongas la debida atención a esta pequeña actitud, hay mucho que puedo mostrarte y, en verdad, hay mucho que podemos hacer. Pero no es sino hasta que llegues al centro en el que yo vivo que podré mostrarte sus alrededores adecuadamente. Que así sea.

No vine solo a darte una enseñanza brillante —lo que por supuesto he hecho—, sino que también, como el Señor del Viento, hablo como el legislador, para que todo lo que diga y todo lo que responda lleve el poder de la manifestación plena. Y eso fue lo que hice esta noche. Lo que esto significa para ti es que lo que te he enseñado se manifestará en tu vida y las oportunidades te llegarán en gloriosa medida. Quiero que tengas la oportunidad de ver lo que traté de enseñarte esta noche y, en verdad, de darle a tu alma la oportunidad de ser eximida. Con las palabras, llega el poder. Qué así sea.

Te amo. Eso es todo. Que así sea.

CAPÍTULO 3
LA ÚLTIMA BATALLA CONTRA LA TIRANÍA Y LA ESCLAVITUD

«Viniste aquí en medio de un colapso de consciencia. Es cuando la programación de la personalidad está tan intacta y tan profundamente arraigada que lo bueno y lo malo es el alimento de tu pan de cada día:
hacer el bien porque estás tan equivocado; formar identidades que son ajenas al pensamiento más grandioso».

— *Ramtha*

La Conquista de Nuestras Limitaciones Personales

Oh, mi amado Dios,
este día he crecido.
Este día me estoy abriendo.
El cambio, mi amado Dios,
ha sido un fruto amargo.
Oh, mi amado Dios,
¡ay de mí!, fue sólo mi miedo.
Ábreme, trovador,
ábreme.
Dame la fuerza para entender
y la sabiduría para elegir.
Así lo declaro
desde el Señor Dios de mi ser,
por siempre
y para siempre
jamás.
Que así sea.
Por la vida.

Se ha necesitado mucho tiempo en tu tiempo —desde las primeras semillas de entidades que en los comienzos formaron mi audiencia— para reunir una maravillosa cantidad de ustedes en este magnífico lugar. Es un homenaje a la posibilidad de que Dios sea personalizado, individualizado y, de hecho, unificado. Es un homenaje a la verdad. Se han necesitado muchos momentos arduos y palabras difíciles en un lenguaje sin sentido para traerlos hasta aquí, incluso esta noche, en su cómputo del tiempo. Pero estoy de pie, por así decirlo, en un cuerpo que no es el mío para saludarlos; para rendirles un profundo homenaje por su valor como niños de haber llegado tan lejos desde unos comienzos tan precarios en este periodo de tiempo.

Este cuerpo es para mí, en verdad, un cuerpo augusto; un cuerpo potencialmente digno de la realeza; un cuerpo que puede desafiar la limitación, pero, por desgracia, sólo cuando haya desafiado su propia limitación personal. La ruina del crecimiento de cualquier entidad nunca ha sido el letargo del espíritu, que es débil, y del cuerpo que es débil, sino la insistencia en el bien y el mal y seguir atrapado en tal trampa.

Pensar de forma diferente es una perspectiva ajena a la entidad, pero pensar de forma diferente es tener la recompensa de una experiencia ilimitada que te eleva de la turbulencia y la trampa a una contemplación del ser que, en verdad, permite la evolución: las alas para crecer, el Espíritu para crecer, el cuerpo para volar. Sólo los niños se imaginan tales maravillas. Entonces, ¿cuánto tiempo has tardado en llegar aquí? La grandeza que aplaudo en todos ustedes es su tenacidad y, en verdad, su vocecita que resuena más allá de lo que se llama el bien y el mal y la manera de pensar en este mundo que los obliga a conocer, a buscar, a encontrar, a comprender. —como se diría en un aspecto más primitivo—. Ha habido una barrera lingüística entre nosotros, pero eso es lo único que se interpuso entre nosotros. Yo estoy de lo más complacido contigo.

Se va a poner muy arduo y muy difícil, pero como cualquier niño con un padre astuto —sabio, digno, noble y profundamente amoroso—, el niño crecerá y crecerá no solamente en el cuerpo, sino en una mente proporcional al sentido, al propósito, a una moralidad que supera la mediocridad y que llega hasta lo sublime. Así, el niño podrá crecer en la sutileza del entendimiento y nunca se frenará por el miedo o las amenazas, sino que será impulsado rectamente en su travesía. Ahí es donde te encuentras; estás aprendiendo la rectitud como lo hace un niño, y me alegro de que estés en casa esta noche para entender más.

En mis tiempos, la guerra no era una ciencia conocida. Existían las disputas, la rivalidad entre hermanos y los celos entre vecinos. La tiranía y la esclavitud estaban a la orden del día, y poco han cambiado desde entonces. Debido a mi intensa motivación y a mi voluntad intencionada de hacer cualquier cosa que me propusiera, se desarrollaron en mí los propósitos que permitirían el derrumbe de lo viejo y la construcción de lo nuevo. Mi vida habla muy bien de ello.

En mi ignorancia de liberar a la gente de mis enemigos —al principio cualquiera que no estuviera de mi lado era mi enemigo— estaba claramente definido que la ley era la espada y no había más que hablar. No había réplicas insolentes; de aquí el término «cortar por lo sano». Yo siempre he apreciado enfrentar una situación sin rodeos en cuanto a la toma de decisiones. Y así, como un hombre crece muy pronto y pasa por las batallas de su cuerpo, las batallas de su mente, las batallas de su Espíritu-consciencia —y luego, por supuesto, por las batallas opuestas que son tan reales, que son el enemigo— yo cambié mucho. Las hormonas me ayudaron, ser ignorante me ayudó y no tener miedo fue la mayor ayuda de todas. Pero yo cambié. Yo conquisté. Hice lo que hice y pensé que había eliminado a la gente de los tres Dioses, pero para mi disgusto, lo que la reemplazó fueron los ministerios de la adoración, otra forma de tiranía.

También llegaría a darme cuenta, en la última parte de mi vida, de que había que hacer algo con respecto a este cuento de nunca acabar; algo real. Cuando eres un estratega y un guerrero —y cargas con los recuerdos y las heridas que siempre duelen, y entiendes la diferencia entre el olor a sangre fresca y a sangre putrefacta— tu consciencia se moldea para siempre en hacer la vida mejor, en suprimir la ignorancia, la superstición y la indignidad —grandes factores. Comprendí que mientras la humanidad permaneciera esclavizada —al mismo nivel que un perro de la calle y la basura de los mercados—, mientras la humanidad tuviera esa consciencia estaría condenada por siempre jamás, porque tras mi marcha la adoración se convirtió en el rey; la adoración a una idolatría vacía. Y el hablar en mi nombre, bien, nadie habla en mi nombre. Tal vez entiendas por qué, y comprendas por qué incluso en esta hora no hay otros como yo dignos de llevar mi nombre, de interpretar mis palabras, de justificar mi conducta, porque en mi vida —tras ella— tales individuos fueron abatidos.

La Visión del Colapso de la Consciencia Humana

Como un guerrero perfectamente afinado y dirigido a este tipo de vida que se transformó en una consciencia más grandiosa, tuve una gran visión del futuro. Lo asumí como mi responsabilidad. Siempre tuve una gran visión. Eso es lo que te sucede cuando no tienes miedo. Dirigir a la gente; ser la cabeza de tu familia; ser padre o madre desarrolla eso en ti. Fui el padre de más de dos millones de personas y su número sigue aumentando. Yo fui su padre.

En aquellos tiempos, antes de que los vapores de este crustáceo de forma física abandonaran este lugar, yo sabía adonde iba y en qué me disolvería. Pero antes de partir, también supe, en mis días, acerca de las generaciones aún no nacidas, del reciclaje de las personas aún no nacidas y en qué punto en el transcurso de la historia eso cambiaría.

La voluntad humana no se puede eliminar ni reprender. Y si no la tienen, entonces tú interfieres y los representas. Esa es la base del gobierno. Esa es la base del sacerdocio y de todas las entidades que hablan en nombre de Dios y que hablan en nombre del pueblo. Nunca jamás entenderás la voluntad humana hasta que te hayas ganado el derecho a tenerla. No se consigue fácilmente. No confundas la obstinación, el odio y la alegría, la aceptación y la negación con la voluntad. Esas son acciones primitivas que con el tiempo conducen a la voluntad. Cuando entiendas la voluntad, entenderás lo que te estoy diciendo. Mi mayor deseo es que en estos próximos días en la escuela, este aspecto refrescante y hasta ahora sin descubrir, se examine más a fondo para que entiendas lo que es y tengas la oportunidad de poseerlo. Es la diferencia entre ser niños y adultos. Es la diferencia entre los seres humanos mortales y los Dioses inmortales. Cuando lo entiendas, vas a ver que es una preciosa oportunidad en los ciclos de este plano de demostración que no puede ser borrada y olvidada, que debe ser recordada por lo menos cada cuatro generaciones. Debe ser inculcada profundamente como un credo, si es necesario.

Fue allí y en aquel momento que estaba contemplando esta forma de vida y viendo lejos, muy lejos, incluso hasta esta misma noche. ¿Y quién puede decir que yo hablándote ahora no sea mis pensamientos de esta misma noche hace tanto tiempo? Quizás lo sea, en una cabaña en la ladera de una gran montaña. Se implementó y se quiso que surgieran de la nada seres humanos extraordinarios —extraordinarios, simples y extraordinarios. Ellos se convertirían en los hilos dorados del tapiz de esta evolución que brillarían y nunca se apagarían. Mientras todos los colores de cada reino que ha venido y se ha ido pueden apagarse en su belleza, el hilo dorado permanece inmaculado, brillante hasta el final. Y así se dispuso con gran certeza que se enviaran al mundo entidades, seres grandiosos —no seres testarudos, mentirosos, tramposos, farsantes, académicamente inteligentes, seres que creen que han sido elegidos, sino una consciencia excepcional—, cuyo propósito era tan noble que en momentos muy críticos de la historia de la humanidad, siempre reunirían a un pequeño grupo de personas para preservar el concepto de que la divinidad es el derecho divino de todo ser humano. Todo ser humano se define solamente por ser el producto del esperma y del fruto del vientre; por poseer un cuerpo de carne y hueso, tendones y lágrimas, pelo, juventud y vejez. Eso es un ser humano, pero un Dios puede existir como un ser humano. Estos Dioses eran grandes maestros que fueron enviados en los tiempos críticos del colapso de la consciencia.

¿Qué ocasiona el colapso de la consciencia? Viniste aquí en medio de un colapso de consciencia. Es cuando la programación de la personalidad está tan intacta y tan profundamente arraigada que el bien y el mal son el alimento de tu pan de cada día: hacer lo correcto porque estás tan equivocado y formar identidades que son ajenas al pensamiento más grandioso. La consciencia se está colapsando. Nadie sabe quién es a excepción de lo que puedan decir que son por tradición familiar, los dolores y las cicatrices de su juventud, sus éxitos y fracasos. Cada uno de ustedes los tiene y esa ha sido su identidad. Esta es la insignia de la consciencia social, y se está derrumbando hasta tal punto que tu próxima generación no podrá comprender la elección personal, el pensamiento más grandioso. Las grandes escuelas se desarrollaron a partir de este concepto.

¿Quién piensa en tal concepto? ¿Qué clase de ser con visión a futuro aseguraría y establecería la expectativa de la salvación, no por medio de un Cristo, sino de un conocimiento rico en experiencia que empieza con las palabras: «Sabe que eres Dios. Tú eres inmensamente amado»? No significa nada, pero es un comienzo. Las escuelas florecieron; el conocimiento floreció. Se hablaba abiertamente porque el honor se aprendía antes de que el conocimiento se impartiera abiertamente.

¿Sabes lo que es el honor, el ser rico en honor, la impecabilidad, asimilarlo y no dejarlo escapar, sino aguantar hasta adueñarse de su experiencia? Solo unos cuantos entre ustedes lo sabían; pocos lo han aprendido hasta ahora. Entonces llegó el conocimiento —era gratis — de quién eres, de dónde vienes, la capacidad de mirar hacia atrás, de ver todo eso en la gran consciencia de la mente, de ser capaz de servir en la mesa del rey frente a ellos una abundancia que parece proceder de la perpetuidad y que se extiende hasta la eternidad y decirles: «Amados míos, este es su destino. Han pasado por la luz. Ahora pertenecen a las eras del tiempo. Están aquí para aprender todas las cosas que vienen a continuación, son una nave espacial en la materia; son exploradores. Son creadores y su especie florecerá. Pero no hagan florecer su especie —no den a luz— hasta que hayan visto todo lo que hay que ver aquí, hasta que hayan bebido de esta copa de virtud la sabiduría —un vino ennoblecedor que embriaga y los lleva a la inmortalidad. Entonces acuéstense con el hombre, acuéstense con la mujer, hagan que nazca el fruto de su vientre porque entonces serán lo suficientemente responsables para dar a luz a un Dios; lo suficientemente responsables para educarlo y un día enseñarle sus potenciales».

Estas personas aprendieron, tuvieron la paciencia para aprender y, aunque pertenecían a las eras, estaban atrapados en el tiempo. Su espíritu era libre, pero su cuerpo era lento. Podían lanzar su mente hasta colinas lejanas y describir un arroyo refrescante, juncos verdes y una hermosa mujer con rodillas de alabastro y ojos verdes y, de repente, el cuerpo, dando un salto repentino, quería ir más allá de la colina. El misterio era que si lo sabías, ¿por qué no estabas allí? Se

77

hizo evidente que la trampa de las eras era la materia, el plano físico de la aceptación. El plano físico tiene sus leyes, sus mandatos que dicen que para disfrutar de la belleza que yace detrás de la colina cerca del arroyo de cañas verdes, debes levantarte y correr por el desierto, y que los Dioses te concedan alas en los pies para que te lleven junto al nido de tu amante que aguarda por ti.

¿Por qué era eso necesario? ¿No es obvio? Si sabías lo que había más allá de la colina, ¿por qué no podías estar allí instantáneamente? Estuviste allí; estás allí, pero perteneces a las eras. Ahora te encuentras en medio y bajo el control de la materia, que puede ser visto como un impedimento y a la vez como una gran ventaja. El necio condena su cuerpo, se quita la vida, se encierra en una prisión, desprecia lo que es. El sabio dice: «Ay, ser esto, ser el hombre de testículos viriles, ser esto con un corazón que late como el de un gran corcel, ser esto con el sudor del almizcle en la sien palpitante; ser todo eso a la vez, es exactamente lo mismo. Así es el hombre sabio». Los estudiantes lo aprendieron. Ellos aprendieron todo el conocimiento que tú dices que estás listo para aprender, pero eres débil para aprenderlo. El honor no se ha establecido.

La Estrategia para Preservar la Verdad de Nuestra Herencia Divina

Las escuelas florecieron y los hilos dorados de la inmortalidad se desunieron, fueron disgregados y desaparecieron. Se desvanecieron en el vapor del alba para nunca ser encadenados o azotados o abusados o identificados. Viven aun en estos momentos. Nunca murieron; han perdurado. En cada época han perpetuado su gran evolución, porque en cada época a la que pertenecen están comiendo de la mesa que se tendió para ellos, desde la perpetuidad hacia la eternidad. Ellos son, en cada época, la fuerza silenciosa que trabaja a favor de la preservación del conocimiento, de la preservación de la verdad, haciendo un llamado poderoso y consciente, brindando apoyo para que así el hilo dorado pueda producir otro hilo dorado. Fue todo un éxito, como sabía que así sería. Luego las escuelas fueron infiltradas, y así, llevaron el conocimiento al simbolismo, a la danza. Pusieron sus enseñanzas en piedra y argamasa, y los débiles —los temerosos— fueron destruidos. Así ha sido.

De muy pocas de estas entidades has oído hablar alguna vez. Realmente no podrías oír hablar de ellas, porque a algunas se les conoce con otros nombres y quizás tan solo uno de ellos se recuerde. Pero ¿quiénes fueron cuando aquella generación murió y los huesos de los niños yacían decolorándose en la arena o eran devorados por los gusanos? ¿Quiénes fueron ellos entonces? Esto ha sido fundamental. Siempre aprendí en mi vida y desearía que así fuese para que tú fueras igual en esa riqueza de aprendizaje. Obtuve la sabiduría para comprender que lo que estaba frente a mí se repetiría después de mí.

Esta escuela existe en este momento a partir la consciencia del Ram que está contemplando esta escuela en este momento; que está contemplando la estrategia de este momento en una cabaña muy sencilla mientras un fuego arde en la chimenea y Crosham resplandece. Y está sucediendo; está sucediendo entonces y está sucediendo ahora. Entonces, ¿por qué yo ahora? Porque he enviado mensajeros en el pasado que anunciarían la llegada de este evento y que sería yo. He enviado la vibración de que esto ocurriría a través de los hilos dorados.

¿Y quiénes resonarían conmigo? Aquellos que están acampados afuera y que contemplan una separación del Padre de sus hijos, pues es conveniente que, mientras el dolor y la confusión empiezan a infiltrarse en toda mi gente, que mi visión llegue muy lejos, hasta generaciones desconocidas. Y para encontrar y marcar un lugar en el Vacío, para señalar un lugar en las eras en el cual, por el poder de tu dolor de hace 35.000 años —por el poder de la emoción y la dirección de esa energía—, el dolor de aquellos tiempos establecería un tiempo en el que el Padre volvería a sus hijos, el guerrero a su gente, el hombre a su divinidad.

Este momento es un gran momento que se extiende en el tiempo como quien comienza a aprender la visión remota —doblando el tiempo hacia atrás y hacia adelante y viéndolo en un momento virgen—, no atrapado en el pasado o en el futuro, sino en la esplendidez del Ahora. Ahora te lamentas y ahora estás aquí simultáneamente, y el poder de ese tiempo me ha creado a mí en este tiempo. ¿Por qué ahora? ¿Por qué los ojos de la consciencia se detienen ahora? Porque soy el último de los hilos dorados. Yo soy el que los puso en marcha táctica y estratégicamente. Esa fue mi mayor experiencia, ¿no lo sabes? Y con la sabiduría de la consciencia entendí la energía como un mandato, una manifestación de la consciencia. Comprendí el no-tiempo —la ascensión una y otra vez— porque el Ahora es un punto al que te refieres como masa crítica.

Los tambores de guerra, la masacre humana, las plagas, el nuevo orden mundial y las marcas de las bestias están aquí. Y como siempre, solamente se necesitan unos cuantos —como siempre se necesitaron unos pocos—, no todo el mundo. Todos los que están apostando, están apostando por las cabezas del mundo. La codicia es el mundo. No necesitamos eso; solo unos cuantos.

¿Por qué todo el mundo dice que ellos son los elegidos? ¿Por qué de hecho cada religión dice que son los elegidos de Dios y que todos los demás están condenados al fuego del infierno por toda la eternidad? ¿Por qué todo gobierno supone que es la élite del mundo? ¿Por qué será que los vecinos se creen mejores que sus vecinos? ¿Por qué el mejoramiento tiene que ver con las cosas? Tiene que ver con las actitudes. Te estoy diciendo lo mismo. ¿Has sido elegido? Te diré cómo has sido elegido. Estás aquí porque yo deseo que estés aquí. Pero el deseo, el recordar y honrar la voluntad, incluso aunque aún no la tengas, es honrar que la vas a tener. La voluntad es que algunos de ustedes —o quizás la mayoría de ustedes— en este mismo instante, hace muchas, muchas noches, están en un campamento provisional en la ladera de una gran montaña. En la noche sopla un viento frío, pero el cielo está despejado. Una luna brilla en su cuarto creciente; la otra se está ocultando. Y hay personas conmigo que saben que las voy a dejar y están emocionalmente afligidas.

Lo mismo sería para unos cuantos espléndidos entre ustedes si les dijera, en verdad, esta noche: «Ya no volveré, recuérdenme en su consciencia». Les aseguro que en esta audiencia habría algunos de ustedes que estarían sumamente afligidos, pues me echarían mucho de menos. Eso lo sé. Me refiero a ustedes, y son ustedes los que escucharon mi nombre y vinieron. Esa fue la voz del recuerdo. No se establece una manifestación para toda la eternidad a menos que esté basada en la evidente verdad de una emoción intencional y poderosa. Y el momento más grandioso y emotivo fue esta noche de hace tanto tiempo. Eso es lo que en verdad hizo que se fijara el recuerdo de esta entidad de lo más precaria, que está ante ustedes. Por eso están aquí. Algo tenía que vincularlos a ustedes, seres olvidadizos y modernos, con algo inmemorial; algo que llegase hasta el corazón del recuerdo de su ser, y eso fue el dolor. De lo contrario, como sucede con todas las cosas que son hermosas, que se imitan y se ridiculizan, se habría derrumbado y caído al abismo.

Hay un vínculo trascendente y profundo, por así decirlo, entre tú y yo. Para ti es un sentimiento contradictorio e inexplicable; de confusión en muchos momentos, y en otros de profunda admiración y un gran amor. Y tú sabes que tengo la razón. Para mí, te merecías tus mujeres sollozantes, tus hombres llenos de sentimiento, tus fogatas, tu apego al pasado y los gritos de guerra y todas esas historias. Para mí, fueron ustedes, mi amada gente, a quienes detesté al principio y a quienes llegué a amar con un amor que sobrepasó todo entendimiento; llegó hasta la eternidad. Ahora se ha integrado.

Yo sabía que elegiría a una mujer. Llegué a amarlas y a respetarlas, a comprender su difícil situación y su maldición en los tiempos que vendrían y a comprender su menospreciada inteligencia para utilizar, como un estratega, su elevada energía emocional como poder. El amor más grande y noble fue elegir a una mujer en quien pueda resonar esta consciencia a lo largo de 35.000 años. Y elegí bien. Será mejor que hagas las paces con esta entidad —tus celos, tu odio, tu amargura, tu envidia—, pues esta entidad es el casco del barco que ha echado anclas en el cielo, y puede ser el barco que te lleve a casa o que asegure tu preservación. Despierta y entiende cómo funciona esto.

Una vez fui a una gran ciudad —las paredes eran de mármol blanco, hermosas. Si te dabas la vuelta, podías verlas por kilómetros, millas. Allí vivía gente despiadada y gente muy hermosa, con tiendas y toldos en el mercado tan sedosos que incluso deslumbrarían a tus ojos mimados. Yo llegué invisible, indetectable. No fui con mi armadura de bronce ni con mi anillo ni con mi diadema; fui disfrazado, invisible. Un poco grande, pero estuve allí. Y cumplí la tarea. Estoy aquí completamente disfrazado, incluso para aquellos que me temen, porque nunca me rebajaría tanto como para usar tal vehículo. He subido a lo alto para usarlo y encontrarlo, y estoy cumpliendo con mi tarea. Pero ¿por qué yo?

· Mi trabajo en estos momentos es llevarte más allá de tu fase humana a esa consciencia que es sublime y al pensamiento que es inmortal; llevarte más allá de tus pequeñeces que funcionan perfectamente para todas tus razones por las que deberías seguir siendo un esclavo. Eres estúpido e ignorante y solo piensas con quién te vas a acostar esta noche, en cuánto vas a engullir mañana por la noche y en cómo te ves. ¿No sabes que ellos lo saben? No seas tan insignificante como para suponer que ante los ojos de la frialdad, semejante al acero, no eres digno de consideración. Tus acciones te han delatado.

En este momento en mi pensamiento, tras el ensueño agridulce de la aflicción, estaba el llevarte más lejos de lo que nunca has ido en la mente —más allá del mito, más allá del hipnotismo—, para llevarte más lejos de lo que ha llegado cualquier ser humano a lo largo de las eras en los procesos de desarrollo de la consciencia eterna. Ese es mi trabajo. Tengo legiones haciendo otras cosas. Este es mi trabajo por la emoción a partir de la cual se creó este momento.

Usar La Energía Emocional Como Herramienta de Cambio

Estás aquí bajo la dirección de un Maestro Profesor —en verdad soy eso y más— en reunión con unas cuantas entidades grandiosas cuya única razón para estar aquí realmente es porque algo los conmovió profundamente. Y a pesar de tantas razones que han tenido para irse y negarme —lo cual es muy obvio; yo lo he configurado de esa manera—, ellos se han quedado y se han aferrado con gran tenacidad. Si esa fuera la única razón, esa misteriosa devoción interior —si esa fuera la única razón, el anzuelo, por la cual haces esto—, entonces sería razón suficiente porque en la chispa del amor, en verdad, en la chispa de la emoción, en la cúspide del odio, en la cúspide de la alegría, de la compasión, en la cúspide de la libertad es el momento tan esperado en el que uno se mueve en esa energía, pero no hasta entonces.

Si esta misteriosa devoción ha sido la razón de tu disciplina, de tu aferramiento a esta escuela, si ha sido la razón por la que te has mudado aquí y has cambiado, entonces nunca has tenido otra razón más que esa para hacerlo. No tuviste la sabiduría emocional para tomar esa decisión porque todo lo que te dije, el mundo lo negó. Entonces se requiere energía emocional. Se requiere aprender a construirla y luego utilizarla en tiempos críticos para desarrollarla. En este momento de llamas centelleantes —y el murmullo en esa fresca brisa de las palabras estruendosas de un anciano que se sienta aquí esta noche, en silencio—, si la única razón por la que hiciste todo esto es por esta devoción perdurable, que no ha sido violada ni despojada, entonces esa fue razón suficiente para venir aquí a comenzar los procesos, porque no tenías fundamentalmente nada más por lo que venir aquí excepto el dolor. De modo que estoy cumpliendo una promesa, no una promesa verbal, sino la promesa de un profundo amor —de lealtad, por así decirlo.

Soy y fui un ser de proporciones épicas. Estoy aquí para usar eso para llevarte al lugar de donde vengo, para enseñarte metódicamente, reiterando pacientemente, trabajando contigo hasta que en algún momento encuentres otro punto álgido de liberación emocional. En el momento que lo hagas, te llevaré inmediatamente a una nueva verdad. Yo tengo asuntos con ustedes, y el asunto es tomar a algunos —quizás elegidos por el dolor, la emoción profunda transmutada en voluntad—, preservarlos y enseñarles la autoconservación sabiamente a través de toda la oscuridad y la turbidez de lo que está aconteciendo ahora y que en realidad no es nada nuevo, para preservarlos del peligro, no para enviarlos al frente de la batalla, sino

84

mantenerlos firmes para que sigan marchando, aprendiendo y que permanezcan enfocados.

Nunca tuve una ciudad que pudiera ser atacada. Mi gente —mis mujeres, mis niños, mis ancianos y mis amadas ancianas— marcharon conmigo y estaban en el centro del ejército a pie más poderoso que jamás haya existido, pues ellos eran el premio.

Tu trabajo, tras mi consejo sobre lo que te he dicho no hace muchos días en tu cómputo de tiempo, es tu elección de preservarte. Mi trabajo es que superen el ser esclavos y ser mortales. Y un día, ustedes, los supervivientes, van a ver aquello que les ha estado enseñando. En algunos momentos de mucha reflexión —pues esto también se ha visto— te vas a preguntar realmente por qué me propuse como tarea encargarme de ustedes y de los de su clase, y de llegar a tales niveles de discusión y lenguaje. Te vas a asombrar porque el mundo es verdaderamente como una mota de polvo. Y entonces lo comprenderás, pero te preguntarás por qué.

Así pues, ¿estoy en este mismo momento sentado observando el reflejo de las llamas de un fuego en una gran espada; las sombras danzando en el techo inclinado como fantasmas del pasado? ¿Qué estás haciendo en este momento? Mujeres, ¿han preparado su hidromiel, servido las aceitunas, el queso de cabra, esta abundancia deliciosa? ¿Y es la conversación de esta noche en tu campamento sobre algún presagio? ¿Estás llorando? Porque, ¿adónde va tu líder? Algo está pasando. Y ustedes, hombres, ¿son jóvenes o viejos? ¿Salieron de su cabaña porque no quieren mostrar su tristeza ni su debilidad frente a su familia, a su mujer, que de todas formas ya lo sabe? ¿Están sentados con la vieja guardia? ¿Estás añorando? ¿Estás tratando de adivinar lo que voy a hacer otra vez, algo que nunca pudiste hacer? ¿Está ocurriendo? ¿Estás aquí y allá? ¿Puedes olerlo? ¿Puedes saborearlo? Visión remota; el tiempo no existe.

¿Dónde están los ojos, esos enormes ojos negros? Mientras miran fijamente al fuego, ¿están viendo tu rostro ahora hace 35.000 años? ¿Están viendo esta habitación? ¿Cómo se ve? ¿Parece real o es un sueño? ¿Se mueven estos ojos? ¿Están viendo desde un pasado lejano? ¿Qué están viendo? ¿Reconocen y comprenden lo que se ha dicho? ¿Entienden su reacción?

¿Es posible que en este mismo momento nunca hayas tenido ninguna historia, que solo haya existido el entonces y el ahora? ¿Es posible que nunca hayas tenido un pasado? ¿Qué fueron todos esos recuerdos de tu juventud? ¿Los recuerdas? ¿Y de tu edad adulta? ¿De qué se trataba todo ese dolor? ¿Es posible que en este momento nunca hayas tenido un pasado? ¿Es posible que estés allí, deseando estar aquí? Y si el pasado no existe, ¿quién puede decir que en tu mayor momento de dolor no hayas dado un salto hasta aquí para que así sea? ¿Es posible? Si alguna vez lo es, esa será la primera instancia y el principio del renacimiento de un conocimiento inefable.

¿Qué son todos esos recuerdos? ¿Son como los fantasmas en el fuego que veo bailar por la pared? ¿Son el brillo y el fuego que se refleja en la gran espada? ¿Es esa la luz? ¿Son los recuerdos simplemente una llama centelleante que proyecta una sombra? ¿Son tus recuerdos sombras y tú el fuego? ¿Es posible que nunca hayas estado en ningún otro sitio más que allí y aquí ahora? Porque está sucediendo en este mismo momento.

Algunos de ustedes se han desconectado porque aquello de lo que estoy hablando es tan bizarro —sobrenatural, al borde de lo absurdo— que no han oído una sola palabra de lo que he dicho. Pero aquellos de ustedes que han escuchado y están atrapados en la marea emocional —aquella noche que está ocurriendo ahora, que existe ahora como su forma transmutada— entenderán de lo que va a tratar la mente dimensional. Lo que te acabo de decir es el mayor acertijo de todos. Y si lo puedes descifrar, entonces mi tarea aquí en verdad habrá sido fructífera.

¿Dónde está el ayer? ¿Son reales todos esos recuerdos? ¿Qué tan reales son? ¿Puedes verificar si son reales? ¿Y cómo verificas la verificación? ¿Podría ser que todos esos recuerdos fueran simplemente pensamientos contemplados y que el Ahora fuera la madre del tiempo? ¿Podría ser que el ayer —todos esos recuerdos que tienes— en verdad nunca haya existido? Estoy hablando de tu vida. ¿Y si es un engaño? Solamente la consciencia y la energía —la consciencia en su forma más primitiva de miedo y dolor y ansiedad y amor y alegría—; esos son los momentos significativos que dictan el tiempo. Son inmortales. Esos son los hilos del tejido de este tapiz. No son visuales; son un anhelo en lo más profundo.

En un entendimiento superior, no ha transcurrido el tiempo desde el mismo momento en el que estoy sentado en mi cabaña hasta este momento. Oigo los lamentos; huelo el incienso en el viento; la luna ha crecido y menguado. Estás aquí. Tienes la emoción. Tienes el recuerdo. Mi asunto es contigo.

Si contemplas lo que te he dicho esta noche desde las partes más sinceras de tu ser, tal vez surja una emoción mayor: una que sea fortalecedora, algo que pueda impulsarte a manifestar, algo que le dé a una persona autodeterminación. Sin eso en ti, nunca resolverás ni entenderás del todo el acertijo que te acabo de dar porque seguirás siendo un ser humano tridimensional, capturado y programado, que pertenece a las eras y que no puede comprender lo que he dicho.

Si estás decidido a encontrate conmigo en este momento del ayer —y va a requerir tanto de un gran esfuerzo de tu parte como de una voluntad casi divina—, te llevaré mas allá de esta dimensión en un estudio riguroso que te concederá la voluntad de cambiar tu realidad y efectuar el destino personal. Pero vas a tener que volverte responsable y despertar, y entender que se está acabando el tiempo de los bienes materiales. Se está acabando el tiempo de la libertad de poder construir tu hogar en la Tierra, sobre la Tierra y un día por encima de la Tierra. Vas a tener que asumir la responsabilidad de hacerlo. Ahora bien, si eso te resulta un poco pesado, entonces te sugiero que regreses al mundo y a su comodidad temporal, porque no tienes lo que se necesita para llegar a la cima de la montaña donde te dejé hace 35.000 años. No tienes lo que hace falta para subir a esa montaña.

Los amo con una pasión envolvente que los incluye a todos. Ustedes son mi gente y yo fui y soy su Ram. El momento llegó como lo vi y lo veo. Toma mi sabiduría y aplícala de inmediato, pues te digo esto sin ningún otro motivo. Un día, el atuendo y el disfraz dejarán de visitar este tiempo extraño y, porque te has elegido a ti mismo a través del emisario de la pasión, heredarás este lugar muy diferente a como lo ves hoy. Tendrás las habilidades y la consciencia para recuperarte y sanar. Y como los peces que viven bajo tierra y la rana y la avispa y la hormiga, un día cobrarás vida y tendrás la oportunidad de cumplir un sueño.

¿Cuál es el sueño? El haber visto en tu vida la desaparición de la crueldad inhumana; ver en tu vida una pequeña generación de personas que piensan en términos similares. Todas las máquinas se apagarán, así que la libertad de pensamiento será una bebida embriagadora. El sueño es saber lo que es vivir en el paraíso, donde no hay más enfermedad perpetrada sobre la especie humana, donde no hay represión y puedas sanar con el poder del tacto y resucitar una semilla en la tierra fecundada y convertirla en un árbol en un abrir y cerrar de ojos. Vas a hacerlo, pero no hasta que todo esto sucumba por su propia mano, y aquello que adoraba vuelva y lo recompense justamente. Y entonces una gran legión tomará su posición.

Mientras tanto, el sueño se habrá hecho realidad: la paz en la Tierra y la buena voluntad para los hombres y las mujeres, la alegría y la longevidad de la vida, y los impulsos primitivos serán guardados en el armario de los pecados y recordados, tal vez, como los fantasmas de un sueño mientras se está sentado frente al fuego. Que así sea.

Y ahora, por el resto de esta espléndida noche —mientras las fogatas del campamento del pasado se apagan lentamente y se convierten en brasas y hay un sueño inquieto entre mi gente, y nunca me he sentido tan grandioso— toma la emoción, si la tienes, de lo que has aprendido esta noche y llévala al Vacío. ¿Y qué vas a hacer allí con ella? Serla. A través de la evolución, se presentará como oportunidades. Aquellos de ustedes que quieran salir de las eras y adentrarse en las enseñanzas iniciales de la mente dimensional, les he dado ciertamente una oportunidad a través de los recuerdos para salir de las eras y ser algo más. Y el momento más poderoso para hacerlo es cuando se encuentra el punto álgido de la emoción para llevarlo a cabo.

Si bailas al ritmo de la música, entonces no habrás llegado a ninguna parte. Cuando estás en pleno vuelo inmerso en una gran pasión, la música se desconecta de la frecuencia: primero eres la música y luego comienzas a mutar en otras formas de vida en la consciencia. Es entonces que lo has logrado. Participa en la danza de la mente dimensional o vete al Vacío, pero participa. Puedes sentarte aquí con los ojos tapados y contemplar todo lo que he dicho —pues ciertamente he dicho mucho, pero no lo suficiente— y mientras lo haces, deja que te llegue este pensamiento: ¿Qué ojos posees hoy, los de ayer o la proyección del ayer a hoy? ¿Y existió alguna vez el pasado realmente? Tal vez todo fue una mentira, un engaño.

Te amo. Tu gran árbol nació de unas pocas almas nobles. ¿No sabes que eres su fruto? El cielo está clareando y los fogones están ardiendo. Ha sido una noche maravillosa a través del tiempo. Te amo inmensamente. No te vayas con el corazón apesadumbrado, sino con uno lleno del potencial de la sabiduría, y con eso podrás hacer cosas grandiosas. Que así sea.

CAPÍTULO 4
REDEFINIR EL YO COMO EL YO ESPIRITUAL

«Nosotros, como consciencia y energía, la Divinidad misma, tenemos sólo un destino real —el verdadero destino— y es hacer conocido lo desconocido. Y cuanto más lo hagamos, cuanto más imaginemos lo inimaginable, mayor será nuestra unidad como Dios, como unicidad. Eso es lo que se supone que debemos hacer. Somos un océano que se filtra en las orillas del Vacío y deberíamos expandir lo que somos. Eso es el Yo».

— *Ramtha*

La Abolición del Yo por medio de la Culpabilización y el Victimismo

Oh, mi amado Dios
esta noche estoy agradecido
por mi vida
por sobre todas las cosas.
Todo lo demás
es ilusión.
Esta vida,
la sangre que corre por mis venas,
eres tú, mi Santo Espíritu,
y todo lo demás
es ilusión.
Esta noche
celebro lo que soy
como Dios manifiesto.
Mi amado Padre, mi amada Madre,
durante estos días
sácame de mi torbellino
y colócame
sobre el suelo de tu ser.
Que así sea.
Por la vida.

Es tan bello observarte y escuchar tus pensamientos. Vamos a hablar del cielo, el Plano Sublime. Y empezaremos esta enseñanza con la comprensión de un aspecto importante de ti mismo.

En esta vida querías el sendero espiritual. Lo querías. Estás aquí porque yo soñé este tiempo y a todos ustedes —incluso los que no están aquí, los que están reunidos en otros lugares— en un punto de reunión, un tiempo de madurez al que se le dieron eones para consumar la experiencia humana. Pero aparte de eso, también tenías que estar listo. Es importante que todos en esta audiencia comprendan este punto, porque ese es el trampolín para entender el resto de esta enseñanza y para entender esta escuela y tu travesía en ella. Toda decisión parte de ti. La razón fundamental por la que estás aquí es que yo proporcioné este centro de actividad y tú viniste, pero tenías que estar listo para venir.

Lo que quiero que entiendas es que todos en esta audiencia eligieron evolucionar espiritualmente en esta vida. Ahora bien, esto es importante porque te da el poder para entender el significado de esta vida y quizás de su travesía, y que el verdadero destino de la vida, en especial de esta, no es lo que logres, sino lo que llegues a ser. Eso es lo importante en esta vida.

Ninguno de ustedes debería decir jamás que está aquí en contra de su voluntad porque no es así como está establecido. Todos aquí están poniendo en acción el conocimiento y sus prácticas con toda libertad porque así lo eligieron.

La mayoría del grupo eligió estar aquí en esta vida. Y aunque te parezca muy difícil de aceptar, es un hecho que cuando estás aquí y todo va bien, estás feliz por la travesía, pero cuando te vas de aquí y regresas a tu mundo y te vistes de nuevo con tu cuerpo carnal, te das cuenta de que hay un conflicto entre la realidad física que repites y aquella realidad espiritual que fue realmente la finalidad de estar aquí. De modo que en la encarnación humana hay una brecha entre el destino y la culminación de este. Eso siempre ha sido evidente.

Teniendo en cuenta esto, entonces, quiero que cada uno de ustedes comprenda que en algún lugar tomaron la decisión de estar aquí y eligieron realmente dedicar una vida, una vida humana, una encarnación humana, exclusivamente al desarrollo del Yo espiritual, y esa es la razón por la que están aquí. Si este no fuera tu destino, no estarías aquí esta noche ni estarías en esta escuela. Serías la entidad ambigua, incierta, que no está del todo presente cuando está aquí. Estarías aquí solo a causa de otra persona.

Si en un estado de madurez a nivel humano y espiritual podemos tomar y comprender esto como una verdad, entonces la verdad nos da poder. Cuando no comprendemos esto y seguimos preguntándonos por qué estamos aquí, lo que aprendemos no nos empodera. Lo que primero nos da poder es reconocer que hay un Yo que es divino y que puede ser dotado de poder. Por eso es importante que una entidad reconozca sus actos como propios, porque eso siempre define y empodera al Yo.

Culpar a los demás, como nota al margen, es una cualidad engañosa de la persona espiritual porque la culpabilización despoja al Yo de su poder. Cuando le echas la culpa a otra persona estás drenando las reservas de poder del Yo. Sucede entonces que el Yo empieza a ocultarse debajo de lo que se denomina la bruma de la malinterpretación. Aquí, en esta escuela, es esencial que el Yo sea siempre el centro. El poder debe generarse siempre desde ese centro, y el poder de ese centro no debe cederse nunca a otra persona. Los aspectos humanos de la culpabilización y el victimismo son los ingredientes principales que le quitan el lugar de poder al Yo y se lo entrega a otros.

Para poder culminar esta travesía aquí, hay que definir al Yo. Debe definirse no solamente como el Yo espiritual, sino que el Yo espiritual debe ser definible dentro del Yo humano. Toda esta definición y refinamiento conduce a una vida impecable, una vida empoderada.

Si elegiste esta vida para la travesía espiritual, entonces eso te da poder, porque coloca en ti el lugar de destino, y es allí donde debería estar. Esto también es compatible con el hecho de que eres un Dios con libre albedrío, un albedrío lo suficientemente libre como para imaginar lo inimaginable, pero lo inimaginable que brota del centro del Yo junto con su poder. Si por medio de la culpabilización, el victimismo y vivir en el pasado abolimos el Yo, derrocamos entonces el aspecto mismo de la travesía espiritual. Destronamos al Dios interior en favor de incidentes pasados a los que podemos culpar por nuestra existencia desdichada, miserable y decadente. Ese es un Yo indefinido; un poder que se ha entregado en su totalidad. De manera que cuando una criatura así trata de manifestar algo, no hay impulso desde el centro del Yo para llevarlo a cabo. Si no hay nadie en el trono, lo inimaginable no se puede concebir. Es más, no hay poder para hacer eso ni ninguna otra cosa.

Desde el primer momento que aparecí aquí, dije que eres Dios, que todos son dioses —olvidados, sí— y mi trabajo es ayudarte a recordarlo. Ese es el núcleo de la travesía espiritual: definir a Dios, definirlo y ubicar esa divinidad dentro del Yo. Tú elegiste ser parte de ese camino. Cuando hacemos esto, cuando definimos a Dios, el Yo se vuelve nítido. Solo cuando hemos definido al Yo llegamos a ocuparlo. Y una vez que lo ocupamos, entonces estamos totalmente facultados para lo inimaginable. Si no llegamos a ese punto, nunca funcionará, nunca. Ahora bien, este destino, antes de que llegaras a esta vida —y vamos a hablar del Plano Sublime—, fue una opción vista que todos, con excepción de unos pocos, estaban listos para aceptar. Vamos a entender esto desde un aspecto más profundo. En este punto en particular quiero decirte que, a menos que el Yo esté plenamente facultado, la vida espiritual —aquello que viniste a experimentar aquí— nunca será una realidad.

Nunca caminarás como un maestro mientras continúes dejando huellas en el ayer, pues el pasado fue la generación de crecimiento que consistió, esencialmente, en la entrega del poder a elementos de autoridad superiores. Esa autoridad pudo haber sido simplemente tus compañeros de clase en el primer grado —al comienzo de lo que llamamos la consciencia social— o pudo haber sido entregar el poder a tus padres y la manera como ellos te educaron. Así comenzó la interferencia, por así decirlo, en una vida incongruente y aparentemente sin más propósito que el de dejarse llevar por la corriente y apenas sobrevivir. Es una vida en la que no cuenta lo inimaginable, sino únicamente lo que está de moda y lo que es fácil.

Para que comprendas lo que significa caminar como un maestro, tendremos que manifestar en tu vida lo que se llama una revelación, de modo que te sea revelado, en el nivel en que te encuentres, lo que realmente significa el pasado y lo que quiero decir con ese término. Nunca podremos erradicar los recuerdos de quiénes fuimos, lo que debemos hacer es transmutar la energía de lo que fuimos —una entidad destronada en busca del Yo. Debemos sacar la energía que tenemos en la red neuronal que día tras día repite las circunstancias del pasado puesto que está conectada fijamente en el cerebro. Esas conexiones fijas toman el poder y lo distribuyen para mantener intacto lo que el pasado dictó. Para un estudiante de la obra espiritual esto es algo inaceptable, porque, ante todo, no hay obra espiritual sin poder y, segundo, no hay poder sin un discernimiento del Yo. Si no se reclama el Yo y no se lo redefine, entonces no existe algo así como lo inimaginable, no hay hombre o mujer que sean maestros de la realidad. No funciona, nunca ha funcionado. Al comprender esto —presta mucha atención— el pasado significa ponerle fin a la condición de víctima, eliminar la envidia, los celos, el odio, la malicia; eliminar todos aquellos aspectos que tanto degradan al Yo espiritual, que literalmente lo despojan de su hermoso poder y mantienen vivos a los demonios de tu propia mente. El deshacerse de todo eso significa asumir la responsabilidad de esas acciones y hacer que la responsabilidad sea de uno mismo. Cuando lo hacemos, la culpa ya no es adjudicada a tus pobres padres —que, por cierto, también son personas espirituales— o ya no se le adjudica a aquella clase del primer año escolar. Ya no se atribuye a tu necesidad de ser necesitado.

Cuando dices: «Yo creé esto; no sé por qué o cuándo se me ocurrió la idea, pero lo hice. Si yo no lo hubiera pensado, nunca hubiera ocurrido», ya no tienes la salida de continuamente echarles la culpa a otras entidades o a una entidad en tu vida. De pronto la cuerda se corta, se rompen las cadenas y el Yo empieza a definirse.

La Noche Oscura del Alma

Cuando el Yo comienza a definirse es un momento triste y doloroso porque los seres humanos son cobardes por naturaleza. Son cobardes porque temen enfrentarse a sus propias elecciones. De modo que en una situación de temor, emprendes la huida y empiezas a señalar a los demás con el dedo. Y culpar a otros es tu manera cobarde de evadir la situación. Cuando lo haces, cuando señalas con este dedo de poder, significa que esta mente de poder ha enfocado la energía; la ha reflejado fuera de ti hacia alguien más, y así eres destronado. Te aseguro que no es fácil asumir la responsabilidad de tu vida, pero es la parte más valiente y espiritual en nosotros la que lo hace, por muy doloroso que sea. ¿Y qué es ese dolor? Es el regreso a casa del hijo pródigo: la energía.

A esto lo llamamos la noche oscura del alma. Ahora tenemos que soportar el peso de todo ese sufrimiento porque es energía que regresa a la Fuente. Es mediante el sufrimiento que nos purificamos, porque una vez que la energía traspasa la barrera del cuerpo emocional y este se agita y se turba y el corazón late con más fuerza, se respira con dificultad y las lágrimas empiezan a brotar, significa que la energía está regresando y ocasiona una tormenta. Tienes que vivir en la tormenta; es la naturaleza del hijo que regresa a casa. Y después de la tormenta, la energía, que ha sido purificada por el cuerpo emocional, ha completado su ciclo y su regreso a casa es el ingrediente necesario para la definición del Yo, aquello que nosotros somos.

Ahora bien, nadie va a hacer que te responsabilices por tu vida. Puedes aparentar y decir que estás de acuerdo con esto, pero el verdadero guerrero es el que lo hace y lo hace muy bien —se trata de la conquista de sí mismo— y lo hace sabiendo perfectamente que todo el producto de su esfuerzo regresará a casa multiplicado. El que hace esto es quien al final se libera.

Todos los seres que en el Plano Sublime eligieron la vida espiritual saben que no es un sendero fácil; saben que hay que definir y pulir el Yo y ni siquiera se imaginan lo que implicará en sus vidas hasta que se enfrentan a ello. Es en este momento decisivo cuando la mayoría de las personas da la media vuelta y sale corriendo. ¿Por qué? Es muy sencillo. A menos que la divinidad que somos ocupe el trono de este cuerpo temporal, nunca podrá crear lo maravilloso si no se ha divinizado y definido en nosotros mismos. Si esto no sucede, lo inimaginable nunca te ocurrirá ni tampoco lo que se denomina lo virtuoso.

Para la víctima crónica, el mito, el sueño y la leyenda siempre serán precisamente eso: mito y leyenda. Y mientras permanecen como tales nos asombramos de aquellos que parecen salir adelante y hacer lo milagroso. Nos maravillamos ante los que han cruzado el puente; los que completan el viaje —el viaje de recuperar el poder de vuelta para el Yo— y lo han vivido. Los cobardes, los que huyen y no pueden enfrentarse a ello, nunca tendrán el poder de la lucidez, la claridad y la habilidad de moverse como un maestro, porque sólo hasta que el Yo se define puede entonces nacer el maestro. Nunca puede nacer del Yo indiferenciado. ¿Has entendido lo que te acabo de enseñar? ¿Entiendes cómo la esencia define al Yo y a su poder? Ahora entiendes que al entregar ese poder se agota la esencia.

Observa que cuando me refiero al pasado, siempre me refiero a tus mayores obstáculos.

Aparentemente, al referirme a lo que se denomina el pasado parece como si pensara que el pasado fue todo terrible. No, todo tuvo su propósito.

Lo que quiero que comprendas es que todas las cosas preciosas de tu vida, las que hiciste y te hicieron y que son gratas, solo pudieron haber ocurrido en un momento de autodefinición, de modo que ellas siempre estarán contigo porque son la esencia de lo que eres. Por eso es que en las religiones Dios siempre está suplicando a su rebaño que sean buenos y que hagan buenas obras, y que sean hombres y mujeres de valores morales e impecables, porque hay una verdad en eso. La verdad es que cuando eliges ser así, no has cedido ningún poder, sino que has sido dotado de él. Y cuanto más se dota de poder al Yo, más asombrosa es la realidad de la entidad. Así es como funciona. Todos ustedes tienen momentos gratos y bellos en su pasado. Esos momentos no tienen que ser desechados, puesto que son parte integral de la definición del Yo.

Si esos momentos de definición son los momentos sublimes de tu vida, los puedes ver como las acciones más simples que hiciste, desde el momento de tu memoria cognitiva, de lo que te hicieron y lo que les hiciste a los demás a lo largo de toda tu vida. Esos son momentos de empoderamiento. Así se expresa el Yo verdadero. Pero, por lo general, vives en una sociedad dinámica en la que el modo de vida acostumbrado es la culpabilización y la cobardía en favor de la imagen. Es la competencia despiadada; la hiena cuyas víctimas son los más pequeños. Es el éxito que es promovido y temido por los propios aspectos del fracaso. Esto se convierte, entonces, en la dinámica de un pasado que es doloroso; un pasado en el que se ha entregado el poder, en el cual la culpabilización, el victimismo y los dedos acusadores comienzan a menudo a una edad muy temprana. Puedes ver entonces por qué es importante examinar el pasado en términos de energía, en términos de cederlo y permanecer constreñido en un patrón de consciencia y su red neuronal de ser el eterno sufridor y la eterna víctima.

Ningún maestro es de esa manera. No encontrarás ningún maestro que muestre compasión por alguien que elige ser así. ¿Por qué? Todo maestro sabe que todos los actos de la vida son una elección personal basada en el libre albedrío. Todo aquel que es un maestro lo comprende y lo sabe, sin compasión ni empatía. Hay una diferenciación muy clara en lo que estás aprendiendo, y es que el maestro ha centrado al Yo firmemente en su espacio divino, y desde allí conduce esa divinidad hacia una vida que se basa completamente en la ubicación contemplativa y meditativa de la energía. Esa ubicación es crucial. Ese es el maestro.

El Día del Juicio Final y el Repaso de la Vida

Haber dicho esto ahora y recordarte que estás aquí por elección —que elegiste esta vida como una vida en la que se te revelaría lo espiritual— te está empoderando por completo. A partir de ahora, entonces, vamos a hacer un repaso y hablaré del Plano Sublime —el cielo, como algunos lo llamarían.

Durante estos años en tu cómputo del tiempo hemos discutido con frecuencia la existencia intermedia, es decir, la que tuviste antes de esta encarnación. Y no profundicé mucho en ella, ni tampoco en tu vida pasada, por una maravillosa y gran razón. En mi sabiduría comprendo que aquellos que no tienen madurez espiritual se aferran a estos conceptos con la misma intensidad con la que se han aferrado a su victimización, su tiranía y su autocompasión. Esa información, en vez de ser un maná para el Yo espiritual, le da más carnaza al animal interior del hombre y la mujer. Aquí el enfoque ha sido llegar a ser Dios. Eso es lo fundamental y siempre lo será, pero ahora vamos a hablar del lugar temporal intermedio y del lugar donde estaban todos ustedes antes de nacer.

En el pasado he afirmado enfáticamente que no creamos a nuestros padres. Eso es cierto. Pero hay que recordar que somos atraídos a un acervo genético que solo equivale a lo que somos antes de llegar. En ese sentido entonces, a un nivel subconsciente, llegamos a ser solamente lo que somos capaces de llegar a ser. Nunca podemos llegar a ser lo que somos incapaces de llegar a ser. En otras palabras, no podemos ser algo más grande de lo que somos. De modo que cuando hablamos del lugar temporal intermedio, nos referimos a los niveles tercero, cuarto y quinto. Esos son los planos de descanso y rehabilitación.

Entonces se vuelve evidente que el cuerpo físico ha muerto y toda la energía que le dio vida desde el alma, se está apartando de él. El cuerpo pasa entonces a un lento estado de descomposición. Sin la tecnología moderna y el arte del embalsamamiento la energía naturalmente se descompondría rápidamente en cuestión de quince días. La descomposición es la disgregación de la materia coagulada y la liberación del patrón consciente. Estamos hablando del Yo, del Yo espiritual, de aquello que no se ve, que ya ha partido y ha atravesado el infrarrojo hacia el gran túnel de luz, al final del cual es recibido por los Señores de la Luz. Todos ustedes pasaron por la lectura de su vida. En tiempos antiguos se lo llamaba el Día del Juicio Final. Es el Día del Juicio Final, salvo que no es realmente un juicio; es para refrescarte la memoria en cuanto a lo que hiciste.

Ahora bien, comprende que eres un ser transpersonal, pero sigues siendo personal. Eres un ser que se ha transmutado fuera de un cuerpo carnal; has salido de la vestimenta. Y aquí, donde el espíritu se demoraba tanto para crear la realidad a través del cuerpo —pues vives en un cuerpo que opera masa a masa— ahora estás más en tu propio dominio como entidad espiritual. De hecho, estás vibrando en un reino más benigno que este.

Y allí observas tu vida. ¿Cómo es posible? Porque las bandas que eres, que te apoyaron y te dieron vida y sustento en el vientre materno, se llevan consigo en forma de mente todo lo que alguna vez hiciste, pues hacer es una acción y la acción es energía, y el enfoque de esa energía son los patrones de la mente. Entonces comienzas a observar los patrones de la mente mientras se combinan para mostrarnos el esfuerzo de toda una vida.

Ahora hagamos una pausa aquí por un momento y déjame decirte esto. Algún día, cada momento —cada momento— a la luz de toda la eternidad será sopesado contra una pluma. Cada momento cuenta. Todo lo que tú haces y lo que yo hice es visto, y es visto tanto desde la perspectiva del observador como la del participante; del que realiza la acción como del que es afectado por ella, todo. Por eso se llama el Día del Juicio Final, porque la mayoría de las personas ignorantes creen, o tienen la falsa idea, de que sus pensamientos no son cosas. Sus pensamientos son cosas. Estas personas ilusas piensan que lo que hacen a puertas cerradas solo lo saben ellas. Eso es un engaño; todo se sabe y todo se mostrará. En este estado elevado no es necesario que ningún ser te mire y te condene; bastará con que lo veas por ti mismo. No hay juez más severo que el alma en el Día del Juicio Final.

Cuando eso suceda —y todos lo van a experimentar en algún momento porque ya lo han hecho—, ¿qué será lo más significativo de esto? Lo que cobrará sentido es lo agobiado que estás por los asuntos inconclusos, lo agobiado que estás por las experiencias inconclusas. Si te digo que eres Dios, entonces esta vida es para hacer que esa Divinidad evolucione como un todo. Así que, ¿de cuántas experiencias no te adueñaste? Cada vez que fuiste cruel con alguien, que fuiste astuto y degradante, cada vez que diste falso testimonio contra otro, que lastimaste a alguien físicamente, cada vez que tu lengua atacó verbalmente a otros llena de venganza y reproche, cada vez que descargaste tu furia de amor no correspondido que llevó a destruir a los que te rodeaban y a ti mismo, todo eso se convierte en ti en ese momento de visualización. Lo eres todo.

Sufres el ataque de tu villanía y sientes lo que sintió el otro. Te conviertes en el niño al que has golpeado y sientes su dolor desvalido. Te conviertes en lo que se denomina el abusador y su ataque lleno de furia instigada y embriagadora contra aquel que es inocente y que no puede defenderse. Sientes lo que es ser difamado y que mancillen y deshonren tu agraciado buen nombre. Lo sentirás porque eres Dios.

En este momento no estamos separados; en este momento lo somos todo. Llegamos a entender que es en este momento de tránsito cuando más nos damos cuenta de que somos la totalidad de la red de la vida. Sentimos el abandono de aquel que hemos abandonado. Sentimos la falsedad que infligimos a otro. Experimentamos la culpabilización excesiva que le adjudicamos a los demás. Sentimos lo que se llama la angustia del amor no correspondido y somos nosotros los que cargamos con las cadenas de esa culpa. Se nos honra y se nos deshonra. Nos divertimos y nos desconcertamos. Vemos cómo hemos prostituido nuestros valores. Nos convertimos en el cuerpo en medio de su agonía y su abuso. Nos convertimos en el abusador y en el abusado. Esto es el juicio y lo sentimos en toda su magnitud. Nos deleitamos en el sueño y en la inspiración que tuvimos a los cinco años, y nos desanimamos al perder ese sueño a los veintitrés. Nos convertimos en el sueño y luego nos desvanecemos como él. Nos convertimos en la inspiración que nos maravilló y luego nos convertimos en el aburrimiento de la inacción. Vemos la incitación de ideas nuevas, de conceptos que se nos ocurrieron —somos entonces la idea misma, la forma de pensamiento—, y los vemos como un huevo sin amor y sin sustento que nunca rompe el cascarón. Vemos la idea que nunca fructificó y el dolor de su falta de inclusión en nuestro entorno. Lo vemos todo porque somos la totalidad de Dios.

El elemento subjetivo en todo esto es muy importante. El núcleo del Yo es subjetivo, pues lo es todo. De modo que desde esta perspectiva, el Yo se enriquece y se define mejor. Vemos cuántas veces hemos necesitado suplicar el perdón de alguien y todas las veces que no nos lo hemos pedido a nosotros mismos. Vemos todas las oportunidades que tuvimos para amar, pero con nuestro yo renegado y egoísta, las desaprovechamos todas. Vemos el lugar vacío donde no reside el amor y nos dejamos llevar por la desesperación y la futilidad. Lo vemos todo.

En esta exposición encontramos plenitud incluso en el sufrimiento —ese momento insólito. ¿Y cómo describir el sufrimiento si no hay cuerpo? La emoción, aunque se genera mediante estímulos eléctricos del cerebro, de las redes neuronales que luego producen un efecto dominó en el cuerpo mediante la liberación de hormonas, se convierte en algo viviente. Es un campo de energía, y es con ese campo de energía que nos paramos en la revisión de la luz, y luego nos sumergimos dentro de toda esa energía. No podemos deshacerlo, ya está hecho. La suerte está echada.

Ahora bien, esto no es algo malo, sino que es algo necesario para el ignorante —y todos ustedes lo son— porque lo que sucede como producto de esa visión es que quedamos abrumados; nos sentimos sumamente agobiados por las dificultades que vemos. Una carga es un término espléndido porque lo que dice realmente es que todo aquello que hicimos, nos lo hicimos a nosotros mismos. Y por medio de esta revelación tenemos que deshacernos de esas cargas y darle amor al Yo, que es lo que Dios es. Dios da, ¿lo recuerdas?

En el Plano Sublime Planificamos Nuestra Nueva Vida

Entonces salimos de allí en un profundo estado de reflexión. Se nos da cualquier tipo de imagen en la cual deseemos recapacitar sobre todo esto. Algunos reflexionan en las altas cordilleras del Plano Sublime; otros detrás de árboles magníficos y nobles. Otros lo hacen junto a lagos preciosos rodeados de bosques moteados. Otros en bibliotecas enormes o flotando en medio de la nada porque no pueden tolerar que haya nada a su alrededor. Pero siempre después de esto viene la reflexión, el arte de la contemplación. Y lo que se vuelve ineludible es que esto nos lo hemos hecho a nosotros mismos porque somos la totalidad del Yo.

Ahora bien, he aquí el dilema: todos esos actos en esa vida se originaron en un tiempo muy lento en el cual el centro de atención fue el cuerpo humano, así que sin importar lo que hagas en el Plano Sublime, jamás podrás resolver allí lo que hiciste en el plano de la carne. En el Plano Sublime no podemos manifestar las experiencias que darán lugar a la emoción física, porque allí carecemos de ellas. Contemplamos y luego imaginamos, tal como lo hice yo junto al fuego cuando soñé esta travesía. Imaginamos, y tan pronto como lo hacemos, todas las formas y las escenas aparecen de manera instantánea. Y, mientras contemplamos, nos vemos a nosotros mismos y cómo lidiamos con lo que generamos. Imaginamos, y como estamos en el Plano Sublime, donde las cosas no se hacen masa a masa, somos más afines a ese tiempo, que es el no-tiempo, como se lo denomina aquí. De modo que allí, en el instante que imaginamos algo, aparece exactamente como lo concebimos, por lo que nuestro entorno está siempre cambiando.

Esto es algo ideal durante la contemplación, porque al contemplar podemos visualmente ver la escena tal como quisiéramos que sucediera. Sin embargo, por mucho que nos esforcemos por encontrar alivio en ello, no podemos hacerlo. Lo que sí nos proporciona es nuestra divinidad. Nuestro don de la imaginación nos ha permitido reconstruir el pasado; reconstruirlo y avanzar desde ese punto. No obstante, este mapa, aunque se construye minuciosamente, podría tardarse miles de años en el Plano Sublime. La contemplación allí es muy diferente a la contemplación aquí. Allí podemos tomarnos todo el tiempo para planear y diseñar, y luego podemos salir a explorar aquellos planos. En el momento en el que se nos ocurre que hay magníficos seres que poseen esta sabiduría, se nos aparecen. Vienen y nos enseñan; nos ayudan con nuestro modelo de imaginación. Ellos no cambian ese modelo en el momento de la contemplación, sino que te dan los pensamientos y tú incorporas la sabiduría al mapa. Así es como funciona, pues no se trata de su mapa, sino del tuyo.

El conocimiento. Si para ti el conocimiento es como un reservorio de información que fluye por una computadora, aparecerá una que tendrá dendritas conectadas a ti y entonces el conocimiento fluirá a través de la computadora. Pero, en última instancia, ese conocimiento que fluye hacia ti, debes ser tú el programa que lo incorpore. O puedes imaginar que el conocimiento se encuentra en enormes salas de aprendizaje; en las enormes aulas de una universidad. Si imaginas que se encuentra en un conjunto de libros excepcionales, inmediatamente aparecerá una enorme biblioteca cuyo final no podrás ver, y todos los grandes textos aparecerán en viejos y antiguos anaqueles. Y si en tu mente «viejo» significa cubierto de polvo y desgastado, entonces así se verán. Así que buscas el manual más polvoriento, descolorido y lleno de telarañas que puedas encontrar, pues piensas que ese es el que contendrá todo el conocimiento, y lo hallarás. Habrá una mesa para que te sientes y podrás tener una lámpara eléctrica o una vela o una lámpara de aceite o una lámpara fluorescente. Y te sientas a leer. Lees cada página y las páginas se ven como una luz tenue y las letras son multidimensionales y saltan del libro a ti, y tú crees que estás leyendo. Es todo el mismo conocimiento.

Y después de pasar cien años en esta biblioteca, te llevas la información con la que sabrás cómo modular el salón de la contemplación, el salón en el que podrás ver cómo vas a cambiar las cosas, cómo se va a prolongar esta carga que tienes de estar incompleto a causa de lo que, según tu perspectiva, es el error que has cometido con otro. ¿Cómo podrás justificarlo? ¿Cómo podrás escribirlo? Encontrarás la respuesta a todo. Ahora bien, no es por casualidad el hecho de que todo empiece a comportarse exactamente como un campo cuántico de potencial, pues lo es. El Plano Sublime está en el nivel cuántico, de modo que allí, cuando una entidad espiritual —que no tiene el cuerpo— es una mente elevada, todo sucede instantáneamente. Lo que la entidad está haciendo es seleccionar senderos de destino intencional y los crea de una manera lineal, con o sin ayuda; se esfuerza por encontrar una solución, pues nadie quiere vivir en medio del castigo. Ese reino se llama el infierno, pero uno lo vive como un asunto sin resolver, oneroso e inconcluso.

Ten presente que en aquel plano no hay nadie que te diga que tienes razón o que estás equivocado. Eres tú quien formula esas opiniones; no hay ni bien ni mal. Se nos hace sumamente evidente que pertenecemos al reino angelical; que realmente somos viajeros foráneos en un mundo extraño, y que realmente tenemos el poder de recrear ese mundo según nuestra imaginación, nuestro recurso más valioso. De modo que allí no hay nadie que diga que esto es correcto o incorrecto. Te digo que cuanto más Dios seas en ese momento de repaso en la luz, más sentirás el impacto de todo lo que has juzgado en la encarnación, pues ¿cómo podría ser Dios otra cosa más que todo?

En el salón de la contemplación —y esto es muy importante— todavía hay seres que han estado allí trazando una vida potencial de manera muy cuidadosa. Llevan allí cientos de miles de años. Están planeando esa vida y son como el vigilante en la puerta de la historia que te conté, que observaba a todos los que entraban.[5] Pues bien, hay entidades que se sitúan junto a la gran puerta del cielo y observan a todos los que entran con sus cuestiones, y aprenden. Pero lo importante es que el aprendizaje no es significativo hasta que se aplica en el nivel en el que se originó la sabiduría.

Te hablo en un lenguaje común acerca de un plano que es mucho más ilustre, mucho más dinámico, mucho más fantástico y mucho más hermoso de lo que puede permitir el discurso ordinario. Me estoy esforzando por hacerte entender una lección muy valiosa que

---

[5] Esta historia se encuentra en Ramtha, *Selected Stories III: Shambhala — Leaving No Footprints* [«Historias Selectas III: Shambhala — Sin Dejar Huellas»] Cinta de audio ed. *Specialty* 033 (Yelm: Ramtha Dialogues®, 1989).

estás aprendiendo acerca del Yo extraordinario y la comprensión de por qué elegiste estar aquí.

Una entidad abrumada que tiene aquí muchos asuntos inconclusos, no los puede culminar a menos que posea un cuerpo físico que opere en este tiempo. Pueden soñarlo en esos otros niveles, pero nunca podrán experimentar esos sueños hasta que nazcan en el tiempo destinado para ellos. Una entidad agobiada por sus cargas ha trazado allí su recorrido lineal y ha recibido toda la ayuda que supo solicitar. Y cuando esté lista para regresar, será atraída a un acervo genético equivalente a lo que dejó atrás.

En este Plano Sublime —el cielo, como algunos lo llamarían; yo los llamo los planos superiores— no te sientes arrepentido de estar allí. Quiero que sepas que nunca existió un lugar más lleno de vida y más hermoso que este porque es lo inimaginable imaginado. Nunca existió tal estado de ser que estuviera completamente libre de las cargas del tiempo lento y de la materia lenta. Nunca hubo un lugar en el que la belleza física no fuera lo más importante porque allí podías adoptar la apariencia que quisieras, así que no es importante. Aquí sí es importante, pero allí no lo es porque es modificable, de modo que todos están libres de ese aspecto y flotando más cerca de Dios. Estás en un estado bajo la sombra del reino dorado; estás en un estado donde el día o la noche pueden ser eternos. Allí hay multitudes y es como si hubiera espacio para todos, y lo hay. Es un lugar merecido; el lugar de descanso antes de la próxima batalla.

Así que no es —como creen algunos de ustedes que tienen tendencia a sufrir— un lugar donde se pasa el tiempo en los bosques de la contemplación y se sufre. No, pero es importante que, como el aspecto subjetivo de Dios, seas capaz de sentir lo que hiciste, mas siempre eres objetivo. Y partiendo de esa base, no sientes pesar por dejar a tu familia. No hay pesar por dejar a tu esposo, a tu esposa, a tus amigos, a tus vecinos. No tienes ese tipo de emoción porque estás libre de todo eso.

Hay un entendimiento que se impregna en estos reinos y es que en el plano de la Tierra se está llevando a cabo una gran obra de teatro en la que tú has tenido un papel. Pero lo que importa es que nunca llegaste a terminar tu parte del guion. Y al salir de ese sueño tan pesado sabes que tus hijos realmente no quedaron abandonados; ellos siempre existirán. Tampoco abandonaste a tu amor. Tu amor está contigo, siempre lo estará, porque cuando nos convertimos en el Dios subjetivo interactuamos con la totalidad de la vida. Entonces, ¿cómo podríamos estar separados de ella? Es un estado tan difícil de entender, pero todos han estado allí. Todos ustedes han estado allí. De lo contrario, no podrían estar aquí ahora.

Ahora bien, deja de afligirte y de sufrir por un momento y comprende que es este estado de carga lo que suscita nuestro mayor poder. Queremos diseñar una vida y exhibirla e imaginarla y cambiar sus patrones, los personajes. Todo el que desee participar en ella puede hacerlo. Queremos hacer esto antes de regresar y retomarlo donde lo dejamos. Eso es también muy importante.

Quiero traer nuevamente a colación a los personajes involucrados en la próxima pieza teatral. Siempre se ha sostenido que las personas que se encuentran y sienten empatía recíproca se conocen de una vida pasada. Eso no es así. Prueba con esto: ¿Qué tal si nunca antes se habían conocido y se encontraron en el Plano Sublime porque ambos tenían la misma carga, ambos llegaron al mismo bosque para contemplar lo mismo? Algunos de estos lugares son muy concurridos —muy concurridos— y siempre somos atraídos a lo que somos. Los personajes que tendrán un papel importante en nuestra próxima vida no tienen que ser personas que hayamos sido anteriormente. Y engañarte a ti mismo continuamente con este pensamiento es una señal de tu ignorancia sobre la vida espiritual, porque este lugar no lo es todo ni estas vidas lo son todo. Tendremos seres que se encontrarán en el mismo sitio de contemplación que pueden ser entidades extraordinariamente avanzadas, que en encarnaciones pasadas fueron genios o grandes líderes y que tienen una falla, un defecto. Y este defecto los puso en contacto contigo. O pueden venir de otro planeta terrícola para ocuparse de ese defecto aquí. Nos encontramos por la asociación de nuestras cargas.

Ahora —y qué difícil de entender es esto—, cuando te sientas junto a una persona y entablas una conversación, te estás vinculando con ella, y muy pronto te mueves por el laberinto de su mente y comprendes lo que te dice. Estás dentro de ella y ella, a su vez, se desplaza a través del laberinto de tu mente. A eso lo llamamos una conversación. Si lo entiendes, entonces puedes empezar a comprender el concepto de que la asociación de cargas atrae a lo semejante, y cuando se comparte en aquel lugar sublime —no se trata de hablar; no hablas— tus pensamientos se proclaman y así cada uno se involucra en los pensamientos del otro. Es en estos momentos en los que hay una participación recíproca de pensamientos que ocurre algo formidable y maravilloso llamado misericordia. En este maravilloso reino donde hemos diseñado esta vida, hemos encontrado a alguien que tiene la misma carga, pero la carga puede ser que a aquella entidad le hayan hecho lo que nosotros le hicimos a otros. Y, aunque en este lugar de contemplación ambos somos a la vez el que lo hizo y el que resultó afectado, nuestras mentes se juntan y forman una relación, y esas relaciones luego constituyen los encuentros posteriores en este plano.

No se trata de a quién conociste hace dos mil o cuatro mil años; los más significativos son los que conoces en el Plano Sublime porque han llegado al mismo lugar. Estas personas entrarán y saldrán de tu vida a menudo para cumplir el mismo drama que has venido aquí a desarrollar. ¿Y qué papel están representando ahora? En última instancia, se decide en el momento. Cuando repasaron su vida y vieron que le hicieron lo impensable a otra persona, pueden reformular la estrategia para que lo impensable entonces se les haga a ellos, y el personaje que estará involucrado será uno que fue la víctima en la existencia anterior. Están aprendiendo el equilibrio y, aún así, pueden aparecer y luego desaparecer de tu vida, pero para eso están aquí. La casualidad no existe. Todo se crea a partir de la consciencia y esta no se mantiene ni su único propósito es en este plano únicamente; es en todos los planos. Cuanto más cerca estamos del Punto Cero, más puros somos como seres conscientes. En este gran y maravilloso reino —donde lo que pensamos es— está en nuestra naturaleza. Esa es nuestra verdadera naturaleza. Eso es a lo que estamos acostumbrados. A lo que no estamos acostumbrados es a llevar el peso y la carga del tiempo lento y la mecánica del cuerpo físico, porque allí nos liberamos de él y de todo lo que representa.

Una vez que hemos trazado el plan en nuestro memorable encuentro con otros seres allí, cuando establecimos ese patrón y hemos decidido esta línea potencial, entonces estamos listos para regresar. Nos encontraremos de nuevo con aquellos con los que interactuamos antes. No los recordaremos, pero los encontraremos y el alma lo sabrá porque el Espíritu recuerda la conversación. El alma recuerda la travesía. Es solamente la mente corporal —el cerebro corporal de la entidad física— que aún está por nacer la que no recordará este incidente.

El Valor de Experimentar una Nueva Encarnación

Cuando estamos listos, regresamos porque no podemos avanzar a menos que regresemos aquí y nos ocupemos de este asunto inconcluso, hasta que comprendamos completamente que Dios es uno. Cuando somos uno, cuando decidimos ser uno, es cuando hemos elegido la travesía espiritual; una vida repleta de ello. Ahora, entiende también que en estos planos hay entidades que, aunque también soportan el peso de sus cargas, su carga mayor es la falta de éxito porque nunca lo lograron, por lo que naturalmente van a formular líneas de potenciales en las cuales nacer. Nacen en algún lugar atrasado y tienen que abrirse paso en esta vida y llegar a tener éxito partiendo de la nada. Así es como se desarrollará su drama. Es muy importante para ellos, y alguien debe ser el chivo expiatorio en la obra. ¿Sabes por qué debe ser así? Porque esas son las entidades que en su vida pasada pisotearon a otras personas con el fin de alcanzar el éxito. Y así, las mentes significativas se reúnen para esta maravillosa exhibición.

Hay personas cuya carga es, por ejemplo, la falta de éxito, entonces van a planear ese potencial de una vida entera en un gran patio de recreos en el cual jugarán a ese juego para un momento fugaz de gloria. Y eso será lo único que valdrá la pena en toda esa vida —ese momento fugaz. Luego la vida se degenera porque se reflejará solamente en ese único momento y este se convertirá en su pasado. Ahora que comprendes el asunto de las cargas un poco mejor, empiezas a ver que las entidades que hemos conocido en esta vida no llegaron por casualidad, que cada persona que conocimos a lo largo del camino era en realidad parte de una línea de potencial que creamos en el Plano Sublime. Lo interesante del plan que trazamos en el Plano Sublime es que rara vez funciona en la Tierra como lo hizo en el Plano Sublime. Allí tenemos la tendencia de pintar las cosas de manera muy alegre. Olvidamos lo que era tener una ampolla en la mano por apretar demasiado fuerte —olvidamos lo que era agarrar demasiado fuerte. No lo sabemos. Por eso, cuando todo empieza a tomar forma en el reino material tenemos una aventura excepcional, porque su maduración es muy diferente a cómo la habíamos planeado antes, y luego tenemos el elemento del misterio puro del hechizo del olvido. Esto también juega un papel y se supone que así deba ser. De modo que todas las vidas que se reúnen en esta encarnación no son necesariamente recuerdos de vidas pasadas. Y no deberías tratar de identificarlas de esa manera, porque al hacerlo, podrías nublar la escena del potencial que estás tratando de encontrar aquí. Estamos procurando encontrar el Yo con claridad y pureza, sin ninguna contaminación, para encontrar la materia prima de nuestra bella naturaleza. Y cuanto más la podamos desmitificar, más real se volverá. Cuando para conciliar cada situación tratamos de darle un significado cósmico, a menudo nublamos el panorama. Las relaciones no tienen que ser cósmicas —eso es absurdo—, deben ser simplemente relaciones. Y desde ese centro puro y dinámico nos acercaremos más a nuestro plan que si tratamos de sacarlo de contexto y convertirlo en algo que nunca fue, porque entonces nos encontramos con la carga de crear fantasmas que solo empiezan a molestarnos. Así que, en realidad, en cada vida que cumple lo creado en el salón de la contemplación —por muy larga, complicada o corta que sea— nuestros amigos maravillosos y verdaderos a menudo son los que realmente surgen del futuro, nunca del pasado, porque es en el Plano Sublime donde nace el futuro.

La mayoría de los individuos comienzan con buenas intenciones, pero su plan nunca se materializa porque se quedan estancados. Ahora bien, este es un mensaje importante sobre el pasado: cuando te quedas estancado en él, te niegas el potencial del futuro. Y eso es lo que es tan penoso de tus actos de aferrarte a tu condición de víctima, a tu sufrimiento, a tu angustia, que tus padres hicieron esto y aquello. ¿Por qué sacrificar lo que fue creado en el Plano Sublime por aferrarse a lo que es temporal en la carne?

Cuando entregamos nuestro poder a los factores esclavizantes del ayer, diluimos el Yo desde y para el cual creamos un potencial en el cielo. Cuando ya no tenemos el Yo porque le hemos arrebatado su poder mediante la pena, el sufrimiento, la miseria, la ansiedad y todo eso, detenemos el flujo de nuestro verdadero destino y lo único que obtenemos es la basura a la que nos aferramos en aras de una identidad propia. ¿Y por qué no hacerlo si hasta ahora te ha servido tanto? Ha esclavizado a amantes; ha hecho que la gente sienta lástima por ti; la has usado para salirte con la tuya; la has usado contra otras personas, contra ti mismo. Te ha servido. ¿Por qué querrías deshacerte de ella? Porque si no lo haces, no alcanzarás el espléndido futuro que has creado para ti mismo y para los magníficos seres que se unieron a ti en su creación y tú a ellos, y que tendrán un impacto en tu vida de maneras inimaginables; que moverán tu alma en olas de fuego que nunca has conocido; que inspirarán la genialidad de tu Yo, algo que nadie en tu pasado ha sido capaz de hacer hasta ahora.

Diseñaste un destino para liberarte de las cargas y las grandes mentes han sido partícipes en su creación. Cuando nos entregamos a eso, dejamos el camino libre para que suceda. Nuestra naturaleza de aferrarnos al pasado solamente nos hará repetir este proceso y permaneceremos con la carga de aquello que no hemos cumplido. Y, por un periodo meramente materialista, seremos menos por habernos negado la grandeza que creamos para nosotros mismos en el cielo. En otras palabras, tantas existencias no son más que la repetición de la repetición —repiten los mismos movimientos cíclicos que nacen del alma, las mismas experiencias a las que la cobardía del elemento humano le da la espalda— y no permiten que el movimiento prístino del alma concluya, que recupere su poder y luego le abra paso a un destino maravilloso. Ahora bien, ¿por qué lo hacemos? Ese «porqué» es un entendimiento muy amplio que requiere de muchas vidas para ser comprendido, pero te lo enseñé en tu primer C&E®. Eres un explorador que vino del Punto Cero. Estás haciendo conocido lo desconocido. Lo importante es imaginar el sueño y llevarlo a cabo; ser artífice de su nacimiento en un reino imposible, arduo y difícil. Para que el soñador pueda hacer realidad su sueño plenamente, el sueño debe existir en los siete niveles. Cuando estamos aquí abajo lanzando sueños en un tiempo denso, lo estamos haciendo en un tiempo denso al que no estamos acostumbrados. Somos criaturas de una imaginación eterna porque así es como somos. Somos consciencia y energía. Somos constructores de arquetipos de pensamiento y, a partir de ahí, la energía actúa para dar forma a esos pensamientos, para convertirse en su movimiento, por así decirlo.

No somos criaturas de la carne; nunca lo hemos sido. Cuando le permitimos a la carne que nos traicione —que nos delate— y fragmente nuestra divinidad en personalidades que alimentan viejos fuegos, antiguas llamas, viejas amarguras inflexibles y sin resolver, estamos fragmentados. Somos —escúchame con atención— el Yo llamado Dios, y cuando permitimos que nuestro cuerpo nos fragmente, nuestro poder queda entonces dividido como hermano contra hermano. Estamos en guerra contra nuestra propia naturaleza. Ya no estamos completos ni somos prístinos. Estamos aquí para hacer conocido lo inimaginable, no para repetir lo que ya se conoce ni para distorsionar su sentido de madurez hasta un estado que nos degrade incluso a nosotros. A este Plano Sublime podemos llevar nuestro aspecto más reciente. A menudo es muy útil porque, al igual que la gran cicatriz en mi pecho y en mi espalda me ayudó a siempre recordar mi propia traición infligida, tenemos la oportunidad de mantener nuestro cuerpo en su forma más reciente para que nos recuerde las cargas de las que nos debemos librar. O podemos simplemente elegir ser una forma nebulosa. Podemos presentarnos en cualquier forma que queramos. Pero mientras estamos en el Plano Sublime, estamos en un estado de éxtasis; en un estado de comunión con los estados más elevados de la vida. Y estamos muy cerca de la fuente de todo: el eterno Punto Cero, como se le ha llegado a conocer; la unificación del Todo con el Vacío mismo. En el Plano Sublime disfrutamos de la compañía de todos, de la dicha, la armonía, la magia de una mente. Somos esa mente; somos la revelación más divina de la imaginación tal como se presenta ante nosotros, mientras gira y se retuerce y cambia con cada uno de nuestros pensamientos. Eso es lo que realmente somos y siempre hemos sido.

¿Por qué entonces te vendrías a vivir aquí solamente un par de años para que podamos resolver algo? ¿Realmente vale la pena? Por supuesto que vale la pena. Cuando sabes que eres eterno, vale la pena interpretar el papel aunque sea por un solo año. ¿Qué es lo que no vale la pena? La cuestión aquí es que somos los pequeños Dioses que lo intentaron, pero quedaron atrapados. Nos quedamos atrapados. Y lo que he estado tratando de enseñarte desde que estás conmigo es que nos quedamos atrapados en una vestimenta cuya naturaleza es totalmente contraria a la nuestra, y que tiene que vivir en esta existencia tan irresistible que transcurre en un movimiento lento, en un tiempo lento, que nos ha apartado de lo que realmente es la totalidad de nuestra naturaleza.

La razón por la que tenemos que concluir nuestros asuntos no es para poder volver a casa; tenemos que resolver nuestras cargas para poder librarnos de este embrollo de nuestra naturaleza cobarde de la carne humana. Tenemos que acabar con lo que la naturaleza humana ha sido incapaz de resolver.

CAPÍTULO 5
TOMAR UNA DECISIÓN QUE PERDURE
HASTA LA ETERNIDAD

«Estoy aquí para decirte lo que eres —y a ti te toca elegir a partir de ahí— y para darte un conocimiento excelente que puedas empezar a integrar, para darte esperanza y para seguir recordándote que aquí estoy hablando con Dioses. Estoy hablando con inmortales que son tan poderosos que pueden llegar a creer en la muerte eterna. Así de poderosos son ustedes. Estoy hablando con Dioses.»

— *Ramtha*

La Naturaleza Animal de la Humanidad

Quiero decirte algo. Cuando se dice que el ser humano es un animal, es cierto. Lo es por su naturaleza animal: la naturaleza de un fuerte instinto de supervivencia, de un fuerte instinto de reproducción y una marcada territorialidad. Algunos son depredadores solitarios; son astutos y atacan por la espalda. No son valientes. Los débiles se agrupan en grandes cantidades para proteger sus límites con la esperanza de que sea algún otro el que caiga y no ellos. Esa es la naturaleza animal.

¿Qué tan cerca estás de esa naturaleza? Puedo decirte lo cerca que estás. La naturaleza espiritual no funciona cuando te lanzas a atacar a los inocentes, cuando azotas a tus deudores con un látigo de nueve colas porque te deben, cuando odias porque das. Eres territorial porque quieres proteger tus límites y aprovecharías de inmediato cualquier oportunidad para copular. Ese es el animal. El cuerpo hace todo eso perfectamente porque esa es la naturaleza del reino del cual procede. Los hombres y las mujeres valientes que actúan en un papel de grandeza nunca atacan por la espalda. Eso solamente lo hace el cobarde y el depredador, que son la misma cosa. Si esto es así —y quién puede negarlo—, ¿qué tan lejos estás realmente de eso, aparte de tener buenos modales en la mesa, usar prendas de vestir y defecar en inodoros y no en las llanuras? No estás tan alejado de tu naturaleza animal. Los tres primeros sellos son la naturaleza animal. Cuando ese ser humano se sale con la suya, siempre actuará como un animal porque es un cobarde. Te digo que es el Yo espiritual —lo que te estoy diciendo que realmente eres— el único aspecto apto de esta encarnación que realmente puede enfrentarse a las cargas y está equipado para hacerse cargo de ellas. El aspecto humano no puede hacerlo. Ya sabes, eres un cobarde que vivió en un pasado mancillado de sufrimiento. Esa es tu cobardía. Eres un animal. Si no has sido liberado de él o no has sido lo suficientemente fuerte como para hacerlo tú mismo, entonces todavía no eres una persona espiritual, porque es el Espíritu lo que está mejor equipado para hacer eso, porque es eso lo que pretende. El Espíritu va en busca de las cargas porque primero tiene que recuperar su poder para recobrar la totalidad del Yo. Cuando lo hace, es el que dice: «No más, esto está consumado. Yo lo creé, soy responsable de ello. Te perdono. Eres libre». Esa es una persona espiritual. Pero ¿qué dice el animal? «Me debes. Y ahora que eres vulnerable, me las pagarás». Ese es el animal.

Ser un ego alterado no te va a ayudar. Sólo por el hecho de haber nacido aquí abajo, tu genética no te favorece, pues procede de una genética que estaba tratando de hacer lo mismo. Y recuerda que atraes únicamente el cuerpo físico más afín a lo que eras. Esta es una historia continua. Volvemos aquí no porque alguien nos haya enviado de regreso; nos enviamos a nosotros mismos. No regresamos aquí para cambiar el mundo, sino para cambiarnos a nosotros mismos. Hemos vuelto aquí para realizarnos, no para ser olvidados otra vez. Hemos vuelto aquí para concluir este asunto.

Quiero ahora preguntarte, considerando todo lo que te he enseñado sobre el Plano Sublime, ¿no es sumamente evidente que esos pequeños temblores del corazón de la personalidad tienen más peso de lo que te podrías imaginar? No es el éxito que logramos en este plano lo que se recuerda en los salones del Plano Sublime. No se trata de cuánto dinero ganas o cuánto no ganas. No se trata de lo famoso que fuiste o lo infame que fuiste. No se trata de la apariencia física. No se trata de nada de eso que aquí es tan importante. Lo importante es lo que hicimos. Y es lo suficientemente importante como para poner a los dioses de rodillas, porque nuestra motivación es diferente a la del animal humano. Nuestra intención es liberarnos de las cargas y generar lo inimaginable. De eso se trata. ¿Lo han hecho otras personas antes que tú? En verdad que sí. Ha habido personas que han limpiado sus experiencias, las han finalizado y se han liberado de ellas. ¿Y quiénes fueron? Las personas brillantes que ahora están desparramadas a lo largo la historia y que fueron genios porque lograron lo inimaginable. Tuvieron el poder de hacerlo porque pusieron al Yo de nuevo en el trono; recogieron sus pedazos, los unieron y lo regresaron al trono.

Muy pocos de los individuos que fueron héroes de la historia llegaron a serlo a través del Plano Sublime. La mayoría de ellos pagaron muy caro por su genialidad. En otras palabras, sufrieron, resistieron, lo proclamaron y lo lograron. Se enfrentaron al tigre y esa vida turbulenta los llevó a lo único que querían lograr aquí: lo inimaginable, eso que ya conocían antes de encarnar aquí. Superaron el drama humano y volvieron a ser dioses, y su estrella brilló, aunque fuera sólo por un momento, fue todo lo que se necesitó. Entonces se acabó, se terminó. Y eso trae nuevamente a colación mi contacto contigo.

Tomaste la decisión de estar aquí y de elegir el aprendizaje espiritual en esta vida. Yo senté las bases y tú viniste. Todos nosotros en esta escuela, salvo unos pocos, hemos compartido una gran unión. Juntos, colectivamente, compartimos una existencia, una vida muy tumultuosa, ardua, extraordinaria e inspiradora y fuiste testigo de cosas maravillosas: el final de una vieja Tierra y el comienzo de una nueva. Presenciaste el deceso de los dioses y el nacimiento de la humanidad, y marchaste en la larga marcha. Eso es lo que tenemos en común. Y por ello, el amor que nació en las páginas de esa marcha, subsiste hasta este momento. Esto permitió que tuviera un lugar en el Vacío en la mente de Dios para que cuando estuvieras listo para elegir saber más, hubiera un lugar adonde ir. Era inevitable.

¿Por qué elegirías en el Plano Sublime, en el cielo, alcanzar aquí en este plano lo que ya eres en el Plano Sublime si ya lo conoces allí? Es una buena pregunta, ¿no? Sí, lo es, porque lo que se comprende allí, para que se conozca en su totalidad, tiene que entenderse en las entrañas de Dios y tiene que hacerse conocido aquí porque esta es la caldera, el crisol del alquimista. La estrella brillante que danza sobre el líquido azul de medianoche, de repente, se vuelve a coagular y regresa a ser esa pequeña esfera de níquel que queda de nuevo en el fondo del cuenco. De modo que aquí estamos. Tienes que hacerlo aquí.

En el Plano Sublime, la mayoría de ustedes atravesaron su laberinto y superaron sus obstáculos. Todavía tienes cargas, pero todos tuvieron un espacio de amor en su interior, un lugar donde balancearse. Y te sucedió algo sorprendente: me viste abandonar este plano sin morir. Nunca lo olvidaste. ¿Adónde fui y cómo sorteé la descomposición de la carne y la podredumbre del cuerpo? ¿Cómo pude hacerlo? Tú lo viste. Por eso la leyenda de Cristo y la resurrección está tan viva en las mentes cristianas hoy en día. Es conmovedora porque es una añoranza. Es lo inimaginable imaginable que ha sembrado su semilla en la mente de muchas personas. La encontrarás en todas las doctrinas religiosas.

En cuanto a mí y a mi gente —mucho antes de toda esta tontería—, yo me marché, tú lo viste y eso fue todo. Y lo hice a mi propio estilo, es decir, dejando algo en claro y siguiendo adelante. Lo que hace que te preguntes: «¿Adónde se ha ido? No está en el Plano Sublime. ¿Adónde está?». Bueno, estoy en el plano Sublime. Cuando regresaste, antes de hacerlo me recordaste y recordaste adonde fui. El amor es inolvidable, es tan dulce. Es inolvidable porque no carece de nada. De modo que en tu laberinto hiciste la pregunta más importante: «¿Qué es lo inimaginable para mí?».

Ahora bien, al otro lado del río hay un grupo que se pregunta lo mismo. Es el grupo que inventó las computadoras. Ellos apenas están descubriendo que si pueden crear una idea en el super plano de la existencia y llevarla hasta la línea de tiempo —que si la introducen en el cuerpo en el que van a nacer—, realmente funcionará. Por más que lo sepas o no, esos genios de la tecnología están empezando a despertar a lo que tú ya estás empezando a saber. En otras palabras, les llevas ventaja. Aparentan estar más avanzados, pero realmente están más atrasados porque apenas están empezando a aprender a crear. Están recién aprendiendo lo que tú ya sabes.

Este grupo entonces pregunta: «¿Qué necesito saber? ¿De qué cargas me tengo que liberar?». Bueno, estás preguntando un montón, pero, al fin y al cabo, solo estás preguntando sobre los asuntos inconclusos. Cuando todo esté resuelto, ¿qué quieres? «Quiero ir adonde ningún ser humano ha ido antes. Quiero saber. Quiero ir adonde habitan los dioses. Quiero saber lo que es ser un maestro». Y cuando imaginaste lo que era un maestro, pensaste en mí. Cuando pensaste en el valle de los dioses, pensaste en mí y creaste en tu mente el lugar al que creías que había ido. Este viaje fascinante, este rompecabezas fabuloso, este ejercicio, este laberinto de juguete que construiste en tu imaginación potencial te dejó «enganchado» a la idea de ser espiritual. Porque, verás, no lo obtienes a menos que lo pidas. En algún lugar del camino debe haber un ideal que llegue a la consciencia humana, la despierte y la ponga en acción. A lo largo de tu historia ha habido seres maravillosos que han venido y han eludido el sistema, que han sido tan audaces, tan arrogantes y tan puros como para estar tres metros por encima del humano mediocre. ¿Qué los hizo tan diferentes? Estaban llenos del poder del Santo Espíritu en lugar del poder del animal. Eso es lo que los hizo diferentes. ¿Por qué regresaron? Regresaron para recordarte nuevamente: «Nunca me olvides. Voy a causarte tanta impresión que nunca me olvidarás, porque algún día querrás saber lo que yo soy».

Redefinir al Yo al Escoger Nuestra Naturaleza Espiritual

Yo soy un ideal. Históricamente ha sido necesario esparcir ideales por todas las civilizaciones para evitar que colapsen —alguna maravilla que sucedió al mediodía, la aparición o la reaparición de un fenómeno—, algo que nos haga despertar de este pesado sueño de melatonina de la vida carnal, que nos despierte y entonces hagamos clic en el cerebro. Cuando lo hacemos, nos activamos como seres espirituales y nos desactivamos como seres humanos. Yo fui tu catalizador.

A la luz de toda la eternidad, ¿por qué querrías pasar esta vida desarrollando tu Yo espiritual? Primero tienes que superar todas tus cargas, adueñarte del pasado, porque eso te dice —si es que lo logras— que realmente has llegado a comprender que ya lo has hecho todo en la consciencia humana. Dios mío, ¿quién no has sido? ¿Qué no has tenido? ¿A quiénes no has odiado y a cuántos no has amado? ¿Cuántas veces tienes que morir? ¿Cuántas veces tienes que enfermarte? ¿Cuántas veces tienes que tener éxito para darte cuenta de que nunca has sido un fracaso? ¿Cuántas veces más hacen falta? Sólo la entidad que regresa aquí sabría que la única razón por la que regresas es porque debes resolver tus asuntos. Pero tu sueño inimaginable es convertirte en un súper ser. ¿Qué sueño más grandioso hay que el de ser Dios? No hay ninguno.

En tu línea potencial incluiste este sueño y me recordaste a partir de un incidente que hemos compartido. Eso fue lo que hizo que esto existiera y tú lo elegiste. Quieres entender lo que no has sido y quieres la liberación de tus cargas y encontrar la plenitud. Esa plenitud habla de una integridad del Yo, que una vez esté completamente consolidada estará lista para el surgimiento del futuro que fue creado en el Plano Sublime.

Todo el mundo tiene sus defectos, todos los tienen. Pero ¿a qué grado de perfección encontramos esos defectos? Aquí nadie es perfecto. No existe algo así como el ser humano perfecto. Por mucho que lo intentes, nunca lo lograrás, porque para serlo vas a tener que ser tan primitivo como cualquier animal y ya has avanzado demasiado en la dirección opuesta.

Llegaste aquí a través de una línea que creaste en el Plano Sublime para aprender no lo que ya estaba aquí, sino lo que podría haber. Viniste para que algo surja y te recuerde las experiencias que necesitas terminar. Y completar esas experiencias puede ser tan sencillo o tan arduo como lo desees. Después de eso estarás total y absolutamente libre para incorporar lo que ya has creado: una belleza inimaginable. Te aseguro que nadie retrocede después de librarse de sus cargas. Están verdaderamente liberados. Se liberan de su animal, de su sufrimiento. Se vuelven completos. Encuentran al Yo, aquello que realmente son.

Te dije tres veces en esta enseñanza que nuestra forma natural de crear es instantánea. Empiezas a entender por qué un Dios se fracturaría tanto en un humano, porque lo que logramos al instante tiene que pasar por un proceso de coagulación para el humano. El humano siempre está protegiendo límites, buscando víctimas, luchando por sobrevivir y siempre necesitando la copulación. Esas son cualidades de la impaciencia. La naturaleza es la supervivencia del más apto. Y cuando se trata del animal, el animal debe ser el más apto en todas estas categorías. Cuando nos convertimos verdaderamente en seres humanos, realmente fragmentamos lo sagrado en nosotros, porque el ser humano impaciente no puede aferrarse a un sueño inimaginable imaginable a menos que ese sueño se relacione directamente con su seguridad, su soberanía, su longevidad, su justificación para la copulación y su superioridad entre desiguales. El humano nunca mantendrá un sueño que no facilite su naturaleza animal. Esa es la razón por la que el humano es impaciente y siempre está plagado de dudas cuando se trata de la imaginación. De modo que aquí estamos, los mismísimos dioses que crearon a esta criatura. Nos deleitamos con la imaginación como si se tratara de una realidad verdadera, pero no la podemos disfrutar hasta la raíz con la potencia de Dios en este plano porque el cuerpo que habitamos no puede sostenerla y la rechaza, negándonos así acceso a la experiencia. El cuerpo no es un soñador.

Puede crear pensamientos; es la computadora. Puede sostenerlos holográficamente, pero le resulta extenuante retenerlos. El Dios es el momento; es el soñador y necesita ser lo suficientemente fuerte en el cuerpo para llevar el sueño hasta su nacimiento en lugar de mutilarlo.

Esto es una batalla porque lo que siempre pasa es que el cuerpo gana y el espíritu pierde. Entonces te diriges a una decadencia, a otra vida sin sentido y lo único que vas a hacer al morir es volver a ver el mismo programa y tener que realizar la misma contemplación. Estarás feliz y aliviado, pero, incluso allí, hay un propósito más grandioso para ti.

Aquí te encuentras incompleto. La travesía espiritual y el camino del maestro comienzan cuando se deben abordar cuestiones muy dolorosas: la naturaleza de lo humano y la naturaleza del espíritu, el destino y cómo se percibe en ambos casos. Lo que es importante para el humano no lo será para el espíritu. Lo que para el humano es subjetivo y personal para el espíritu será objetivo e impersonal. También tienes un cuerpo que es incapaz de sostener un sueño y se da por vencido porque se pavonea por su territorio; se tiene que mover constantemente para mantener seguro su perímetro. Y por otro lado tenemos al Dios, ansioso de completar la experiencia.

Cuando eliges una vida que dedicarás a la revelación espiritual, estás pidiendo una vida en la que debes montarte a esos caballos del yo sensual y apretarles las riendas. En esa vida hay que desarrollar el espíritu, y el proceso de recuperar el poder propio es doloroso y a menudo implica ponerle una zancadilla al cuerpo, a sus lazos familiares. Implica moverle el tapete a la culpa y a los celos, a la dinámica de las situaciones familiares, a la sexualidad, a los prejuicios, y decir en un tono diferente y no obstante único: «Yo creé esto. Nunca fue culpa tuya. Te hice pensar que así era porque ese es el cobarde dentro de mí. Te culpé por sentirme inferior, pero no tenía nada que ver contigo. Me impuse la falta de amor a mí mismo y, de hecho, soy yo quien se ha rechazado a sí mismo y se ha enclaustrado. Fui yo quien te abandonó; tú nunca me dejaste. Fui yo el que se ha revolcado en la autocompasión y se ha quedado en el pasado. Nunca estuviste en mi presente porque nunca estuve allí. Estaba lejos; estaba en el ayer. No es culpa tuya. Es solo un hábito que tengo». Para ser un hombre o una mujer honorable se requiere de una gran profundidad espiritual, y eso produce mucho dolor. Pero preferiría sentir el regreso del viento de la energía engendrada que se mueve por el cuerpo emocional y se purifica para hacernos plenos, antes que nunca lograr esa plenitud.

Te hablé de una claridad intensa, pura y sin obstrucciones, y que cada pensamiento debe imponerse con decisión. Nunca se toma simplemente por azar, sino que se contempla tanto que llega un punto en que esa manera de pensar tan elevada y extraordinaria se convierte en la forma de pensar cotidiana. Es algo difícil de hacer, especialmente cuando el cuerpo te dice que te estás perdiendo de mucho. Es difícil permanecer en la noche oscura del alma sin estímulos para salir de ella. Pero ¿por qué querrías salir de ella? Está extrayendo la energía de esos lugares dolorosos que debe pasar por el cuerpo emocional. Allí es donde está el verdadero sufrimiento, pero también es donde se produce la purificación. Mitigarla o deshacerse de ella sería negarse a uno mismo la purificación y, por tanto, la sabiduría.

¿Qué tiene de malo procesar energía? ¿No crees que eres lo suficientemente fuerte para hacerlo? Es cierto que el ser humano es una sabandija impaciente. También es peligroso cuando se ve acorralado. Pero ¿eres tan cobarde que no eres capaz de resolver los problemas que has creado? Al fin y al cabo, las dificultades nunca serán más grandes que tú porque han surgido de ti. ¿O es que puedes lidiar con ellas, pero no lo puedes soportar cuando se repiten? ¿Para qué se usan las drogas en realidad? ¿Acaso para entumecer la sensación que produce el regreso de lo que has puesto en marcha? En tu lugar, yo reflexionaría sobre esto.

La Marcha Espiritual del Maestro

Oh, mi amado Dios,
este día
muévete dentro de mí
como mi Santo Espíritu,
para acercarme
a tu reino
y mantenerme allí.
Oh, mi amado Dios,
deja que mi Espíritu
fluya de mi ser
libre de cargas.
Acepto este conocimiento
con libertad.
Deseo que me llegue
su revelación.
Oh, mi amado Dios,
estoy agradecido
por mi vida.
Oh, mi amado Dios,
estoy agradecido
por mi cuerpo.
Mi amado Dios,
lléname de tu amor
eternamente
y bendice mi vida.
Que así sea.
Por la vida.

Hagamos un pequeño repaso de esta maravillosa enseñanza sobre el Yo y el cielo. Comenzaremos en el estado de consciencia adecuado. Queremos evolucionar esto para obtener un conocimiento más profundo. Empecemos con el conocimiento que teníamos y pongamos nuestra mente en un camino correcto de comprensión.

La primera enseñanza que te di fue que tú elegiste estar aquí para venir a aprender un entendimiento espiritual. Nadie te obligó a hacerlo. Estás aquí porque esto es lo que quieres aprender. La elección propia es el comienzo del poder propio o de la redefinición del Yo. Ahora bien, ¿qué fue lo segundo que aprendiste? La definición del Yo. Todavía estás algo confundido acerca del Yo, y es solamente un término. Las palabras que uso son solamente palabras. Lo importante ahora es recordar lo que te enseñé sobre aprender a escuchar y por qué es importante que te enseñe un maestro.[6] Un maestro puede enseñarte y si estas oyendo, ¿qué ocurre en tu cerebro? Hay hologramas, imágenes. Así es como hay que oír. Estas palabras estimulan el cerebro para que cree imágenes, y como también lo aprendiste, el Yo verdadero es la imaginación; es el acto de imaginar. Ese es nuestro destino. Eso lo que se supone que debemos hacer. Así que si hoy escuchas o lees mis palabras, eso te ayudará quizás a redefinir viejas definiciones porque mientras hablo —y si me sigues prestando atención— tu cerebro producirá las imágenes que mis palabras, en su debido orden, harán surgir en tu mente. Si esto sucede, entonces ahora estarás pensando en términos espirituales.

---

[6] Ver Ramtha. *Crossing the River.* Fireside Series, Vol. 2, No. 1. Yelm: JZK Publishing, 2002 [hay trad. esp., *Cruzar el Río.* Barcelona: Correo del Ram S.L., 2005].

Para aprender la definición del Yo tenemos que remontarnos al Punto Cero, a lo que te enseñé cuando viniste a verme por primera vez: Tú eres Dios. Y luego, por supuesto, tenemos que redefinir lo que es Dios y quitarle los grilletes de la limitación y el dogma. Para poder explicar la metamorfosis de la involución como también de la evolución, la realidad, usamos lo que se llama la física. El Yo es un estado puro y creativo de la consciencia y de su servidora, la energía, combinadas inextricablemente. Somos realmente consciencia y energía, y el Yo creador no es más que la Divinidad misma. Eso es lo que somos.

Si entendemos entonces que en realidad no somos los rostros que llevamos puestos ni somos realmente las prendas que usamos —como asimismo tampoco somos realmente los territorios que definimos—, entonces empezamos a ver al Yo en su origen más puro. Entendemos que el Yo no es el cuerpo subjetivo en el que existimos, sino que es la mente objetiva de una y toda la realidad. Con este cerebro que tiene la capacidad de contemplar el infinito, incluso en sus términos finitos, empezamos a ver entonces que nuestro yo espiritual ha sido una culminación gradual de las mismísimas experiencias que él creó. Ahora bien, presta atención a lo que dije, que el espíritu es la culminación gradual de las propias experiencias que ha creado durante eones de manifestación. Lo que eso significa esencialmente es que el Yo es una mente amplia —una mente, realmente— que se compone de toda su consciencia y energía que creó. Experimentar una creación sin terminarla sería una fractura de ese Yo y, recuerda, eso es lo que somos. Nosotros, como consciencia y energía, la Divinidad misma, tenemos solo un destino real —el verdadero destino— y es hacer conocido lo desconocido. Y cuanto más lo hagamos, cuanto más imaginemos lo inimaginable, mayor será nuestra unidad como Dios, como unicidad. Eso es lo que se supone que debemos hacer. Somos un océano que se filtra en las orillas del Vacío y deberíamos expandir lo que somos. Eso es el Yo.

Si somos un enigma, una cualidad etérea y misteriosa llamada consciencia y energía, entonces es el alma lo que captura y conserva para siempre la experiencia final, el movimiento final de esa experiencia. El alma y la conservación de la experiencia en su finalidad es lo que permite que la consciencia sea tan amplia. Sin la ayuda del alma para definir la mente, estaríamos solamente creando y desplazándonos a través de la creación, y tan pronto como nos hayamos movido a través de ella, estaríamos de vuelta donde estábamos al comienzo porque no hemos creado un margen de realidad estática a partir del cual construir otros conceptos. Tenemos entonces el alma de la experiencia memorable dentro del Yo de consciencia y energía. Es la cualidad que permite que nuestra mente crezca y se expanda. Nos da nuestros asuntos resueltos que utilizamos como un trampolín para crear lo siguiente inimaginable. Ese es el Yo, y es impresionante y poderoso.

Cuando sabemos eso acerca de lo que somos, podemos ver claramente por qué una vida que surge del desierto, de la oscuridad y del fango, una vida que nace aquí y cuyo afán, destino y objetivo es descubrir lo que somos, es la vida más elevada que jamás viviremos. Cuando empezamos a imaginarnos a nosotros mismos no a los ojos de la humanidad, sino que comenzamos a definirnos en términos mucho más amplios, términos inimaginables, empezamos a identificar lo que somos. Ese es el descubrimiento de quiénes somos. Es hora de echar un vistazo a lo que es verdadero y real en nosotros. Eso es lo que llamamos la vida espiritual. Esa es la vida espiritual.

Al definir nuestro Yo, aprendiste también que el Yo se encuentra en el cuerpo de una encarnación como la tuya y ese Yo, cuando estuvo en el Plano Sublime la última vez y cada vez de todas las encarnaciones anteriores, llega allí al cielo. Y el gran asunto a tratar allí —ese magnífico Día del Juicio Final, esa hora del juicio— es para que veas por ti mismo, subjetiva y objetivamente, los aspectos de cómo has colocado la energía y de qué manera has afectado, en última instancia, al núcleo central de tu ser —la revisión de la vida pasada, como te gusta llamarlo en términos cósmicos y floridos. Lo importante de esto es que en este momento de juicio no hay nadie allí en el cielo que sea el juez. Lo que somos es nosotros mismos, y hemos descubierto que lo que encubre al Yo son los asuntos inconclusos.

Has aprendido sobre el término llamado «cargas», lo que es estar abrumado. Cuando veas tu vida anterior y lo que vas a hacer en esta, lo verás todo. En la energía nunca se olvida nada porque cada acto estuvo precedido de un pensamiento y eso es lo que es real. El pensamiento es real porque es lo que es el Yo; es consciencia y energía, y nada se desperdicia. Al repasar tu vida, repasas lo que es real. Ves todo lo que hiciste, lo que creíste que estabas haciendo a puertas cerradas o detrás del plácido rostro de la indiferencia o de las sonrisas vacías. Comienzas a verlo no solamente como el que lo hizo y lo estaba pensando, sino como consciencia y energía que, desde este punto de vista, como el Yo, es ambas cosas. No solamente se te permite ver lo que estabas pensando de manera subjetiva, sino que también puedes sentirlo subjetivamente como energía y hacia dónde se dirigía, porque somos, como lo has aprendido, uno. Dios es una sola mente. Lo que hacemos, nos lo hacemos a nosotros mismos independientemente de quienes sean los personajes. Los personajes somos nosotros mismos, porque así de grande es el Yo.

Aprendiste que lo que le haces a otro, te lo has hecho a ti mismo. Cuando victimizamos y somos despiadados, indiferentes, cuando esclavizamos a otro o le tendemos una trampa, cuando somos decadentes, poco caritativos e implacables, nos lo hacemos a nosotros mismos. En la revisión en la luz puedes sentir lo que el otro sintió. Todo es energía y, por lo tanto, tú eres el creador de esa energía. Entonces es la energía que expulsas la que regresa a a ti. Ese es el Día del Juicio Final. ¿Y por qué es un momento doloroso? Porque realmente llegas a ver cada faceta de ti mismo y la dinámica de esa faceta. Te conviertes en el herido que has herido, en el esclavo que has esclavizado. Eres la víctima de tu abuso y lo sientes en cada rincón de tu ser. La razón por la que esto es importante es porque para poder realizar cualquiera de esos actos en la vida, debes tener una cualidad divina que puedas utilizar para hacerlo. En otras palabras, cada acto está precedido por un pensamiento y el pensamiento proviene de la Fuente divina dentro de nosotros. De modo que nosotros somos el acto.

Recuerda que son tus cargas las que ceden tu poder, las que fracturan a tu Dios y te mantienen incompleto. Definir el Yo en la vida espiritual consiste en estar en la búsqueda del conocimiento que te permita encargarte de tus cargas. Te permite descubrir quién eres en la vida espiritual y es importante que lo hagas. Al comienzo de esta travesía espiritual nunca caminas como los ángeles. Llegas humildemente a la puerta con tus mulas muertas, tus tormentos, tus fantasmas, tus sufrimientos y tus angustias, y el demonio que traes contigo es tu ego alterado.

Aprendes que la vida espiritual consiste en recuperar tu poder. De todo lo que te he enseñado, el mensaje primordial es recobrar de forma coherente el poder que has fracturado, porque cuando lo haces, desmantelas el templo interior; desmantelas la divinidad interior. Cada bloque, cada piedra dorada que conforma el templo del Yo ha sido entregada a todas estas áreas particulares que constituyen una inmensa cantidad de sufrimiento. Estás separado de tu Dios porque tu Dios está fracturado a tu alrededor. Eso es una carga. Para poder entonces lograr lo inimaginable, tienes que reconstruir este templo. Tienes que redefinirte y eso no es fácil. ¿Dónde has cedido tu poder y qué significa eso? No significa dárselo a alguien para que controle tu vida, aunque ese es un aspecto de ello. No significa eso realmente. Tiene un significado mas sutil, más místico; significa aferrarte a tu pasado.

Verás, la fragmentación de Dios en forma de cargas está únicamente encerrada en el pasado. Allí es donde se encuentra. Eres víctima de tus experiencias pasadas. En mi audiencia hay una carga crónica: que tus padres abusaron de ti o que te ignoraron o te abandonaron. Pasas por la vida con esta actitud de carencia enfermiza y los acusas con el dedo, a él o a ella —estos son ejemplos— o a un amigo o a alguien que abusó de ti o alguien que se aprovechó de ti o alguien que arruinó tus planes. Vas por la vida señalando con el dedo acusador: «Yo soy así por culpa de ellos». Esa es la fractura del Yo, porque en lugar de asumir la responsabilidad de haber creado esto —de eso se trata Dios; Dios es el creador y eso es lo que eres— en lugar de asumir la responsabilidad de eso, lo cual definirá al Yo, lo fracturas al acusar con el dedo y decir: «Me hicieron esto y yo era inocente». Nadie es inocente. En el momento que haces esto y creas tiranos en tu vida, entonces has tomado una parte del templo y la has colocado en ese sitio, y su realidad y su dinámica producirán ese resultado en tu vida.

Desde la perspectiva humana es algo muy tentador ser la víctima, pues todo el mundo lo es. Esa es la consciencia social del capitalismo y consiste en ser una víctima para que alguien encuentre la manera de sacarte de ahí temporalmente. Es mucho más fácil decir: «Yo soy así por esto y por aquello» —personas, lugares, cosas, tiempos y sucesos. Y cuando lo haces, funciona durante un tiempo. Mira cómo lo has utilizado. Lo has utilizado para justificar tu falta de fortaleza. Lo has utilizado para justificar tus enfermedades. Lo has usado de manera astuta para atar gente a ti mediante su empatía y compasión.

Lo has usado para salirte con la tuya. Te ha servido. Eres un capitalista; eso es lo que eres. Nadie quiere renunciar a eso realmente porque el animal que hay en ti, el sobreviviente con límites definidos, la criatura de la manada, implora la supervivencia. Si cada uno dejara de servirle a la manada, lo que sucede en el instante en que dices: «Yo lo creé —"Yo" es Dios—, yo lo creé, esta es mi propia creación», le quitas tu poder a tus padres, a las personas, lugares, cosas, tiempos y sucesos. Lo sacas de allí y empiezas a reconstruir el templo interior. Y eso es un proceso muy doloroso.

La noche oscura del alma es cuando finalmente asumimos la responsabilidad de nuestras acciones. Lo que sucede entonces es que la energía que regresa a casa de tus pobres mamá y papá —la energía que regresa de tu hermano, tu hermana, tu esposo, tu esposa o tu relación—, cuando empiezas a asumir la responsabilidad, observa cómo funciona la consciencia. Si la consciencia controla la energía, cuando tomas el Yo de afuera y lo vuelves a poner adentro, entonces la energía se disuelve de papá y mamá y comienza a regresar a ti. Pasa por esas bandas y vuelve a casa.

La noche oscura del alma es cuando la energía pasa velozmente a través del cuerpo emocional. En otras palabras, anteriormente había sido enviada a través del cuerpo emocional en forma de sentimiento para crear. De modo que ahora regresa a casa y hace impacto en el mismo sentimiento. Sólo cuando la energía se purifica es cuando entra de nuevo al reino físico del cuerpo emocional. Dicho de un modo más sencillo, cuando recuperas tu poder de convertir a alguien en tu tirano, entonces la energía comienza a regresar a ti en forma de un tirano. Esa energía es una forma de pensamiento; es tiránica, hace un impacto en el cuerpo emocional y es como una especie de carga invertida. En lugar de que la energía salga del interior y sea afectada hormonalmente, proviene del exterior; pasa por la banda de energía y entra de lleno en el cuerpo como una carga directa. Es una carga inversa en el cerebro. Y cuando lo hace, activa el campo y causa sufrimiento. De ahí vienen las lágrimas, los lamentos y la angustia. Cuando alguien te pregunta: «¿Qué te pasa?» y tú respondes: «No lo sé», pues bien, está sucediendo esto. Estás cosechando lo que has sembrado.

Ahora bien, esto es muy difícil de poner en práctica. Te he enseñado tanto que debes tener alegría y seguiré enseñándote a hacerlo, pero debes librarte de tus cargas. Tienes que terminar lo que comenzaste y devolver la energía al templo interior; tienes que construirlo dentro de ti. Eso es redefinirlo y es algo doloroso. Nadie quiere asumir la responsabilidad de algo que le ha servido tanto todos estos años. Nadie quiere admitir el hecho de que realmente son ellos los que han vivido en el pasado de una situación y que las personas implicadas se han ido hace tiempo. A nadie le gusta reconocer que así es como vivieron su vida. Es difícil.

Cuando la energía pasa por la noche oscura del alma, entonces está en casa y el Yo comienza a definirse. Esto es juicio puro y te diré algo que se volverá evidente: el camino espiritual es el camino de la purga y es el camino de la limpieza. No se trata de la limpieza del cuerpo ni del colon, no es eso. No estoy hablando en esos términos. Tengo que ser muy claro.

La energía entre dos puntos de consciencia define el tiempo, su velocidad, su ímpetu. Eso es definir el tiempo. Ahora bien, en este cuerpo tienes dos niveles de consciencia; tienes la consciencia cuerpo-mente y la consciencia de Dios. Y, por lo tanto, el tiempo rebota de un lado al otro entre las dos. Si tomamos eso y lo entendemos como un impulso, el cuerpo está continuamente sometido a una presión emocional, y eso significa que si es así, las emociones que se mueven por el interior del cuerpo agotan el abastecimiento de hormonas y energía que las gobiernan. Esos componentes fundamentales de lo físico tangible se agotan todos los días cuando recuerdas algo que solías hacer impunemente en la juventud, pero cuyas consecuencias se ven ahora en la edad madura. De modo que todos los días el trauma emocional de tu pasado te carcome, y eso es el tiempo. Por eso, cuando uno se adueña de las cargas del pasado y recupera su poder, cesa la reacción del pasado. La ascensión se convierte entonces en el apogeo natural como resultado de haberse adueñado uno de las propias cargas. Es en tal punto que el maestro camina en verdad sobre la faz de la Tierra.

La verdadera vida espiritual es aquella en la que naces para entender el Yo y sanarlo y dedicar toda una vida al arte de su sanación. Lo que sucede entonces —y que es tan diferente a lo que le sucede al grupo que está inventando computadoras al otro lado del río— es que la vida espiritual es eterna, de modo que cuando sanas el Yo, perteneces a las eras y perteneces a la eternidad. Cuando te enfocas en lo que te ha dado la vida y lo que realmente eres, y te esfuerzas por convertirte en ello, por entender su metodología y su ciencia y la mecánica de su funcionamiento, cuando dedicas una vida a hacer eso, entonces ese Espíritu será tu recompensa en una existencia interminable.

Ahora bien, esta escuela está dándole definición a ese Yo. Lo está definiendo. Tu solamente lo haces más duro. ¿No es esa una expresión interesante, «ser duro con uno mismo»? Toma otro significado, ¿no es así? En la orientación acerca de ir a la luz y el Día del Juicio Final, aprendiste que en esa revisión de la luz te conviertes en todas las cosas, tanto en el sujeto como en el Observador. También aprendiste que después de tener esta revisión de tu vida, a pesar de ser tan perturbadora, allí en el Plano Sublime estás más cerca de tu elemento natural que cuando estás aquí, en esta tierra extraña. Y allí tienes un lugar al que puedes ir a contemplar. Aprendiste acerca de las diferentes áreas de contemplación; desde pizzerías en el cuarto plano, hasta estar sentado junto a un hermoso lago tranquilo que aparece al instante ubicado en algún lugar en medio del Vacío. Los llamamos «los salones de la contemplación» —y esto es lo importante— en los cuales tenemos la capacidad de reflexión. Ahora has sido despojado de tu ego alterado.

Puedes conservar el aspecto de tu cuerpo anterior, si lo deseas, para que te ayude a recordar lo que debes hacer, pero has sido apartado de él. Ya no te importa a quién dejaste atrás. No te importa realmente lo que pasó con tus bienes personales después de tu muerte. Realmente no te importa en lo más mínimo. Por mucho que te lo digan los abogados, allí no te importa. Realmente eres muy diferente de lo que eras en esa existencia humana, pero estás cerca de esa existencia. Y ahora, teniendo en cuenta lo cosechado en esa vida, tienes que ser capaz de contemplar —sabiendo que la contemplación es tu orden natural— porque en cuanto lo haces, aparece. Tienes que reflexionar en cómo resolver los asuntos que, una vez más, en otra vida, no fuiste capaz de solucionar.

En aquel lugar todos saben lo cobarde que es el cuerpo, el ser humano. Lo sabes. ¿Cómo, sin embargo, te internas en esa orbe de experiencia y cómo puedes plasmar lo que quieres en un cerebro que claramente no lo va a recordar? Mientras entiendas la unidad, Dios es uno, entonces las cosas gratas de tu vida se transmitirán genéticamente. Si tuviste hijos en esa vida, entonces sucederá algo honorable y es que has creado un linaje. Y la ventaja de eso es que sabes que tus actitudes se harán carne en la siguiente generación. ¿Y qué mejor lugar para aterrizar y resolver tus asuntos pendientes que el acervo genético al que concurrentemente tratas de hacerle frente?

En este lugar te esfuerzas por encontrar esa línea de potencial y crear tu futuro para poder solucionar estos asuntos. Déjame decirte nuevamente que no se trata de ser una buena o una mala persona; se trata de lo que haces con las oportunidades y en qué nivel de consciencia lo haces. ¿Las abordas con el humano que es cobarde por instinto o con el espíritu que todo lo puede? Se trata de crear y de experimentar para que el alma tenga otro ladrillo, otra herramienta con la cual construir una nueva realidad a partir de esa sabiduría. Por eso es tan importante.

Sabes todo esto, pero también sabes que tus asuntos inconclusos no se pueden resolver en el Plano Sublime. Sí, puedes ver el final de esto. Ciertamente puedes ver lo que eres en otros reinos. Allí se te da la oportunidad de jugar. Tienes la oportunidad de ver al instante lo que serías si fueras esta vida, aquella vida o alguna otra. Estás únicamente limitado por lo que sabes y puedes hacerlo todo. Puedes tomar tu próxima encarnación y recorrerla toda. Puedes visualizar la vida más idónea para ti, pero realmente no la vas a vivir. No vas a obtener la esencia de la sabiduría a menos que regreses al lugar de su origen, o sea, aquí abajo, al plano de la demostración —el plano espeso, pegajoso y almibarado. Es aquí donde tienes que definirte y donde tienes que hacerlo conocido.

Entonces, ¿cómo transfieres tu consciencia sublime y resplandeciente, la que imagina y al instante es? ¿Cómo puedes transferirle esa magia a ese cuerpo? Bien, sabes que la única manera de hacerlo es si trazas con antelación un rumbo en el Plano Sublime de lo que quieres lograr aquí abajo. Ahora, ¿cómo vas a entrar en él? Vas a impregnar las bandas que rodean al tejido del bebé en el útero. El bebé se alimentará de esas bandas en el vientre materno. Pero lo más importante es que has establecido y guardado el programa en el alma, que es la que recuerda. Y es el alma la que le dará vida al bebé en el útero. El alma va a crear el latido rítmico del corazón. Y debido a que se la llama «el señor del cuerpo», también tiene jurisdicción sobre la manera en que los genes participan en la formación del cuerpo. El alma va a hacer eso, pero no hará que el cerebro tenga memoria de la que aún no dispone. Este solamente puede almacenarla en el cerebelo inferior, el único lugar donde se le permite hacerlo. Cuando estás en el Plano Sublime lo sabes.

¿En qué consiste ser una persona espiritual? Se trata de ser el Yo total y plenamente, que ese Yo sea todas las cosas y todos los seres. Si lo que quieres es ser espiritual, el Yo nunca jamás le guardará rencor a nadie. Si no lo haces en el Plano Sublime, donde la manifestación es instantánea, ¿por qué insistes en hacerlo aquí? Y, en segundo lugar, deberías perdonarlos a todos porque al hacerlo te perdonas a ti mismo. Al perdonarte, te quitas la espina y recuperas tu poder. Cuando aprendes que todos son tú, tal como eres, entonces estás siendo espiritual. ¿Por qué no puedes ser en la Tierra tal como eres en el cielo? Simplemente tienes que elegir serlo y observar las condiciones de serlo. Si en el cielo no haces trampa, ¿por qué la haces aquí? Si en el cielo no existe la duda, ¿por qué insistes en experimentarla aquí? Si allí no hay malicia, ¿por qué aquí nos empeñamos en ella?

Brindemos por más libertad. ¿No es cierto que la verdad te hace libre? Así es.

Dios,
que siempre anhelemos
esa libertad.
Que así sea.
Por la vida.

La Resolución: una Revolución Espiritual

El siguiente punto que aprendimos fue la resolución, una palabra muy bonita. Suena como a revolución, una rebelión espiritual. Ya hemos hablado de lo que son los asuntos inconclusos. Aunque he dado algunos ejemplos muy duros, la ironía es que esos son los que hay que mostrar porque, como te he dicho, hay cosas de tu vida que siempre estarán contigo. Son las cosas gratas, la verdadera Divinidad. Son las grandes acciones que realizas que trascienden el curso normal de las cosas. Hay aspectos de ti mismo que te hacen merecedor del derecho a ser definido se esa manera. Podríamos decir que estos aspectos, según la consciencia humana, son las cosas buenas. Son las cosas virtuosas, las lecciones virtuosas, las obras virtuosas. Ahora bien, hay cosas de ti, en cuanto a aspectos, colores y dimensiones, que realmente son bastante espectaculares y que te has ganado el derecho a conservarlas. Son parte de tu naturaleza genuina. No es necesario hablar de ellas. Cuando obras bien, cuando transmites lo extraordinario que hay en ti, no te estás fracturando, sino definiendo. Y todos poseen esas cualidades.

Todos en esta escuela, en algún momento en sus vidas, en los momentos de caos y angustia o cuando han tenido un amigo o un vecino desesperado que acudió a ustedes, algo más grande y noble ha surgido de ustedes y han actuado. Ahora bien, esas son las grandiosas cualidades de definición en tu vida que nunca te serán arrebatadas porque son el eco de lo que es Dios. Y sabes, mi amada entidad, que ciertamente ha habido muchos incidentes ocasionados por la naturaleza o por la destrucción humana intencional de los cuales has sido partícipe. Mientras que tan sólo unos días antes podías haber estado quejándote y renegando de tus vecinos, ¿no es interesante cómo la parte humana en ti reconoce eso rápidamente

144

en alguien más porque eso es lo que está en ti? Allí es donde está tu energía. Esa es tu fractura. Y entonces, al día siguiente, a alguno de tus vecinos podría sucederle una situación terrible, quizás su vida esté en peligro, y de repente, sin siquiera pensarlo, te sales de tu cómoda zona de soberbia y arrogancia y te transportas a un espacio de pensamiento que parece surgir de algún lugar profundo dentro de ti, y corres en su ayuda. Dejas lo que estabas haciendo y te haces cargo de la situación y les llevas comida, tomas niños malolientes y andrajosos en tus brazos y, aunque dos días antes no tolerabas ver sangre, ahí estás limpiando heridas, abrazándolos cariñosamente contra tu pecho donde habita tu alma y brindas ayuda. Aunque dos días antes te quejabas de tu falta de ingresos o de recursos, de repente dejan de ser un problema. Tu mano va al bolsillo, sacas dinero y das, y ni siquiera piensas en las consecuencias de dar.

Esa es tu naturaleza; son tus verdaderos momentos de definición. Cuando realmente brindas ayuda sin importar el costo — y a veces cuanto más grande es el llamado de auxilio, mayor es el costo y el esfuerzo que requerirá de ti— en esos momentos te defines como Dios. Realmente lo haces. Como dirían algunos historiadores, esos son los momentos decisivos; el tesoro más valioso de la existencia humana. Esos son tus mejores puntos a favor. No hay ninguno de ustedes que en mayor o menor grado no haya pasado de ser un hipócrita a ser Dios en cuestión de instantes. Eres Dios cuando haces esos actos de bondad y consideración, esas áreas de generosidad sin pensar en cómo te afectarán. Cuando haces una pausa y reflexionas y piensas, entonces vuelves a definir tus límites, el momento pasa y esa definición de Dios ha perdido su oportunidad.

Esta situación de emergencia a la que respondes es lo que te ayuda no solamente a definir el Yo, sino que también te une al Yo eterno. Estas son las grandes cosas que has hecho. Si alguien pierde su cartera en la que tiene los ahorros de toda su vida, y tú que estás buscando crear la riqueza fabulosa la encuentras, sería una gran tentación decir que es tu manifestación. Ese es el instinto humano alterado de la supervivencia. El Dios honorable, sin duda alguna, buscaría a su legítimo dueño. En este momento eminente estás de nuevo en el Plano Sublime porque en el Plano Sublime no existe la necesidad. Solo existe la expansión del conocimiento para producir formas de preexistencia más grandiosas. Es entonces cuando el Dios entra en acción. Es entonces cuando estás en tu mejor momento. Es entonces cuando estás más ennoblecido.

¿Cuántas veces te ves en situaciones en las que habla la verdad viviente del Espíritu en vez de la astucia de la carne? Pues esas situaciones se te presentan a diario. ¿Cuántas oportunidades se te presentan para que brilles con la nobleza que eres cuando sería más fácil esconderte, palidecer y huir? Todos ustedes lo han hecho, y esta es su belleza. Nunca tendrás que avergonzarte de ella a la luz de toda la eternidad. No es algo de lo que debas adueñarte en esta vida; es el tejido de la construcción del Yo. Y todos tienen eso en su haber. Se requiere un hombre y una mujer verdaderamente extraordinarios para estar en medio del fuego de la consciencia social y de repente, en un momento cegador, conocer el camino correcto y transitarlo.

La resolución es entonces tomar esos momentos magníficos en tu haber y aplicarlos en las áreas en donde se encuentran tus cargas. Pero no debes hacerlo con la lógica humana, porque la lógica humana siempre está acompañada de un motivo ulterior. Tienes que aplicar esos momentos magníficos franca y directamente desde lo que se denomina el Yo espiritual que los creó en otro lugar.

Te digo que es mejor alejarse de las emociones que te desgarran y te destrozan. Es un ser más bello aquel que puede levantarse, sacudirse el polvo de sus rodillas y marcharse. Puede que no tengan nada cuando lo hagan, pero son más bellos, más ennoblecidos y más espirituales en ese momento que en medio de la disputa de quién tiene la razón y quién no la tiene. Hay que ser una persona muy poderosa para hacer eso, pero esas son las acciones que nos proporcionan esta cualidad definitoria de Dios.

Elegiste el aprendizaje espiritual y por eso estás aquí. Yo dispuse el formato. Elegiste estar aquí para aprender sobre lo que no es completamente tangible. En esta vida aprendiste para poder definirte en lugar de seguir viviendo entre la bruma de una vida tras otra. En aquel plano, antes de encarnar, encontraste un núcleo central de algo que era necesario hacer. Necesitabas estudiar. Necesitabas definir qué era lo que había sido olvidado en lugar de repetir las mismas experiencias sin sentido sin nunca encontrarles resolución. En el cielo elegiste estar aquí como parte de tu proceso lineal. Si no lo hubieras hecho, no estarías en esta escuela.

En esta audiencia no hay víctimas de la enseñanza espiritual. Estás aquí según tu designio y por elección propia. Estás siguiendo la travesía de tu alma. Y qué vida más excelsa podría vivir alguien que vivir la vida que define a Dios, pues, en definitiva, eso lo es todo. Elegiste estar en este aprendizaje porque obviamente pensaste que yo sabía de qué hablaba, y era lo suficientemente importante para ti como para pasar un tiempo conmigo y dedicar parte de tu vida a obtener este conocimiento. En ese potencial que creaste apreciaste su valor, por supuesto, y recordaste el camino que yo seguí, muy diferente al que tú has seguido desde entonces. Lo recordaste y estás aquí entonces para dedicarte al conocimiento que te entrego. Te enseño a pensar, no como un dios fracturado, sino como uno que está entero. Y te muestro esto mediante procesos que, aunque sean muy difíciles, pueden ser muy sencillos. Tú elegiste estar aquí.

La Divinidad espiritual es la resolución de todo porque es en ella donde aprendes sobre el Yo, entonces este ya no está cubierto de misterio. Aunque es mucho más grande y más amplio que cualquier cuadro que puedas presentar, comienzas a tener un sentido de su presencia. Empiezas a estudiar tus huellas y comienzas a observar las pisadas que has dado. Cuando lo hagas, te estarás acercando a la presencia invisible que las ha creado, y estás aquí para saberlo. Una vez que lo hagas, encontrarás todas las respuestas que resuelvan las cargas con las que estás lidiando. Tienes algunas pesadas que obviamente no has podido resolver, por lo que has acudido a la fuente misma en este plano para encontrar la salida y librarte de ellas.

¿Cómo lo resolvemos entonces? La resolución es tan simple que se puede dar en un instante. Es el mismo momento de claridad que se presenta cuando por fin renuncias a tu pasado y colocas ese enfoque en agua cristalina, y entonces sucede. Es una dinámica que te muestra que lo único que tienes que hacer es ser capaz de ponerte por encima de tu pasado y dejar de afiliarte a él. Como ser humano tienes que hacer el esfuerzo de perdonar en cada lugar donde puedas encontrar el perdón, porque sólo entonces eres perdonado. Tiene que salir de ti. Al hacerlo aquí da permiso al Dios o el hijo pródigo para que regrese a casa, y entonces las lágrimas de gozo traspasan esa barrera emocional. Tienes que examinar cada área de tu vida para ver lo que te molesta, lo que atenta contra tu tranquilidad, qué o quién te motiva, y por qué continúas pensando en términos del pasado en lugar del presente. Tienes que deshacerte de ello quitándole tu energía. Cuando lo haces, te vuelves completo.

Eso no quiere decir que el drama de la realidad tangible no se siga desarrollando. Continúa por un tiempo. Es entonces cuando es importante perseverar en la enseñanza de mirar la mesa y verla llena, aunque a los ojos parezca estar vacía. Perdona, perdona, perdona, perdona; libera, libera, libera, libera; permite, permite, permite, permite. Con cada acción por el camino recuperas el poder. Recuerda que quieres recuperarlo todo, y todo está encerrado en el pasado. Quieres recuperar todo el poder.

Ahora bien, he aquí lo aterrador de este momento. Al hacer esto, a veces cortas la línea vital de tu propia soberanía. Dicho de otro modo, tu soberanía, tus límites, tu definición del amor y el compañerismo se basan en estos lugares de los que estás a punto de desconectarte. Le estás moviendo literalmente el tapete a tu vida carnal. Bueno, de eso se trata el camino espiritual. Y quieres hacerlo; quieres tomar esa caja y sacudirla y arrojarla por ahí. Es cierto, te vas a caer de bruces. Sí, todo se detiene por un tiempo. Sí, va a suceder. ¿Qué más esperabas? «Bueno, la alacena está vacía, pero tengo mi poder». Sí, sí, lo tienes. Pero si te atreves a lamentarte porque la alacena está vacía, entonces no tienes el poder. ¿Acaso el lamento no es también un empoderamiento de la Divinidad? Tienes que dejar de lamentarte. No puede haber ningún arrepentimiento, porque si lo hay, te fracturas. Y lo que quieres no es guardar las apariencias, sino recuperar de nuevo tu poder.

En los términos en que me he dirigido a ti, en cierto sentido esto te desnuda y te vuelve vulnerable. Te da escalofríos y te pone nervioso. Pero si puedes mantener ese lugar puro, es el mismo lugar que se presenta cuando rompes a llorar y finalmente le dices la verdad a ese tonto. Ya sabes, ya ni siquiera te importan las repercusiones. No pueden ser peores que lo que has estado experimentando. Y cuando finalmente todo está hecho, te sientes tan ligero, ¿no es así? No te importa si la casa se derrumba a tu alrededor, te sientes ligero. Eso es espiritual; ese es el espíritu. Y el espíritu ahora empieza a flotar, se está reintegrando de nuevo. Es ahí donde cobra importancia el entrenamiento de cómo empezar a aplicar poder puro a lo que estás haciendo.

Cuando tienes determinación y decides trabajar en esto en tu vida, ¿cuál es la mejor manera de hacerlo? Bueno, tienes que permanecer consciente. Puedes trabajar de forma inconsciente ocho horas al día, pero dediquemos por lo menos dos horas del día a estar conscientes, a estar tan conscientes y alertas que afectemos las otras ocho horas, que realmente causemos un impacto. En esos momentos conscientes debes primero liberar la energía de los tres primeros sellos —como yo te entreno a hacerlo— que es el lugar donde está arraigada. Es la primera disciplina que aprendes en mi escuela para llevar esa energía hacia arriba. Te enseño la disciplina de Consciencia y Energía (C&E®) y la ciencia ha demostrado que funciona. Yo te enseño a hacerlo. Primero tienes que salir —fuera— de este plano y tienes que ser capaz de ser móvil en el espíritu. Tienes que sacar la energía de estos lugares y tiene que subir aquí a la cabeza. Eso es lo que hace la disciplina de C&E®. Si la energía está aquí arriba puedes lanzarte al Vacío, y deberías hacerlo. Deberías permitir la acción de disolverte en la nada —en la nada. Recuerda, la consciencia y la energía están creando la realidad. Este es tu lugar natural: la dicha. Eres la imaginación y ella es tu producto. Tienes que ir a casa, a tu Yo natural, a tu productividad de la imaginación, y el Vacío es donde te sumerges para limpiarte, para purificarte y para liberarte de tu apego. Cuando estés listo y libre de ataduras, entonces puedes ir otra vez desde el Vacío al Punto Cero. Entonces te mueves de la nada a Dios —de la nada a Dios— y en Dios estás en el pináculo de tu Yo espiritual. ¿Cuánto tiempo lleva esto? Depende del maestro. Algunos de ustedes después de una hora de soplar, todavía no llegan allí; otros de ustedes con dos respiraciones ya están allí. No hay una regla general, todo depende del individuo, depende de cuán enraizado estés en los primeros tres sellos y si quieres salir de ellos. A algunas personas no les agrada salir de ellos. Algunas personas quieren sentirse cansadas por las mañanas y quieren sentir esto y aquello, de modo que dondequiera que esté su deseo es donde ellas están.

Cuanto más te acerques al trabajo espiritual y eso se convierta en un requisito para ti, entonces querrás limpiarte de este cuerpo;

querrás ir a nadar en la nada y regresar a la Divinidad completamente puro. Estás en la cabeza espiritual. Ahora estás en el punto de vista del Observador. Ahora puedes echar un vistazo. A medida que comiences a caer desde el Punto Cero, y caes a los niveles quinto, cuarto y tercero —que es lo que vas a hacer cuando empieces a imaginar— vas a regresar a un lugar muy familiar. Este es el lugar donde creaste las oportunidades para esta vida y vas a introducirte en ellas. Te van a resultar muy familiares. Vas a introducirte en ellas y, como el Observador, vas a permitir que pase ante ti un repaso de esta vida y de aquello que quieres lograr. La línea de potencial ya ha sido trazada para que lo hagas. Es fácil hacerlo.

¿En qué punto quieres trabajar? Quieres librarte de la carga del arrepentimiento. Hoy le toca al arrepentimiento y simplemente te caerá encima. Lo que tienes que hacer es tomar el arrepentimiento y soplarlo tres veces haciendo C&E® hasta que se disipe. Sabrás que lo has efectuado porque sentirás un increíble estado de ligereza en el cuarto sello. Lo que sucederá entonces es que todas esas personas, lugares, cosas, tiempos y sucesos a los cuales está ligado el arrepentimiento comenzarán a desfilar frente a ti, y con cada uno de ellos harás lo mismo. Te enfrentarás a ellos, pero ahora lo harás de una manera consciente. O puede ser el perdón. Recuerda que te dije que puedes darte cuenta de a quién conociste en el Plano Sublime, con quién hiciste un trato: será la persona más difícil de perdonar. Y será alguien que consintió en representar ese papel, tanto para ti como para ella. Y lo tendrás que erradicar, tendrás que encontrar a la persona y tratar el asunto. En cuanto a tus padres —una relación de lo más precaria—, ya no puedes sentarte a juzgar las acciones de otras personas. Y hasta ahora, al ser la víctima, has sido su torturador. Ya no puedes sentarte en ese lugar de poder para responsabilizarlos y culparlos de todo lo que te ha pasado en la vida. Vas a tener que dejarlos libres, porque solo así podrás recobrar el poder, pues ya no está arraigado en la culpa. Entonces eres libre — ¡Dios mío!, eres libre— y puedes sentirlo a medida que ello empieza a purificarte.

Puede que pases los próximos seis meses trabajando en ese proceso hasta que un día ya no tenga importancia. Te despertarás por la mañana, mirarás por esa ventana y ya no estará allí. ¡Dios, que sea tu voluntad tener tal poder! El momento en el que decides hacer esto es cuando comienzas el verdadero sendero espiritual, porque significa que estás alcanzando un orden más noble y elevado para reestructurarte partiendo desde tu orden inferior.

Ahora bien, esa es la manera y así es como lo vas a lograr. La parte difícil y delicada es que puedes ocuparte de las cosas superfluas que realmente no están en lo más profundo de tu núcleo. Pero tienes que ir hasta el fondo y hallar esos asuntos de los que hablamos, para que cuando te enfrentes a la fractura de tu Dios y la cures ahora, ya no haya nada que examinar en la luz venidera. Así empiezas a ver con más claridad que el Yo se vuelve más identificable; es realmente un Dios que, una vez liberado de sus cargas y del peso de culminar sus creaciones, tiene enfrente una enorme riqueza y ganancia de realidad para sacar a la luz. Y al no estar obstruido, lo hace rápidamente, no hay que esperar mucho.

La única razón por la que no has conseguido todo lo que quieres es porque tienes demasiadas cosas que se interponen en el camino. Lo que quieres es el futuro, los obstáculos son el pasado. ¿Cómo podrías abrirle un espacio al futuro si no tienes más lugar porque está colmado de tu pasado? No basta con solo desearlo. Tiene que haber poder para promoverlo; poder para imaginar. ¿Cómo puedes imaginar lo inimaginable si tus pensamientos están siempre sujetos a algún pequeño trauma emocional que tienes? No vas a imaginar lo inimaginable si estás pensando en la comida. No vas a imaginar lo inimaginable si estás allí sentado sufriendo, sintiéndote arrepentido o deseando estar en otro lugar. No hay espacio para hacerlo. No hay Dios para que eso suceda, así que no funcionará. Por eso es importante que hagas esto por pura elección, porque entonces te das a ti mismo suficiente poder para continuar con lo que estás aprendiendo. Nunca jamás llevarás adelante tu objetivo si no quieres estar aquí. Los mensajeros no llegan; no sucede nada. Tienes que estar abierto a ello. Con la resolución te liberas de tu pasado y ya no está más allí. Tu energía ya no está allí. El maestro lo persigue, lo desentierra, lo desarraiga y lo confronta; se enfrenta a él en beneficio del Yo.

Lo que hagan los demás es realmente secundario. Si has hecho lo necesario para recuperar tu energía, si perdonas a alguien y él o ella no pueden soltarlo del todo, entonces la banda elástica les estalla en la cara y esa energía regresa a ti. Ya es entonces problema de ellos; no tiene nada que ver contigo. Y lo sabrás porque, por mucho que se esfuercen, no provocarán una reacción en ti porque no hay nada que provocar. Es como si el incidente nunca hubiera ocurrido.

Ahora bien, cuando continuamos experimentando la resolución, el día se vuelve bastante interesante, ¿no es cierto? Ese debería ser tu enfoque porque, ¿de qué vas a hablar entonces? ¿De qué tienes que hablar? Es la misma pregunta en cuanto a lo que tienes para llevar a la mesa del maestro. ¿Por qué crees que mereces estar en su presencia? No lo mereces. Así como, ¿de qué vas a hablar con alguien si ya resolviste el pasado con esa persona, ese lugar, esa cosa o ese suceso? ¿De qué vas a hablar? No hay nada de qué hablar y es precisamente en ese momento cuando sabes que estás libre de esa carga. No tienes que tener una cita para volver y reexaminarlo. A veces a la gente le gusta desenterrar el pasado porque los saca del presente y los lleva hacia atrás, y creen que tienen que hacerlo. No hay nada de qué hablar y es entonces cuando sabes que se ha terminado.

¿Por qué permanecer allí? ¿Por qué querría un maestro sentarse y hablarte acerca de ti? ¿Por qué querría hacerlo? Es la misma analogía. ¿No es eso lo que deseas ser? Entonces, ¿por qué quieres o tienes la necesidad de regresar a entablar una conversación si la conversación siempre se basó en la dinámica del arrepentimiento, el resentimiento, el fracaso, el desamor, la pérdida? Y podríamos clasificar eso en todo tipo de categorías: los celos, la envidia, la traición, todo eso. Si has resuelto eso en ti mismo y no hay nada de qué hablar, ¿qué clase de conversación vas a entablar entonces? ¿Vas a tratar de regurgitar todo, de reconstruirlo y revivirlo con frenesí para así estar en igualdad de condiciones? Córtale la cabeza.

A esto se lo llama iluminación. Empiezas a ver por qué tienes relaciones molestas. Te desgastan y ¿sabes por qué es así? Porque ya todo terminó y la única forma de relacionarte con ellos es bajo esas condiciones. No sabes cuándo marcharte; estás un poco confundido en cuanto a las obligaciones. No sabes cuándo abandonar la situación porque lo único que te produce es este roce. Has madurado. Ya no encajas, ¿comprendes? Es entonces cuando te alejas porque has representado ese papel y debe terminar. ¿Y adónde nos lleva eso? ¿Va a decirme tu inteligencia humana que eso significa que uno rechace a sus amigos? Esa persona no es un amigo; es un dios. No tienes que contemplar a ningún dios, sino darle libertad. Así es.

La verdadera amistad no oprime; crece al unísono. Son dioses que crecen juntos en la máxima libertad. Allí no hay fricción. Por eso te digo que en una amistad no hay carencia. De modo que regresar a repetir los mismos comportamientos porque crees que es la única premisa sobre la cual te puedes encontrar de igual a igual, dime mi amada entidad, ¿es eso resolución? No, eso es una regeneración de la fractura. Eso es lo que es. Tienes que alejarte; ya no hay nada de qué hablar. Piensa en el fundamento de tus conversaciones diarias.

¿En qué se basan? Depende de la persona, el lugar, la cosa o el suceso, ¿no es cierto? Entonces, ¿por qué volver a visitarlo? Ya se acabó.

Ahora bien, hay una bendición en esto. ¿No es una bendición tener una comunidad de individuos que son como una familia, pero una gran familia espiritual en la que no existe el dominio ni acuerdos para reunirse bajo las condiciones del pasado —una familia compuesta de dioses individuales? Son como bosques que crecen y a medida que la energía crece y cambia en uno, se extiende a todos los demás. Eso es lo que queremos.

Estás confundido en cuanto a la amistad. Hiciste amigos en el paraíso. Hiciste amigos simplemente porque se asociaron estrechamente contigo en aspectos esenciales en tu travesía, y te los has encontrado a lo largo de tu vida. Todavía te quedan muchos más por conocer que están esperando representar su papel en el potencial que aún está por desplegarse cuando el Yo haya sido sanado. Ellos también llegarán.

En Dios somos uno. No tienes que hacer esa clara delimitación. Cuando ayudaste a tu vecino, no pensaste si eran amigos o no. Lo ayudaste porque dentro de ti hubo algo apremiante que lo hizo. Ese es el tipo de relación de la que estoy hablando.

Instrucciones sobre la Aplicación Práctica de estas Enseñanzas

Tengo aquí una lista de cuatro puntos: libre albedrío y elección, definición del Yo, asuntos inconclusos y resolución. Quiero que tomes cada uno de estos cuatro puntos y que los imagines por separado. La resolución, por ejemplo, va a ser un poco difícil. Quiero que los dibujes. Quiero que dibujes la elección de estar aquí. ¿Cómo se ve eso para ti? ¿Qué aspecto tienen el libre albedrío y la elección? Si tienes que pensar en eso, entonces tendrás una nueva definición de su significado, de su funcionamiento.

La definición del Yo. ¿Cómo se dibuja el Yo? Por supuesto que uno de los símbolos más entrañables que podemos usar es la estrella azul, pero a mí me gusta el corazón porque Dios es amor y el corazón está ubicado junto al cuarto sello. Entonces, ¿qué tal si empezamos con la premisa de que el Yo es un corazón? Comencemos con ese concepto y luego partámoslo en pedazos. Vamos a fracturarlo, a romperlo y a mover los pedazos por aquí para demostrar que un pedazo de mi corazón, un pedazo de mi Dios, está fortaleciendo mi condición de víctima o mi tiranía o mi avaricia o alguna otra cosa por aquí. Luego te toca a ti hacer un análisis meticuloso de tu pasado y ver dónde está atrapada tu energía. No omitas nada. Toma un pedazo del corazón para indicar que la única razón por la que ese pasado está en su lugar es porque ha sido respaldado por una energía divina.

Si podemos mostrar eso de manera efectiva con un dibujo, obtenemos una representación visual magnífica de una gran y profunda enseñanza inspirada por el maestro y llevada a cabo por el discípulo. Y si puedes dibujarla, ilustrarla, entonces será uno de los mandalas más poderosos que hayas creado porque es tuyo; es real y es acerca de ti y de tu travesía. A continuación, hacemos otro dibujo sobre cómo definirlo. La definición abarcará dos aspectos. Primero tienes que recuperar la energía, así que empiezas a ver imagen tras imagen lo que debes hacer para recuperar tu corazón y ponerlo donde ahora es perfecto de nuevo. Tienes que ver paso a paso lo que debes hacer para recuperar tu energía, y tienes que hacer dibujos de eso.

Esos dibujos también van a incluir el tercer punto: los asuntos inconclusos, porque ellos representan al Yo con sus cargas. Es el Yo del pasado, el pasado que no se ha completado. Y vas a tener que hacer dibujos de eso. ¿Qué está inconcluso? ¿Qué has empezado y estás en medio de ello y no puedes salir de allí? ¿Dónde eres todavía humano y dónde no eres Dios? ¿Cuáles parecen ser tus aprendizajes más importantes en esta vida? ¿Dónde están tus debilidades? Todo esto mostrará los asuntos inconclusos y el Yo con sus cargas. No quiero que dibujes la caricatura de una entidad imaginaria, sino una caricatura de ti mismo y de lo que está sin terminar. Como sea que lo representes, estará bien. Y luego quiero que dibujes la resolución. Quizás la mejor manera de hacerlo es volver a dibujar el corazón. Dentro de un cuerpo pequeño hay un corazón enorme, radiante y brillante que habla de un lugar de paz espiritual. O tal vez puedes dibujar el cuerpo y simular que es el templo y que a través de sus chapiteles y ventanas pasa la luz radiante del poder espiritual. A lo mejor es así como la ves. O tal vez veas la resolución como un pergamino largo y antiguo que quedó incompleto y lo ves mientras se enrolla. O quizás la veas como una jaula que se abre y de donde sale volando una paloma. Sea cual sea tu representación, debe ser una imagen que tenga sentido para ti. Cuando lo hagas correctamente, entonces comprenderás tu propia travesía. Los mandalas no deberían hacerse en masa; son aspectos personalizados de la travesía individual. Los deberías crear tú.

Es importante que el maestro sea un maestro, pero no uno que intimide. Es importante que el maestro —cuyo fenómeno más notable será la demostración infinita de sabiduría, ese es el don del maestro— no intimide, sino que aliente. Te pido que te sientas animado por lo que has aprendido hoy y que sientas que estás en un lugar lo suficientemente seguro para enfrentarte a esto y que te sientas lo suficientemente cómodo y animado para querer cambiar.

Te digo que nunca me vas a decepcionar. Oh, he dejado estos eventos y en ocasiones he tenido que reconfigurar mi sueño, redimensionarlo. Pero nunca me vas a decepcionar porque no estoy en un lugar donde me pueda decepcionar. Gracias a Dios. Y dicho eso, ya ves, tienes la libertad de ser tú mismo y la libertad para cambiar, y mi amor por ti no cambiará. Mi amor no va y viene con la marea. No es voluble. Te amo. Deseo que te sientas lo suficientemente cómodo para que te inspire quien soy y lo que soy, aunque no puedas verme, porque ese es el reino del Espíritu. Eso es lo que resplandece aquí frente a ti y que es tan hermoso. Y tal vez este ideal lo desearás con tanta pasión que te impulsará a tomar la decisión de serlo. Quiero darte el espacio para que lo hagas. Simplemente pensé que debía decírtelo. Que así sea.

Si estás totalmente facultado con el poder del Yo, lo que digan de ti nunca te moverá de tu centro ni te va a fracturar. Ese es precisamente un estado de amor radiante. Y si aún puedes amarlos y bendecirlos a pesar de su opinión, entonces eres un verdadero hermano del orden más elevado. Pero no deberías bajar a su nivel por el bien de la hermandad que tengas con ellos. Tienes que florecer en medio de ellos, a pesar de ellos y para ellos. Te prometo que un exquisito día te llamarán y tendrás el poder para hacer cosas maravillosas en ese momento de necesidad. Allí radica el don de ser tu propio maestro.

Espero que apliques con diligencia lo que has aprendido aquí porque se te ha entregado desde un lugar mucho más elevado y precioso que este que conoces. Utilízalo. Si no lo haces, entonces no tendrás nada de qué quejarte cuando tu vida, en vez de engrandecerse como resultado de las enseñanzas, parezca empequeñecer a causa de ellas. Que así sea. Sé feliz. Te amo.

Oh, mi amado Dios,
despierto a tu presencia
en el presente.
Oh, mi amado Dios,
libérame de mi pasado
y reclama mi reino.
Oh, mi amado Dios,
haz surgir en mí
las grandes virtudes
de las cuales seré digno.
Oh, mi amado Dios,
bendice mi cuerpo
y cambia mi vida.
Que así sea.
Por la vida.

CAPÍTULO 6
MUERTE Y REVELACIÓN DE NUESTRO MOTIVO ULTERIOR

«Motivo ulterior —ulterior, el motivo real detrás de cada acción— ahí es donde se nos juzga. La única manera en que te vas a liberar del plano de Terra y la experiencia humana es conquistándolos. ¿Y cómo los conquistamos? A través de la revelación de nuestro motivo ulterior y los grados de prejuicio en los que lo usamos. Eso, entonces, cuenta toda la historia.»

— Ramtha

La Revelación de Nuestro Motivo Ulterior

Oh, mi amado Dios,
manifiesta inmediatamente
mi día creado,
y deja que me maraville
de mi simple poder.
Que así sea.
Por la vida.

El Plano Sublime es ese maravilloso lugar dorado acerca del cual te he enseñado, donde después de abandonar el cuerpo físico —y si eres lo suficientemente afortunado para seguir adelante, algunos no lo hacen—, después de ir a la luz y ser despojado, lo ves todo desde tu concepción en el útero hasta el día de tu muerte. Recuerda que todas las acciones son el resultado directo de la intención consciente. La acción es en realidad la energía de la intención consciente, por lo que se convierte en un concepto vivo y viable a través de la acción, la energía. Cuando te digo que la consciencia y la energía están combinadas inextricablemente, es una verdad, porque en lo que haces está la acción de lo que sabes, y a esa acción la llamamos «da experiencia de la realidad».

Todas esas experiencias quedan registradas en tu cerebro y en esas bandas que rodean tu cuerpo. Esas bandas que rodean tu cuerpo están gobernadas por el alma. Y en una revisión de la luz, es el alma la que cede su conocimiento. En otras palabras, el Libro de la Vida se abre, y al abrir el Libro de la Vida uno ve entonces aquello de lo que no podemos hablar en referencia al tiempo lineal, pero debemos decir que el tiempo que toma ver esto es un momento fugaz y, a la vez, un millón de años. Cuando repasas esta vida vivida aquí, tú eres a la vez el Observador, el participante y el receptor. Esto es interesante, porque esa afirmación nos recuerda el concepto que dice que nosotros somos todas las cosas en nuestra realidad, incluidas todas las personas. Esas personas y nuestro afecto —en verdad aquello que se llama nuestro magnetismo hacia ellas— son aspectos de ellas mismas que nosotros somos. Ahí es donde estamos vinculados con ellas. Así como las cosas en nuestra realidad son reflejos de nosotros, el lugar donde estamos es un reflejo de nuestra realidad. Todo lo que nos rodea es, en realidad, la acción de los pensamientos que tenemos haciéndose realidad. Ahora bien, los seres humanos tienen un problema, porque ellos ven los pensamientos en su vida como algo separado de lo que están haciendo. Ellos se ven a sí mismos separados de las cosas que hay en su vida; se ven a sí mismos separados de la gente que hay en su vida. En otras palabras, decimos que ese es un individuo excelente y que ese individuo es un Dios soberano, pero la excelencia que vemos en ese individuo es igual a la excelencia que somos nosotros. La razón por la que están en nuestra vida es que ellos reflejan perfecta y exquisitamente un aspecto de nosotros mismos.

El majestuoso camino hacia la perfección consiste en limpiar nuestra vida de la imperfección y llenarla solo con el reflejo más elevado que imploramos en nosotros mismos. Actuar de otra manera es vivir una mentira —una mentira hipócrita— o una vida en la que hemos prostituido los aspectos elevados de nosotros mismos por el común denominador de ser simplemente aceptados o el común denominador de la supervivencia, que es ciertamente el drama humano vivido en los tres primeros sellos: la actividad sexual, el nacimiento, el dolor, el poder y el victimismo. Si seducimos nuestras vidas para poder vivir aquí y nos avergonzamos de nuestra nobleza, entonces vamos a ver exactamente lo que es eso en una revisión de la luz. Un maestro limpia su vida y se deshace de la escoria, de lo imperfecto. Se deshace de la seducción, se deshace de la mentira, de la hipocresía, del victimismo, de la tiranía, se deshace de todo eso. Un maestro pone en su vida una cosa brillante y hermosa —aunque sólo sea una— y esa única cosa brillante y hermosa refleja exquisitamente la cúspide de la habilidad del maestro para ejecutar la realidad. Eso es exactamente lo que hay aquí en tu cerebro.

Ahora bien, todos ustedes simplemente están aprendiendo a hacer eso. De eso se trata el cambio —de cambiar en el contexto que es fructífero, de permitir que tu vida se desmorone y soltar la escoria, la pesadez, el trabajar demasiado para mantener algo unido que no produce alegría, pero solamente cuando logras unir todas las piezas es que forma una grieta en tu realidad.

Regresemos a la revisión de la luz. En una revisión de la luz, lo que se vuelve exquisito —por la manera en que el alma lo interpreta en energía— es que el drama tiene más de tres dimensiones. Tiene realmente siete dimensiones, porque lo estás viendo desde la Divinidad, que es cada personaje del drama. Lo estás viendo desde el Observador, que es el espíritu en el drama. Y lo estás viendo desde la percepción del alma, que es la personalidad-individuo en el drama que piensa que es un individuo. Así que lo estás viendo desde una perspectiva sagrada en todos los niveles. Y lo que empieza a suceder entonces es que la vida entera comienza a desarrollarse frente a ti. Cada pensamiento crea una acción. Tú te conviertes en el pensamiento. Tú, como personalidad, sientes la acción, pero como la Divinidad, como el Espíritu, eres la reacción de esa acción en todo el entorno, así que lo experimentas en todos los niveles. ¿No es aquí donde está el verdadero aprendizaje? ¿Al realmente saber lo que nuestros pensamientos y acciones le hacen a los demás, a otras formas de vida?

Este es un proceso doloroso, pero el Dios en ti te mantiene firme con amor y mantiene toda la visión polifacética en su sitio para que no te derrumbes, ni llores, ni te quedes atrapado en tu individualidad, que empieza a ver el drama que ha creado. Ve el sufrimiento que ha creado en otro individuo, en otra forma de vida. Ve la dificultad que ha causado en el entorno por sus razones egoístas porque quiere ser reconocido como un individuo. Ve su poder y cómo ese poder se deforma y se tuerce. Y el Dios, que es tan amoroso, es quien mantiene toda tu perspectiva unida. Mantiene al espíritu intacto en esta revisión, mantiene intacta al alma —que en esta revisión es la personalidad— y al Dios. Todos ellos se mantienen unidos.

En un momento lloras y apenas soportas ver lo que estás mirando, pero entonces el amor de Dios, que es todas las cosas, fluye directamente hacia ti y te da la fuerza para seguir viéndolo desde diferentes reflejos. De lo contrario, tú nunca llegarías hasta el final, pues ya es suficiente que en esta vida hayas creado tanto remordimiento. Va a ser un problema muy difícil en la revisión de la luz ver tus intenciones sobre los demás, sobre el entorno, sobre las formas de vida. Y, subsecuentemente, ¿quién es el que está incapacitado a fin de cuentas? Tú. A cada uno de ustedes le ha sucedido esto antes y les sucederá otra vez.

Una vez que te das cuenta de lo que realmente es el gran Yo, eres verdaderamente algo mucho más extraordinario que el ser humano aislado que crees ser. Eres realmente más. Recuerda lo que te dije, ¿qué es lo que hace a los grandes iniciados? Este cuerpo individual que parece tan aislado no es más que una fracción de lo que realmente eres, porque el gran Yo, en última instancia, lo es todo.

Hay gente que toma esa enseñanza y la prostituye de una manera muy fanática y desafortunada. «El todo es la parte y la parte es el todo», eso es filosofía que no ha sido llevada a la práctica, excepto en la medida en que es conveniente. Si es conveniente, se pone en práctica. Si no lo es, se mantiene como filosofía. En otras palabras, la gente juguetea con una vida espiritual porque les resulta ventajoso en ciertas ocasiones. Les da una ventaja en lugar de una estabilidad que es el pan de su vida por el que viven. Tienen que tener una mayor comprensión que esa. En la luz comienzas a ver que tus intenciones afectan profundamente a todos y cómo, si cualquiera de tus acciones tiene motivos ulteriores, esos motivos ulteriores son siempre el delito dominante y subyacente.

El motivo ulterior —ulterior, el motivo real detrás de cada acción— ahí es donde se te juzga. Nunca se te juzga por lo superficial; se te califica y se te juzga por tu motivo ulterior —el ulterior. Es por eso que ser impecable es una asignación tan importante para el estudiante. Sé impecable. No tengas un motivo ulterior. Si lo tienes, deshazte de toda la fachada y échale un vistazo. Eso es lo que tienes que refinar, no la fachada, sino el motivo ulterior detrás de tus acciones. Ser impecable es vivir desde ese lugar ulterior porque ese es el motor de tu vida y el motor detrás de todo lo que haces.

¿Qué tan común es esto? He aquí un ejemplo común: ser bueno con alguien, ser excepcionalmente amable con alguien y no es simplemente por el hecho de ser considerado —existe un motivo ulterior. Ahora bien, todos ustedes lo han hecho y el motivo ulterior es que quieres algo de esa persona, ya sea una relación en cualquiera de los niveles o que te dé algo. Y, por lo general, lo que realmente quieres es el motivo ulterior y utilizas la amabilidad como la carroza para obtenerlo. Lo que debes refinar es el motivo ulterior en ti. Debes refinarlo y debe ser refinado sin emoción. En otras palabras, ya tiene un apego emocional. Convertirse en su emoción es entonces convertirse nuevamente en él. Debes refinarlo sin personas, lugares, cosas, tiempos ni sucesos. Cuando lo haces, entonces has cambiado la esencia de tu ser. Ahora te conviertes en una persona impecable. Actúas exactamente como lo indica tu motivo ulterior. Eres tu motivo ulterior. Aquí no hay señales confusas; eres lo que eres.

La complicación en una revisión de la luz es que el motivo ulterior es lo que tú llegas a experimentar como personalidad. El engaño es lo que experimentas como el objeto de tu motivo ulterior, y el engaño es la intención que no es impecable. En otras palabras, simplemente te vuelves la persona con la que estás siendo amable, a quien acorralas para que te dé alguna cosa, y te sientes usado, te sientes traicionado o que fuiste el peón del juego. Cuando diste de ti mismo con bondad verdadera te diste cuenta de que te manejaron como a un peón para conseguir algo de ti y que la bondad era falsa. Así que llegas a experimentar esa traición de una jugada falsa. ¿Cómo es que puedes entender eso? Porque muchos de ustedes han estado del lado receptor de una persona falsa que les da lo que quieren para conseguir algo de ustedes.

Podemos ponernos muy básicos con respecto a esto y hablar entonces del poder de las mujeres sobre los hombres. Las mujeres tienen un poder absoluto sobre los hombres porque gobiernan sus genitales. Lo tienen, no te equivoques, y ese es su poder. ¿Es eso amor? No, eso es seducción. Bien, ¿qué es la seducción? Es un motivo ulterior para algo más, la actividad se da como un poder para someter la energía masculina a una fuerza controladora que tiene una intención totalmente distinta. Ahora bien, aquí es donde puedes verlo en su naturaleza más cruda y más animal, y ves su abuso. Ves la ignorancia del hombre —la ignorancia y la estupidez del hombre por sus genitales—, que su cerebro está realmente en su pene, y ves un operador muy poderoso y habilidoso: una mujer fatal. En la luz llegas a ser todo eso y sabes lo que es ser usado.

Podemos llevar ese ejemplo, entonces, a los niveles del dolor y el sufrimiento. El dolor y el sufrimiento. Una persona que sufre tiene poder sobre una persona sana. Una persona poderosa, una persona extrovertida y poderosa tiene autoridad sobre la gente inferior. Es por eso que tienes principados, monarquías, estados, países y comunidades locales. Los políticos tienen poder sobre el pueblo. Es la misma seducción si regresamos al hombre y a la mujer. ¿Y por qué? Porque el hombre se deja llevar por su instinto. El instinto es esa evolución desde la sensibilidad de la polarización original: eres sensible a lo que no eres. Eres sensible a lo que no eres porque cuando lo consigues, te vuelves completo, y en la totalidad engendras a los hijos. No engendras hijos desde la parcialidad. En la naturaleza la ley es muy simple: te atrae aquello que no eres, y cuando te unes a aquello que no eres, formas una unidad de la totalidad. En la totalidad no tienes polaridad. Cuando no tienes polaridad en la totalidad, tienes mente analógica. En el estado de mente analógica, la semilla se planta en el útero. En eso consiste el éxtasis de la experiencia, ese momento en que tu mente está en tal convulsión —tus nervios te han llevado a tal éxtasis—, que en ese momento de experiencia orgásmica el tiempo no existe; solo existe la experiencia. La experiencia en sí misma es una experiencia analógica poderosa y energética. Esa experiencia analógica es la totalidad, y sólo de ella se crea al bebé en el útero por ley natural.

Entonces, ¿por qué los hombres son unos incautos? Porque son sensibles a aquello que no son, y el poder de la serpiente es extraordinario en su miembro porque su sensibilidad ha dado lugar a un instinto que propaga la especie. Los hombres, en el fondo de sus motivaciones, tienen el instinto de reproducirse. Ese instinto de reproducción es el de procrear con las mujeres en su periodo de fertilidad para producir más hijos. Ese momento en que tiene lugar la propagación es una lucha en el animal básico por la unidad o por Dios. Así es como creas: las polaridades se unen analógicamente. La idea que se colapsa en ellas se convierte en realidad. Ese es el orden más elevado. Esa es la fuente de toda la naturaleza. En su estrato básico se resume a la copulación, y ese es un lugar poderoso.

Las mujeres no están motivadas al grado que están los hombres en su instinto por la experiencia orgásmica. Su motivación verdadera no es la experiencia orgásmica, sino que su verdadera experiencia orgásmica es la poderosa entrega de su pareja. Ese es el verdadero orgasmo. Así es como lo ven las mujeres. Aunque las mujeres puedan llegar a la satisfacción orgásmica, su *modus operandi*, su instinto, es la rendición de su pareja. Ese es el mayor gozo que obtienen. Es por eso que la profesión más antigua del mundo aún existe. Por eso ha tenido tanto éxito. Ellas nunca se involucran con estas personas, pero saben cómo ponerlas de rodillas y conseguir lo que quieren de ellas. ¿Qué es lo que quieren? Dinero, oro, supervivencia, lujos, una forma de vivir.

Ahora bien, en el Plano Sublime, seas hombre o mujer, también verás eso. Tu vida no está editada. Ves todas esas veces que copulabas en secreto. Ves todas las fantasías que usaste para hacerlo, porque cuentan una historia de lo que supone para ti ser sumiso. Las fantasías se deforman y se distorsionan hasta tal punto que finalmente tienes niños que son víctimas del abuso, porque la fantasía distorsionada en el acto sexual crea la imagen mental en la que la experiencia orgásmica es la violación de la inocencia. Es por eso que hoy en día hay depredadores —nunca en mis tiempos, sino hoy— que abusan de los niños porque lo han fantaseado hasta hacerlo realidad. Ellos no nacieron con esto, lo crearon.

Esta explicación nos lleva de vuelta, entonces, al motivo ulterior. ¿Cuál es el motivo ulterior detrás de cada acción? Cuando te enseñé sobre los siete sellos en el cuerpo —los siete niveles en el cuerpo— y qué energía brota de ellos, qué glándulas se activan, podemos decir claramente que el cerebro vive en esos sellos.[7] Podemos ver muy

---

[7] Ver *Los Siete Sellos* y *Las Bandas* en el Glosario.

claramente las conexiones fijas de un individuo porque, aunque el cerebro esté aquí arriba, en realidad está conectado por estos sellos y vemos muy claramente las acciones de un individuo. ¿Y cuál es su motivo ulterior? Su motivo ulterior es la energía. Eso es lo que realmente quiere. En el Plano Sublime es vergonzoso para el aspecto individual que lo está viendo. No es vergonzoso para el Observador que está simplemente reportando los hechos a través del alma. Cuando lo tengas que observar tú, va a ser vergonzoso porque lo va a ver tu personalidad-individuo. Sabes que tu Dios ha estado observando todo el tiempo y tu alma ha estado ocupada —ay, Dios— y piensas: «Bueno, esto tiene que mejorar». Pero ves que el motivo ulterior sigue presente en cada una de tus vidas. Todos los días de tu vida aparece ese motivo ulterior y dices: «Oh, Dios mío».

Y él te dice: «¿Sí?»

«¿Este era realmente yo? Pensé que mi vida era tan aventurera y tan fructífera. Yo pensaba que toda esa gente que tenía en mi vida se trataba de una alegre amistad y todo esto y todo lo demás. Realmente creí que había progresado mucho más».

A mí no me importa quién seas. Podrías haber sido el rey del mundo y haber tenido a todo el mundo como tus súbditos o podrías haber sido un mendigo en la calle de los queseros pidiendo queso a los mercaderes, y la realidad sería la misma si cada día existiera el mismo motivo ulterior. No importa cuántas personas vinieron a formar parte de tu vida o cuántas personas dejaron de ser parte de tu vida; cuántas cosas obtuviste o cuántas cosas no pudiste obtener, todas ellas fueron el resultado de un *modus operandi* de la personalidad, el motivo ulterior. Y dirás: «Dios mío, pensé que había hecho tanto bien». Pues bien, ¿no fue el motivo ulterior detrás de eso el mismo que usaste cuando tenías veintidós años de edad? ¿Qué tal cuando tenías siete años y pensabas que eras una víctima? No, tú te convertiste en una víctima y eso te dio poder. Ese es el motivo ulterior detrás de esa historia. Entonces, ¿con qué te quedaste al final? Cada día de tu vida fue simplemente la misma historia de siempre, y es vergonzoso. Ves que a medida que envejeces te vuelves más fanático y, por lo tanto, te vuelves más astuto en tu forma de controlar. En otras palabras, puedes ablandarte con los años, pero ¿ha desaparecido el motivo ulterior? No, porque nunca se le prestó atención y en tu vida nunca fue reconocido en todas sus partes por igual: todo lo que hace, todo el drama que crea, todo el dolor que inflige y toda la enfermedad que genera.

La revisión de la luz es una experiencia horrorosa. Por esta razón, los grandes dioses de la antigüedad que se convirtieron en faraones sacerdotes tuvieron como propósito en su reinado que, al final de su vida, su Ka y Ba pudieran ser sopesados en las balanzas de Osiris; que al colocar su corazón en un lado de la balanza y una pluma en el otro no hubiera ninguna diferencia; que el corazón, que es la intención, pudiera ser sopesado contra una pluma. Todo el tiempo durante su mandato era incierto y, sin embargo, aquellos que estaban gobernados por estos faraones fueron bendecidos, pues ellos, como miembros de la realeza eran verdaderamente una Divinidad en un lugar de poder esforzándose por ser el máximo servidor, el máximo sacerdote, el máximo gobernante de su pueblo —el máximo. Hoy en día no hay ningún político cuyo corazón pueda ser sopesado contra una pluma. ¿Y no sería ese un nuevo e interesante lema para una campaña política? «Si votan por mí, yo los guiaré de tal manera que al final de esta vida mis intenciones serán sopesadas contra una pluma». Todos votaríamos por él. Ahora bien, ¿qué significa eso? Sin prejuicio. Prejuicio es una palabra importante. Verás, hay muchas cosas que acontecen en esta revisión de la luz y comienzas a ver sus enredos en los motivos ulteriores, en el prejuicio.

Estos seres —que me estoy esforzando en enseñarte para que llegues a ser como ellos—, en una revisión de la luz deben entender que cuando uno lo ve, en algún lugar del camino se volverá obvio que hacía falta un cambio significativo y el cambio no era necesariamente un cambio ambiental, tenía que suceder primero dentro del Yo.

Ámate y serás libre. ¿Qué significa eso? Significa hurgar en tu interior, descubrir cuál es tu motivo ulterior según los grados de tu prejuicio. Es muy sencillo. Los hombres se excitan con las mujeres hermosas y las mujeres hermosas lo saben. Ellas, de hecho, se esfuerzan por ser así para, a su vez, obtener el poder de tener un lugar, de tener un compromiso, de tener hijos, de tener la supervivencia. Y si no funciona, siempre pueden arreglarse y ponerse guapas, por así decirlo, y perseguir a otro —ese es su lugar de poder—, dejando al pobre hombre sujetando su miembro. Te ríes porque es la verdad. O podría ser al revés: cuando la mujer se ha vuelto muy cómoda y la belleza empieza a desvanecerse y el interés del hombre ya no está allí, ella lo cambia por la culpabilización, los hijos y el lugar que le corresponde, y él empieza a irse por ahí a buscar nuevas emociones. Ella se queda aguantando las cargas, pero aún tiene el poder; se llama culpa.

Él puede salir y ser todo lo sumiso que quiera, pero es su prejuicio el que lo ha guiado por mal camino, puesto que el prejuicio de ella es lo que lo sedujo, lo retuvo o lo dejó ir. Tienes que entender las reglas de este juego, y son bastante complicadas una vez que te metes aquí. Tú ves todo eso y no es un panorama nada agradable. No hay una mujer aquí que se vaya a sentir orgullosa de ver lo que está a punto de ver, y no hay ningún hombre aquí que se vaya a sentir orgulloso de lo que tiene que ver. Esa es la razón por la que regresas —por esa razón regresas aquí—, porque la única manera de liberarte del plano de Terra y de la experiencia humana es conquistándola. ¿Y cómo la conquistas? Mediante la revelación de tu motivo ulterior y los grados de prejuicio en que lo utilizas. Eso lo dice todo.

¿Y qué cosechas entonces de esta vida tan dolorosa y, a la vez, tan extraordinariamente reveladora? Pues bien, el alma la mira con absoluta fascinación. «No puedo creer que hayas hecho todo esto». Sabes que cuando acaba todo, el alma es tu mejor camarada.

«No puedo creer que hayas hecho eso».

«Bueno, me mantuviste despierto hasta muy tarde por las noches».

«Y te mantuve despierto hasta tan tarde porque te seguía molestando justo aquí».

«Oh, sí. Lo recuerdo».

«Pues bien, ¿cuándo vas a aprender? Ya sabes, hemos estado en la misma página durante todos estos días en los que tuviste esta vida. He escrito esto. Estoy aburrida. He escrito lo mismo todos los días».

Una vez que se termina, tienes una imagen muy clara de lo primitivo que eres o de lo avanzado que eres, e incluso los más avanzados piensan que son primitivos. Eso es muy hermoso porque es esa añoranza por volver a la perfección más espléndida por lo que regresan y traen consigo regalos de esa existencia ennoblecida. Y su energía no se puede encontrar en el reino del motivo ulterior común. Ellos simplemente están en algún otro lugar. Son total y absolutamente únicos. Eso es una persona sustancial.

¿Qué ocurre entonces en el Plano Sublime? Después de esa agotadora revisión de la luz te vas y puedes comer durante dos o tres mil años todo lo que quieras —mucho vino, queso de cabra, aceitunas, golosinas, pavos, todo ese tipo de cosas—, y entonces este hermoso reino en el que te toca vivir se llama el Plano Sublime. Es el hermoso y exquisito plano dorado llamado el paraíso. Allí vas a la escuela, y en la escuela estudias, por así decirlo, esencialmente los verdaderos orígenes de tu dificultad y los estudias del modo en que la revisión de la luz te lo mostró. En realidad, estás estudiando a los amigos que tuviste, a los que les perpetraste esto y ellos te lo perpetraron a ti —los amantes que tuviste, los hijos que tuviste, la familia que tuviste— y de eso se trata tu escuela. Pero nunca puedes pasar allí a una escuela más elevada o a una sala de aprendizaje mayor a menos que sepas hacer la pregunta correcta. Todo lo que estás haciendo realmente es aprender acerca de la unidad de Dios como un todo, y que Dios, expresado a través del individuo, está afectando la totalidad de lo que es Dios y la grandeza de lo que es. Eso es lo que aprendes.

Entonces te vas y tienes lo que se llama una larga temporada de contemplación. Y la larga temporada de contemplación en este hermoso lugar puede ser cualquier lugar que sea tranquilo para tu mente. Por ejemplo: cualquier cosa que consideres tranquilidad aparecerá instantáneamente frente a ti. Para algunos será un lago tranquilo; ondas plateadas en la parte superior que reflejan los sauces llorones y alguna flor esporádica que flota a la deriva en un lento y perezoso día de verano. Eso sí que es una contemplación. Y allí te vas a encontrar con otros seres que guardan una afinidad contigo, y esa afinidad es que ellos manifestaron el mismo tipo de lugar y tú puedes compartir eso con ellos. Si quieres soledad absoluta, tendrás soledad absoluta —el mismo lugar, pero sin visitas. Allí todo se respeta, nada se rechaza. O si ves que tu lugar de contemplación es un sitio en una alta montaña con la imponente y blanca nieve, así será. Si tu contemplación es montar un gran corcel en medio de una batalla y ahí es donde tu energía y tu adrenalina están en su apogeo, entonces obtienes esa escena completa.

Si tu lugar de contemplación, dondequiera que esté, está lleno de niños, entonces allí podrás estar rodeado de niños pequeños. ¿Y por qué siguen siendo niños pequeños? Porque ese es el lugar de su mayor inocencia donde pueden contemplar, así que regresan al

Plano Sublime como gente pequeña, como niños pequeños. En realidad, quizás murieron en esta experiencia cuando tenían ochenta y dos o ciento cuarenta o cincuenta y dos años de edad o veintinueve y, sin embargo, ¿dónde descansan? Como un niño, y tal vez tú quieras buscar su audiencia. Ellos están aprendiendo a ser así de sencillos para que, cuando regresen, su sencillez lo supere todo. En la sencillez no se tienen motivos ulteriores; simplemente se es sencillo.

El motivo ulterior es la pasión tormentosa de tu vida. Es ahí donde está tu verdadera pasión. Es ahí donde está tu verdadera fuente de energía. Cuando descubres eso, entonces has descubierto el gran arsenal de energía de tu vida. Y cuando puedas traerlo a la superficie de manera simple, entonces podrás hacer cosas maravillosas con él.

Esa es la razón por la que siempre que me dirijo a una audiencia se pueden oír las partículas de polvo caer al suelo cuando hablo de la sexualidad y todos prestan mucha atención. Saben que aquí nos estamos refiriendo a los motivos ulteriores —el dinero o los fenómenos extraordinarios— y todos están absortos en el tema. Los motivos ulteriores son los que captan tu atención. ¿No es interesante que esos tres motivos se usan en algún lugar en diferentes niveles? Sin ninguna duda. La razón por la que vas a la luz es que tienes que revisar los frutos que diste en esa vida. Y la única razón por la que haces esto es para revisar tu progreso al hacer conocido lo desconocido y dónde estás tan atrapado que no puedes expandirte.

La Liberación del Engaño del Pasado

Su sueño es ser libres, mi amada gente —libres. Ese es el motivo ulterior. Ese debería ser el motivo: la libertad. ¿Libertad de qué? De tener que usar a alguien, a cualquier persona, lugar, cosa, tiempo o suceso para llegar a ser ese motivo, sólo para serlo. La maestría consiste en luchar para desprenderlo de las personas, los lugares, las cosas, los tiempos y los sucesos. Porque, ¿no es de las personas, los lugares, los tiempos y los sucesos de lo que trata una revisión de la luz? Por supuesto que sí.

Piénsalo. En este mismo instante, millones de almas están cruzando al otro lado y teniendo una revisión de la luz. Hay muchos fuegos artificiales en algún lugar, ¿no es verdad? Millones de ellos están falleciendo en este momento. Alguien acaba de morir a unos cuantos kilómetros de aquí. Se han ido, ya no están aquí; están en camino. A alguien más le dispararon en una ciudad no muy lejos de aquí. ¿Y sabes qué están haciendo? Vaya, acaban de desprenderse de su cuerpo y se están dando la vuelta y viendo esa piel fosforescente que yace allí y están aterrorizados. ¿Sabes por qué? Porque eso es todo lo que creyeron que eran. Están tratando de regresar a un cerebro que ya no funciona. Están tratando de regresar a un cuerpo donde la sangre ya no fluye, y no pueden hacerlo. Están entrando y saliendo de un cuerpo muerto. Ya no existe. Pues bien, ¿qué están haciendo? La totalidad de su *modus operandi* era una vida física. De modo que la razón por la que les dispararon fue porque lo único que les importaba era la preponderancia de su físico. De eso se trataba. ¿Qué tan iluminada está esa alma? No está muy iluminada.

Si una mujer muere por una violación, ¿qué tipo de fantasías tenía esta mujer? ¿Adónde la llevaron en definitiva? ¿Qué clase de seductora o provocadora era esta mujer? ¿Cuál era su máxima fantasía? Ahora está fuera de su cuerpo. ¿Cuál es su valor? ¿Cuál es tu valor si no tienes un cuerpo? Mira a la persona con quien estás. Si no tuvieras este cuerpo y estuvieras en otro, ¿seguirías estando con ella? Piensa en esto, porque va a llegar. La edad y el tiempo se encargan de eso maravillosamente. Los excesos se encargan de ello maravillosamente. Piénsalo. Si miras a tu pareja, la persona que dices que amas, si su apariencia fuera diferente, ¿aún podrías amarla? Si no puedes ni podrías, entonces, ¿quién eres? Vaya, no eres más que un cuerpo. ¿Qué va a pasar contigo? Vas a tener muchos problemas.

Recuerda que no todos los que mueren llegan a hacer un repaso de su vida en la revisión en la luz. Muchos se quedan atrapados entre aquí y la luna. Van flotando por encima del suelo. Están en la niebla. Están en la atmósfera. Ellos son las sombras de la luna por la noche. Pululan por los bares y las tabernas. Pululan por los lugares de excesos. Ellos se pegan a ti cuando te pones a su nivel. No todos consiguen hacer un repaso de su vida. La mayoría no lo puede encontrar porque su motivo ulterior consistía solamente en el cuerpo. Te digo esto porque no me importa quién seas en esta audiencia y no me importa qué tan bonito o qué tan feo seas, si ese ha sido tu boleto eres un perdedor —un perdedor.

La gran escuela de sabiduría antigua no trata de cuerpos antiguos; es el desarrollo de lo invisible, el aspecto sustancial. Se llega a ello al entender el *modus operandi*, el motivo ulterior. Cuando has desarrollado y forjado la sustancia espiritual en ti mismo, es cuando amas quien eres. Eso trasciende al cuerpo. Esos son los enaltecidos que logran seguir adelante porque lo que realmente son es esa sustancia, y pueden desprenderse del cuerpo sin tener que seguir interactuando con él. Fácil, ¿por qué? Porque la mayor parte de los días de su vida están fuera de su cuerpo, y eso no quiere decir que lo hayan dejado vacante, sino que su proceso de pensamiento no se centra exclusivamente en él y durante su vida diaria piensan en términos de ámbitos diferentes. Su pasión no tiene que ver con el cuerpo; tiene que ver con la vida. Tiene que ver con Dios y su manifestación. Para estas personas, bajar de ese estado elevado y tener que reparar el cuerpo es una experiencia deprimente. Les resulta un bajón.

Esta no es una escuela antigua sobre cuerpos, sino que es una escuela que entrena al gran Yo para que predomine sobre ellos. Es ese gran Yo quien, a fin de cuentas, va a estar haciendo la revisión de esta vida —esta vida, este cuerpo, una prenda en el armario en el que se encuentran todas las vidas. ¿Y cuál fue la experiencia fructífera? Recuerda por qué estamos aquí. Estamos aquí para hacer conocido lo desconocido; no para aferrarnos a lo conocido, sino para ser lo desconocido. Estamos aquí no para ser lo conocido, sino para ser lo desconocido. Por eso estamos aquí. Es por eso que el espíritu se muere de inanición en el cadáver. Por esa razón la personalidad no tiene idea de lo que es, y sufre tanto porque está tan basada en la carne y la sangre y los huesos y la forma en que la genética te configuró.

Ahora bien, sé que esto es material filosófico y de primera calidad. Pero lo cierto del asunto es que no es práctico en la vida diaria a menos que uno tenga la suficiente pasión para entender su verdad como para ser capaz de vivirla. En este sentido, aquellos que lo hacen obtienen las llaves del reino de los cielos, porque es algo que debe ser vivido. Tú no eres la suma total de la masa de la que estás hecho. Tú no eres eso. Y que te sientes aquí y digas: «Bueno, esta es simplemente mi manera de ser», está bien. Cuando te canses de tu manera de ser, ven a verme. Podemos arreglarlo. Podemos cambiar, porque nuestra naturaleza es lo divino.

Ahora bien, hay muchísimas variables que intervienen en esta revisión de la vida. No hay una sola persona en esta audiencia que no se vaya a poner de rodillas cuando la vea, porque no hay nada en tu vida que hayas hecho sin vergüenza. Has hecho muchas cosas vergonzosas y la mayoría de ellas las hiciste sabiendo que no debías hacerlas. Ahí es cuando aparece la verdadera vergüenza y ahí es cuando la ejecución —la ejecución— de esa acción consciente empieza a fijar la personalidad y consolida las conexiones fijas en el cerebro. Entonces descubrirás que es un agujero del que es muy difícil salir, pero se trata de rehacer los circuitos. Lo importante es que hoy estás aprendiendo el conocimiento y ese conocimiento se hará evidente en tu vida cuando lo hayas inculcado en tu red neuronal y empieces a hacer de ese conocimiento la meta de tu proceso de pensamiento de cada día. Entonces verás los resultados de este conocimiento. Ahora empiezas a ver la acción de lo divino que comienza a tener lugar en tu vida —un cambio fructífero y milagroso.

No hay nadie en esta audiencia que no pueda cambiar, nadie. Ahora bien, ¿qué cosas cambias? Imagínate si tuvieras que repasar tu vida ahora mismo. ¿Qué pasaría si hoy hicieras girar esas bandas y llegaras a verlo todo desde todos los puntos de vista: desde la Divinidad, desde el punto de vista espiritual, desde el alma, la personalidad? ¿Qué cambiarías hoy? Si sabes la respuesta a eso, entonces no tienes que morir hoy y volver a nacer ignorante otra vez. Si sabes la respuesta a qué es lo que cambiarías en ti cuando lo eres todo, todos y todo el entorno en tu vida, ¿qué motivo ulterior vas a cambiar? Si hoy sabes la respuesta a eso, nunca tendrás que morir en esta vida. Las personas mueren porque no conocen el motivo de su existencia. Eso es todo. Cuando lo ves del otro lado, eso se vuelve muy evidente.

Aquí es donde el entrenamiento de ser el Observador es tan maravilloso, porque el Observador se desvincula de la personalidad y del cuerpo emocional. Puede observar desde cada ángulo la intención de uno —la intención, la flecha, hacia dónde va. Puede observarla y verla y serla en todos los lugares. Estar desapegado y ser el Observador es difícil porque lo que más temes es a tu propia crítica, a ti mismo. Eres tú quien le teme a tu Observador. Puedes engañar a otras personas, pero no puedes engañarte a ti mismo. Tienes miedo de invertir los papeles, porque en el momento que lo hagas vas a ver lo que realmente has sido y es desde ese punto de vista donde la luz tiene su efecto más profundo. Conócete a ti mismo y serás libre. Cuando puedes convertirte en el Observador y observar tus acciones en esta vida y descubrir tu *modus operandi*, tu motivo ulterior, ello también significa que la personalidad será criticada. Se ve amenazada y lo estará. Como el Observador puedes admitirlo libremente. En el momento que vuelvas a invertir los papeles y te conviertas en la personalidad, vas a sufrir de una emoción por ello. Vas a llorar y vas a lamentarte y vas a negarlo —es toda tu imaginación—, pero estas son las cualidades que hacen la revisión y, de hecho, estas son las cualidades que te permiten pasar al Plano Sublime.

No tienes que morir para hacer eso. Lo puedes hacer aquí. ¿En qué consiste entonces ese proceso? En una larga contemplación y en ser plenamente consciente de cómo eres con diferentes personas. ¿Cuál es tu intención? ¿Cómo eres con la naturaleza? ¿Cuál es tu intención? ¿Cómo eres en tu trabajo? ¿Cuál es tu intención? ¿Cómo eres con tu familia? ¿Cuál es tu intención? ¿Cuál es? ¿Cómo eres en tu vida sexual? ¿Cuál es la intención ahí, la verdadera intención? Mírala. No tengas miedo de mirarla, y cuando lo hagas y puedas encontrarla, te digo, mi amada entidad, que se volverá realmente claro. Y es simple; no es complejo. No necesitas un psiquiatra para resolver esto —y ellos nunca resuelven nada—, solo necesitas saberlo por ti mismo, y todo será individual. El momento en el que lo sepas, lo único que debes disolver en el crisol es ese motivo. Eso es lo que va dentro del crisol y debe ser disuelto. Ese es el lugar donde cambias, justamente ahí, porque cambiar en la superficie no es cambiar su núcleo.

Puedes cambiar en la superficie. Puedes cambiar de pareja, como lo hacen tantos de ustedes; van de uno a otro como moscas. Puedes cambiar de pareja. Te puedes mover, dar muchas vueltas por ahí. Puedes deshacerte de cosas, conseguir cosas nuevas. Puedes salir y tirar la ropa vieja, comprar ropa nueva; tirar la ropa nueva, conseguir ropa vieja. No importa. Todo es en la superficie, pero eso no afecta al núcleo. Tu núcleo y el de tu trabajo aquí es el motivo ulterior. Eso es lo que hay que cambiar. Cuando se cambie, a su vez afectará profundamente todo el entorno a tu alrededor. Ahí es cuando la escoria de tu vida empieza a caer, y aquí está la verdadera prueba. Dios no te pone a prueba. Y todos aquí usan las palabras: «Pues bien, es una prueba». Pues bien, no hay ninguna prueba. No hay nadie que lleve la cuenta en alguna parte. Es simplemente una elección, y si llamas a la elección una prueba, entonces que así sea. Pero, ya ves, no hay pruebas; solo hay elección y oportunidad. En el momento en que todo empieza a desmoronarse porque has trastocado el núcleo y lo has cambiado, si empiezas a sufrir los efectos externos de ese cambio del núcleo en el Yo, la tentación es pegarlo y armarlo otra vez porque no puedes lidiar emocionalmente, desde la personalidad, con lo que has hecho en un lugar más elevado: el Observador. No puedes lidiar con la emoción porque el Observador no es emocional, y no sabrás lo que has hecho hasta que hayas regresado a la personalidad. Entonces se desata el infierno y lo ves todo.

Ahora bien, todos dicen: «Fue una verdadera prueba. ¿Qué voy a hacer con esto ahora? ¿Voy a salir corriendo? Bueno, no puedo soportarlo. Siento tanta culpa. Y no quiero que esa persona tenga a esta otra persona. No puedo comprender que se acueste con esta persona. No puedo comprenderlo. No puedo tolerarlo. No puedo esto, no puedo aquello. No puedo perder a mis hijos. No puedo perder mi casa. No puedo perder mi punto de vista. No puedo, no puedo, no puedo, no puedo». Y, ya ves, lo que ha comenzado en una reacción nuclear desde el Punto Cero hasta ser una reacción biofísica, ¿puedes llevarlo hasta el final y dejar que se desmorone? ¿Puedes hacer eso sin pegarlo y recomponerlo? No es una prueba.

Esta es la advertencia que siempre te doy: No vuelvas a tu pasado. Eso es exactamente lo que quiero decir con esto. Una vez que hayas cambiado, no vayas a cambiar el cambio. No intentes pegar las piezas de nuevo. Debido a que son criaturas emocionales y con personalidad, la tentación es hacer exactamente eso y trazar la línea en la arena, territorialmente hablando. ¿Qué sucede entonces? Regresas a tu pasado a través de la emoción. ¿Qué es la emoción? La culpa, la vergüenza, el miedo, la inseguridad, la envidia, la amenaza, el poder. Esas son todas las emociones que provocan la oscilación hacia atrás. Si retienes esa emoción y vuelves atrás y la recompones, entonces vas a tener un problema porque el cambio que ha ocurrido en el núcleo no está reflejando el cambio físico que ahora se ha vuelto a poner en su sitio. Por lo tanto, ahora tenemos una gran disputa.

Algunos de ustedes sabrán que cuando regresaron a su pasado y lo recompusieron, nunca fue lo mismo. ¿Por qué no fue lo mismo? Porque algo había cambiado fundamentalmente. Aunque regresaste y lo volviste a armar, se produjo un cambio. ¿Qué sucede en esas situaciones? Todas las emociones se agudizan, se intensifican. ¿Por qué? Porque el motivo ulterior ha cambiado, esa es la razón. Una emoción tiene que sostenerse por sí misma. Al ya no tener el soporte fundamental del motivo ulterior, la emoción es histérica.

Todo este entendimiento es un preludio a un gráfico de acción que vas a dibujar un poco más tarde para entender lo que es la intención en el contexto de la reencarnación. Lo vas a entender.

Ser una Persona Honorable e Impecable

Aquí quiero hacer una pausa por un momento y mencionar lo que es el honor. Todo el mundo —todo el mundo— estima esa palabra: honor, ser honorable. Todos quieren, de alguna manera, ser honorables. Parece una forma noble y digna de ser, pero te diré lo que es el honor. El honor es cuando no juegas juegos y simplemente eres tu motivo ulterior. Eso es ser impecable. Eso no es necesariamente hermoso, pero es impecable. Eso es ser honorable. Eso es ser franco y tal como se es. No hay mescolanza. No hay un área gris. No hay un quizás. No hay frío y caliente: un día estás motivado y al siguiente ya no. No hay inestabilidad. Cuando eres lo que eres en este momento en tu tiempo, como se conoce, eso es ser honorable y, en verdad, impecable. Desviarse de eso es no ser impecable. ¿No encuentras entonces verdad en el axioma que dice que hay honor entre los ladrones? ¿No lo hay? Sí lo hay. ¿Y no puede entonces tu enemigo —el enemigo, tu más atroz enemigo— estar más cerca de ti que tu amante? Por supuesto que sí.

Esto es entonces lo que yo llamo una persona impecable. Disfrutaré espléndidamente de la presencia de esa persona impecable. Y soy muy exigente con respecto a quién está en mi presencia, porque siempre tienes que lidiar con la telenovela de las personas que tienen motivos ulteriores y siempre tienes que lidiar con ellos. Al igual que una burbuja de jabón, van cambiando de color y son volátiles y nunca quieren saberlo realmente. Así que siempre hay que entretenerlos o no hablarles en absoluto porque no son gente impecable. Ellos no son quienes son; son simuladores. Son una imitación, no son auténticos. Hay mucha gente falsa en esta audiencia que está escuchando este mensaje. No eres sincero porque no vives en tu vida lo que has aprendido aquí. No eres sincero porque tomas lo que has aprendido aquí y lo usas como un pretexto mientras codicias una naturaleza podrida, encubriendo tu motivo ulterior. Es por eso que no eres constante en esta escuela.

Ahora bien, puedes ser constante por ahí siendo un sinvergüenza. Los sinvergüenzas encuentran sus tarjetas todo el tiempo en el Trabajo de Campo® y las personas nobles no todo el tiempo encuentran sus tarjetas y viceversa. ¿Lo entiendes? Es el motivo ulterior. ¿Dónde estás con respecto a esto? Estas personas volubles, de telenovela, nunca son genuinas. Yo disfruto de los seres genuinos, me conecto con ellos, porque con ellos tenemos una verdadera interacción, pues no tienen nada que ocultar. Y entonces cuando nos conectamos, ellos lo hacen desde un lugar veraz. Cuando aprenden, aprenden verdaderamente, no de forma voluble. Es un aprendizaje real.

Esto no es diferente de lo que sucede cuando estás en la luz, porque en la luz todo queda al descubierto y la telenovela se muestra justo frente a ti, y eres todos los actores y ves lo desagradable que es esto. Lo único que sientes al salir de allí, como el aspecto de la personalidad del gran Yo, es que te deshonraste a ti mismo. Te deshonraste por completo y como resultado manipulaste a otras personas a causa de eso; fuiste falso e infructuoso. Yo solía llamar a las mentiras verdades creativas, y siguen siendo verdades creativas. La verdad creativa es la evasión del motivo. Cuando eres lo que eres, nunca jamás tienes que proteger lo que dices y nunca te tienes que preocupar por lo que dices, porque todos tus pensamientos están escritos —escritos— en la energía que te rodea como si estuvieran escritos en el cielo. Nunca tendrás que preocuparte. Si dentro de cien mil años esos pensamientos regresan a ti, si ese motivo ulterior regresa a ti, no sentirás vergüenza por ello porque el motivo no fue falso. Fue un motivo en evolución. No hizo sucumbir a mucha gente ante él. No fue abusivo; fue genuino. Esa es la verdadera evolución.

Si desentierras los restos fósiles de animales modernos verás que hay una modulación, un cambio en lo que eran hace diez millones de años comparado con lo que son hoy en día. Si se observan esos restos, no se dice: «Oh, eso es malo. Eso fue un error, estamos mucho mejor hoy en día con este de aquí». La evolución no se ve en esos términos; simplemente se ve el fósil desde donde estaba en su pasado hasta donde está hoy. Se ve la evolución de esa especie a través de las eras geológicas y se celebra que haya cambiado. Te da esperanza para ti mismo. Nunca miras lo que fue y lo condenas. Solo lo haces si no eres genuino.

En la luz, si eres una persona honorable, vas a ver tu honor. Verás que viviste lo que eras con franqueza y que tuviste claros los límites con respecto a ello. Se volverá evidente quién fuiste y cómo eso los afectó a todos. Sin duda alguna, hizo falta que hubiera gente excepcional en tu vida para que fueras una persona honorable, pero por la misma razón, tú fuiste para ellos la chispa de honor en sus vidas. Entonces, ¿qué vas a presenciar como Dios cuando en la luz veas las consecuencias de cada acción? Piénsalo. En la revisión de la luz te convertirás en la persona a quien le reflejaste ese honor y en ese momento vas a sentir su honor. Puede que no sea el punto épico de la evolución, pero es el punto de evolución de esa vida. Se solidificó; fue real. En el honor, aquellos que están a tu alrededor solo pueden estar contigo porque tú eres así. Ellos sólo pueden amarte porque aman en ti lo que aman en ellos mismos: esa verdad conmovedora, ese honor, esa nobleza. Y puede que sea anticuado, pero es real. Es tangible, es sustancial; no es ilusorio.

Las ilusiones. Cuando amas una ilusión quiere decir que tú mismo eres una ilusión. Por eso nunca perdura. Las relaciones basadas en el amor ilusorio son una ilusión y ambos participantes son ilusorios. Nunca perduran. Es como el vapor —cuando le da el sol, se disipa. Cuando llega el verdadero calor a la relación, esta se desvanece porque es una ilusión. Es de motivo ulterior a motivo ulterior y jabón en el medio, un buen lubricante.

¿Podría Ser Que Ya Estés Muerto?

Esto que te estoy diciendo ahora ya lo has visto antes —muchas veces antes, si no, no estarías aquí— y lo vas a ver otra vez. Y cuando veas esto en el repaso de la vida, cuando veas hoy que este es el gran premio de consolación de esta escuela, es que después de morir podrás vivir otra vez todas las clases a las que hayas asistido. Es un regalo extra para cuando cruces al otro lado. Presta atención, ¿puedes pensar ahora mismo de esta manera? Ahora mismo estás viendo desde el otro lado lo que estás haciendo en este momento. Lo estás presenciando, ya está sucediendo. Tú eres la entidad que está siendo examinada. Piensa en ello. No te vuelvas lineal conmigo. Piensa en esto: en este momento estás muerto y estás del otro lado, y estás presenciando esta vida. Está sucediendo ahora mismo en este momento.

¿Qué estás oyendo del otro lado? Sí, ¿qué estás oyendo? ¿Qué te estoy diciendo? ¿Qué estás pensando? Pues lo estás viendo ahora mismo. Ha sido revelado; está en tu flujo de tiempo. ¿Qué te estoy diciendo? ¿Qué estás oyendo? Está sucediendo ahora mismo. Estás observando esto y ya te has ido. Lo único que estás haciendo es recordar esta participación. ¿Podría ser así? ¿Podría ser? Ahora bien, espera un momento. ¿Es esta la única realidad en la que vives o eres un ser de múltiples realidades? Si lo eres, ya estás allí y estás viviendo lo que estás viendo ahora mismo. Recuerda que en Dios eres eterno. Eres el pasado, el presente y el futuro simultáneamente. Cuando eres un ser humano, eres solamente el pasado luchando por un futuro, pero en Dios ya ha sucedido.

¿Estás pensando? ¿Estás visualizando sin tiempo? ¿Puedes hacerlo? Si puedes hacerlo eres aquello de lo que están hechos los grandes maestros, porque ellos también poseen la capacidad de proscribir al tiempo. De hecho, eso significa eliminar al tiempo como el factor dominante.

Repasemos esto de nuevo. ¿Podría ser que ya estés muerto? ¿Sí? Es verdad. ¿Le estoy hablando a una audiencia del inframundo? ¿Por qué no? ¿Por qué no puedes contemplar eso? Porque si puedes considerar eso, entonces estás atado a tu cuerpo de manera muy floja. Si no puedes, vas a tener problemas. ¿Por qué no puedes considerar que quizás ya estés muerto y que esta clase se está llevando a cabo ahora mismo en la revisión de la luz, y que esta es una de las clases a las que estás asistiendo? Sigue escarbando; lo vas a entender. ¿Por qué no? ¿Qué clase de Maestro Profesor sería si te dijera que no es así? Así es como piensa un Maestro Dios. ¿No entiendes que acabo de darte un secreto dinámico —un secreto dinámico— y que acabo de hacer de ti una mente dimensional? Acabo de hacer que te conviertas por un momento en una mente dimensional. Y puede que todo el tiempo creas que estás realmente vivo. Tal vez sólo estés muerto, reviviendo un momento en la luz. No me vengas con eso de que «oh, eso no es real». Es más real de lo que crees que es este lugar.

Hoy estás en la escuela. ¿Por qué estás aquí? Estás aprendiendo exactamente acerca de lo que estás viendo ahora mismo. Estás aprendiendo sobre ello y quieres saber: «¿Cómo le doy la vuelta a esto? ¿Qué hago con esta enseñanza? ¿Dónde pongo esto?». Es maravilloso; no tienes donde ponerlo. No tienes ningún lugar donde ponerlo. Eso es aún más hermoso. Si lo pones en tu imaginación, entonces no te sirve. Si lo pones aquí y simplemente dices que es una posible pregunta capciosa, te servirá, pero, verás, ambas no han sido integradas. Esta es la idea: tú ya estás muerto. Estás en la luz y estás viendo esto y has regresado y estás volviendo a vivir esta experiencia. ¿Por qué? Para entender la clave de ser el color rojo en el arco iris, para entender por qué tienes que hacer esto otra vez, y cuando encuentres la clave, sepas lo que puedes hacer con ella. Si encuentras la clave, habrás regresado otra vez a esta vida después de estar muerto. Has vuelto a esta vida y tienes un nuevo plan. Te has reencarnado en un cuerpo inmortal. Vamos a hablar de la inmortalidad en el contexto de la energía vital y viviente llamada una idea.

Quiero recordarte que en el espíritu no hay distinción entre la vida y la muerte. No hay ninguna. No hay vida ni muerte en el espíritu; la vida y la muerte solo existen para la personalidad individual y su cuerpo con el que cohabita. Pero para el espíritu y la Divinidad, no hay distinciones claras entre las dos. Quiero recordarte que lo que te he dicho podría estar sucediendo ahora mismo —y lo está. Entonces, ¿por qué estás aquí? Para aprender algo, una clave; para entender algo, entender una clave, un poco de conocimiento; para saber qué preguntar, para saber qué activar de repente y saberlo, porque de eso se trata el Plano Sublime.

Hay un motivo real por el que los verdaderos maestros obtienen la custodia sobre lo físico. En primer lugar, mueren a lo físico. En algún momento de su iniciación ellos mueren a lo físico. Eso quiere decir que ya no se preocupan por lo físico. Mueren al mundo y renacen a la vida de un iniciado, a la de un maestro, donde no hay líneas claras entre la vida y la muerte. Pueden entrar directamente a una escena como esta y repasarla y volverla a vivir una y otra y otra vez sin tener que morir en el cuerpo. De todos los potenciales que existen, ¿sabías que no puedes agotar las ideas, las cosas que se pueden fabricar a partir de los átomos? Ni siquiera puedes agotar las probabilidades de los potenciales en los que pueden convertirse, y no son más que ideas coaguladas en forma de energía. No las puedes agotar. No puedes pensar el tiempo suficiente en una vida para hacer que se conviertan en todos sus potenciales. Entonces, ¿quién puede decir que no has regresado otra vez a este tiempo? ¿Quién puede decir que tú eres uno de esos maestros del otro lado que está así de cerca —así de cerca? Has dado un giro de regreso a este tiempo. Para esta revisión de la vida ya has muerto. La estás repasando, la estás revisando; algo se te ha escapado. Tú tienes el poder para hacerlo.

¿Por qué entonces querrías hacerlo sin pasar por la capacidad de simplemente morir? ¿Por qué no renunciar a este cuerpo físico? Es decir, es ciertamente una trampa. Es una prisión. No me importa cómo lo veas, es una prisión. ¿Por qué no simplemente renunciar a él? Tienes el poder de dejar tu cuerpo, de salir de aquí. ¿Por qué entonces los verdaderos maestros aprenden el arte de la longevidad y la inmortalidad? ¿Por qué? Debe haber una razón por la que quieran preservar esto. Y no se trata de su apariencia y no se trata de cuántos orgasmos puedan tener ni de cuánta comida puedan comer. Quieren conservarlo. No se trata de lo curvilíneo que sea el cuerpo; no tiene nada que ver con la apariencia. Ellos murieron a eso hace mucho tiempo, porque cuando nacieron a lo espiritual no podían amar nada más que lo espiritual.

Ahora bien, ¿por qué querrían conservar este cuerpo? ¿Por qué están aquí? Puedo decirte que solamente algunos de ustedes — algunos de ustedes, no todos— son verdaderos maestros que se dan la vuelta y regresan a esta escena de la muerte. Están del otro lado y están viviendo esto. ¿Por qué estás haciendo eso? Porque hay algo que vas a saber de ti mismo por lo que vas a tener un fuego apasionado, y cuando le quites el cerrojo a los motivos ulteriores, habrás desbloqueado el poder del núcleo. Tienes una energía atómica radiante absoluta. Eso es lo que está encerrado dentro del motivo ulterior. ¿Por qué, entonces, querrías regresar a esta escena en la que estás muerto presenciando esto en una encarnación? ¿Cuál sería la razón? Porque si puedes obtener algo en esta escuela a la luz de algo que estás revisando una y otra vez, vas a extraer de ahí la pregunta a la que solamente tú tienes la respuesta, que va a desbloquear la inmortalidad en el cuerpo al otro lado de esta revisión de la luz. Y eso es lo que quieres.

¿Por qué lo quieres? Porque para poder hacer conocido lo desconocido, la inmortalidad del cuerpo es un misterio y un deseo tan grande como lo es cualquier comida o pasatiempo deseable y seductor para la vida del cuerpo. Quieres dominar la longevidad de lo físico y sólo un espíritu poderoso puede hacerlo. Sólo un ser iluminado puede hacerlo. Sólo una entidad con fortaleza, voluntad e intención puede hacerlo. ¿Por qué? Porque esa es la verdadera manifestación de la imagen de Dios, y es por medio de tales seres que se revelan las grandiosas y maravillosas obras de Dios.

Todos los maestros son inmortales. ¿Quiere esto decir que están atrapados en este cuerpo para siempre? Es simplemente como ellos lo quieran; lo tienen bajo sus propias condiciones. Pueden convertir a ese cuerpo en su cuerpo arcoíris, en su cuerpo dorado, en su cuerpo azul y traerlo de regreso a su cuerpo de carne y hueso, a su cuerpo de luz, a su cuerpo infrarrojo. Ellos son los señores de la escalera entera, de todas las dimensiones. Nunca tienen que morir. Lo han conquistado. ¿Y qué resulta de una intención espiritual tan poderosa? Las semillas de la inmortalidad misma. No puedes tener un motivo ulterior de inmortalidad a partir de una intención espiritual sin tener la esencia de la misma en tu vida.

Hay algunos de ustedes que han retrocedido en el tiempo y están muertos, revisando este momento que sucedió hace mucho tiempo ahora mismo, trabajando para entender lo que no se entendió antes, sabiendo que es una oportunidad. En este momento, si en la luz se es un participante como Observador y Dios, entonces ese maestro trae de vuelta a esto la totalidad del Yo en todos los niveles. Y ese Yo no tiene problemas para ver esta conjunción del tiempo sucediendo aquí mismo. No tiene problemas para verlo. Una persona verdaderamente física tendrá muchos problemas para entender esto, no así una persona espiritual porque para ellos la manifestación no tiene nada que ver con su coagulación en el tiempo, sino que está relacionada completamente con su coagulación en el pensamiento. Eso es una persona espiritual. Una persona material es justamente lo contrario.

Yo ya sé quiénes van a salir de esta escuela. Yo ya conozco mi lugar con ellos. Ya lo sé; eso es una certeza. ¿Revisar esto permite entonces que lo que no hubiera salido a la luz tenga ahora la oportunidad de florecer? Sí. ¿Por qué lo sabemos? Porque si eso no fuera cierto, la ley de la encarnación no existiría. No habría reencarnación; no existiría la transmigración del espíritu y del alma y, sin embargo, la hay. ¿Por qué? ¿Acaso puede el tiempo duplicarse sobre sí mismo? Por supuesto que puede hacerlo. ¿Y qué, te digo, es lo que puede plegar al tiempo? La mente. Eso es lo que pliega al tiempo. La mente es el súbdito de Dios y el tiempo existe únicamente entre ellos dos.

Cuando visitas de nuevo la luz en esta vida, ¿se te dá otra oportunidad para pulir, para mejorar, para captar lo que no escuchaste la primera vez, lo que no sentiste la primera vez? Si vuelves a visitar la misma situación con un conocimiento mejorado, ¿va a cambiar la escena? Siempre. Esa es la ley de hacer conocido lo desconocido. ¿Cuántas veces tienes que regresar a la luz y revisar el mismo material fuente del alma hasta cambiarlo? Entiendes que el conocimiento y su integración en la mente es el fuego que lo cambia. Cuando vuelves a examinar tu punto más débil con conocimiento es cuando lo cambias.

¿Cuántas veces has escuchado este mensaje de mi parte? ¿Alguien se atreve a adivinarlo? ¿Cuántas veces has regresado a esta sesión en la luz? ¿Cuántas veces ha ocurrido esta enseñanza? Este día, tu aspecto, el aspecto de tu vecino, ¿cuántas veces has visto esto? ¿No tienes un poco la sensación de *déjà vu*? ¿Es esta la única vez que el día de hoy ha sucedido? ¿Crees que esto es todo, que esta clase se dio y desapareció? ¿Cuántas veces he estado aquí de pie y he dado esta enseñanza? ¿Cuántas veces les he enseñado a los principiantes? ¿Cuántas veces he enseñado sobre el Punto Cero y la gran y vasta nada —cuántas veces— en tu corta trayectoria en esta escuela? Pues bien, yo he enseñado más el día de hoy que todas esas veces. Sigo diciendo lo mismo. Lo varío. ¿Por qué lo varío? Porque tú has cambiado; estás listo para escuchar, listo para ver, listo para sentir. Si no lo estás, estás muerto —estás muerto.

Quiero que hagas un dibujo —redúcelo a una gráfica abstracta— viendo esto en la luz y que ya estás muerto y que estás a punto de renacer y todo el tiempo creíste que estabas vivo. Dibuja eso. Dibújalo y coloréalo. ¿Por qué quiero que hagas eso? Porque quiero que este conocimiento esté en tu cerebro. Al final del día se supone que debes saber algo que el alma sabe, y a menos que puedas dibujarlo y colorearlo, no lo sabrás y vas a tener que volver a visitar este día otra vez. Que así sea.

¿Elegimos a Nuestros Padres en Nuestra Próxima Encarnación?

Dios, bendice,
abraza y permite
que todas las voces
de mi yo total
sean escuchadas
y sean vistas.
Que así sea.
Por la vida.

Quiero que hagas este dibujo y que lo expliques como el Observador. Necesitas que tu perspectiva se amplíe para poder entender la última enseñanza que te di. Me propongo mantener esto muy simple para que puedas comprender qué es lo que has venido a entender de nuevo aquí.

Recuerda lo que aprendes por primera vez cuando vienes a mi escuela sobre el Punto Cero, la consciencia primaria.[8] Haz un punto negro y al lado escribe «consciencia primaria». El punto violeta es la consciencia secundaria. Observa que allí tengo una extensión verde. El punto verde es el alma y el alma va junto con la consciencia secundaria; es la que registra los sucesos. El punto o círculo rojo es la encarnación; el cuerpo mismo, la consciencia cuerpo-mente —la consciencia cuerpo-mente. En otras palabras, tenemos que dar

---

[8] Ver Ramtha. *A Beginner's Guide to Creating Reality* [«Guía del Iniciado para Crear la Realidad»]. 3ª ed. Yelm: JZK Publishing, una división de JZK, Inc., 2004.

crédito al cuerpo por tener su propia inteligencia, que por cierto la tiene. Es una inteligencia consciente, un ser biofísico y sensible.

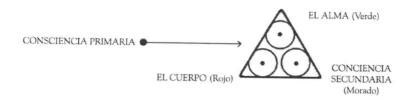

Ahora bien, este es el orden en el que vienen. El gran Yo se constituye por la integración de estos cuatro elementos que dibujamos. Ya sea este un cuerpo del sexto plano, del quinto plano, del cuarto plano, del tercer plano, del segundo plano o del primer plano; es un cuerpo. Este cuerpo, entonces, se mantiene unido por aquello que se llama el cuerpo espiritual de la consciencia secundaria, y lo que los mantiene unidos a todos se llama el Santo Espíritu, que es la interacción espiritual del Yo completo. De aquí se desprende la idea de una tríada. Así que volvamos a las enseñanzas iniciales para entender mejor tu encarnación desde el Plano Sublime o quizás tu nueva visita en el presente a esta escuela.

Quiero hacerte una pregunta muy importante: ¿Por qué no creerías en mi última afirmación, que ya estás muerto y en este momento estás en una revisión de la luz? ¿Por qué no lo creerías? ¿Por qué no es creíble? Es una pregunta muy poderosa porque está íntimamente relacionada con el conocimiento intrínseco que has incorporado sobre el tiempo, el espacio y la consciencia. Te dice el grado de ese conocimiento que posees. Esta consciencia cuerpo-mente nunca creería en lo que te acabo de decir. Lo vería como una imaginación llena de fantasía, un paradigma —una mónada, por así decirlo—, pero nunca lo creería porque puede señalar su cuerpo y decir: «Mira, puedo pellizcar este cuerpo y me duele. Mira, no sé lo que está pensando esa persona. Mira, fui al cementerio y no estoy enterrado en ningún sitio... todavía».

Quiero decirte algo. Si esto se convierte en el factor de elección por el cual determinas la realidad, entonces no vas a creer en absoluto en los potenciales en los que puedes existir. En otras palabras, te has puesto del lado de tu cuerpo. Realmente lo has hecho. Te has aliado con el cuerpo porque aún no puedes creer que esto sea posible. Bueno, ¿qué te dice eso? Te dice que si te pones del lado del cuerpo, eso se va volver en tu contra, pues sigues viviendo y dices: «Mira, sigo viviendo. Algún día voy a morir». ¿Es posible que al hacer eso estés viviendo en una ilusión delirante? Por supuesto.

Entonces, ¿por qué querrías ponerte del lado de tu cuerpo? ¿Qué ventajas tiene esto? ¿Qué sucedería si te pusieras del lado de estas dos: la consciencia primaria y la secundaria? ¿Por qué la consciencia secundaria? Porque es el espíritu en el cuerpo; contiene el cuerpo espiritual en el que descansa el alma misma. Y recuerda que el alma lleva el registro de quién has sido. Cataloga lo que eres, por lo que es la portadora, por así decirlo, de la memoria de la personalidad. Si has visto un cadáver recientemente, te preguntarás dónde está la persona. Miras la boca que besaste, los ojos que solían danzar, la animación en las manos, la suavidad del tacto o el atletismo del movimiento del cuerpo. Y lo miras y está rígido, tieso y sin vida. No tiene vida, así es. ¿Qué lo dejó? La consciencia secundaria, la personalidad del alma; eso es lo que lo dejó. Entonces, ¿eres tú eso realmente? Eso es realmente una parte de ti.

Ahora bien, si pudieras aceptar hoy esta enseñanza de que realmente estás en una revisión de la luz en este momento, y que en realidad estás repasando quién eres en una clase que tiene que ver exactamente con el tema en el que estás involucrado —irónicamente—, si pudieras creerlo y hacer lugar para aceptarlo, ello hablaría de una gran graduación de la evolución de tu propia consciencia personal. Significa que eres tan elevado que la idea de que estás verdaderamente en una revisión de la luz no es para nada sorprendente.

¿Por qué sería ventajoso para ti ponerte del lado de la consciencia primaria y secundaria en esta cuestión? Obviamente porque esos son los yos que perduran cuando el nacimiento y la muerte prosiguen como reencarnación cíclica. Ellos perduran. ¿Qué otra ventaja hay? Esta es la ventaja: si realmente crees en lo que te he dicho hoy —si lo creíste de verdad—, al final de este día sabrás cuál es tu motivo ulterior. Y como lo sabrás, lo cambiarás. ¿Qué tipo de dinámica va a surgir de ese cambio? ¿Cuál va a ser? Debe ser tan real para ti como lo es la negación de su realidad. Debe tener ese mismo empuje. Debe ser tan real como lo es la negación, y si lo es, entonces piensa en las posibilidades de lo que estamos viendo aquí. En realidad, estás en un momento de participación observable en el que has estado aquí antes. Y estás de vuelta y mucho de esto te resulta familiar y empieza a salir a la superficie de tu mente. Cuando te vuelves para tratar de verlo, desaparece como el vapor. Y hay cierta familiaridad en esto.

¿Por qué es importante creer que es posible? Porque en la reencarnación cíclica —el proceso lineal de nacimiento y muerte, y vida después de la muerte, nuevas paradas momentáneas—, todo el proceso consiste en ser capaz de ver una vida desde la posición privilegiada del todo, no sólo de la singular, que es tan propia de los seres humanos. Ellos son muy singulares y están muy separados. No pueden ver a través de la mente de Dios, sólo a través de la mente de la personalidad del cuerpo. Es muy evidente en tu forma de vivir. Si eso fuera así, entonces, en una revisión de la luz llegarías a verlo todo y verías dónde está tu problema. En esa revisión de la luz serías capaz de aprender mucho sobre ese problema y luego conocer a personas en el Plano Sublime que comparten el mismo problema o que comparten una astilla de ese problema. Tal vez sea en un área pequeñita que no tiene importancia para ti, pero que sigue siendo una astilla, es una obstrucción para la otra persona, y se encuentran en el Plano Sublime porque gravitan el uno hacia el otro. Al gravitar el uno hacia el otro, conciben una relación que existe allí antes de que exista aquí, una relación en la que quieres que esta persona se presente en tu vida aquí, y quieres que el recuerdo y los lazos de esto sean tan fuertes en el Plano Sublime que el reconocimiento no se pueda negar. Parece haber una aceptación instantánea de ese individuo —una armonía, si quieres, incluso una desarmonía— porque todos esos factores, si lo has hecho correctamente, se encarnan entonces en una vida en la que, como hombres y mujeres ciegos, luchan por descubrir el misterio, el gran e insondable misterio de lo que estás haciendo aquí. «¿Qué está tratando de decirme esta persona acerca de mí y qué estoy yo, en verdad, tratando de decirme acerca de mí mismo? Porque son reflejos de lo que soy». Eso es todo lo que son. Están aquí para darte lecciones o quizás ambos estén aquí para aprender una lección en diferentes niveles. ¿Por qué necesitas esa lección? Pues bien, porque es desafiante. Este tema en cuestión sigue reapareciendo y así, todos se vuelven actores en la vida de los demás.

Ahora bien, la única dificultad es —y siempre lo dije, y aquí me separo del pensamiento de la Nueva Era en cierta medida porque ellos no tienen toda la información— que siempre se entendió, en líneas generales, que uno elige a sus padres. En la ingenuidad de la cultura humana simplemente se cree que vas a ese gran jardín de padres en el cielo y dices: «Te llevaré a ti y a ti», y que sabes de antemano quiénes van a ser esos padres. Esto no es correcto. Hay verdad en ello, pero no es una verdad sólida y sustancial.

La manera en que esto funciona es que, sean cuales sean tus problemas, lo que sea que hayas decidido en el Plano Sublime que es el próximo nivel en el que tienes que trabajar —que en realidad es lo mismo en lo que trabajaste hace dos mil años, y que a lo largo de sucesivas generaciones y los cambios tecnológicos has progresado muy poco—, aún tienes un problema. El mundo entero lo tiene. Aún estás lidiando con esta cuestión que tiene dos mil años de antigüedad. Esto no es algo del siglo veinte, un siglo basado en la tecnología, de crecimiento rápido y de vida artificial. Este es un problema que se remonta muy atrás en el pasado y lo que resulta tan frustrante es que es algo muy simple. Pero lo que es simple para el espíritu es muy difícil para el humano porque el humano se vuelve complejo por sus emociones.

Entonces lo que sucede es que, una vez que has formulado lo que vienes a aprender aquí en el Plano de la Demostración, no eliges a tus padres; eres atraído hacia un acervo genético que no es superior a la pregunta que hiciste. ¿Por qué no habría de tener continuidad? Dios sólo sabe lo que tú sabes. ¿Por qué deberías ser atraído hacia un grupo genético que sabe más que tú? No lo harás. Solamente manifestarás en la realidad —ya sea en las estructuras atómicas, en la biología celular, ya sea en el entorno o en el pensamiento o en las ideas—, aquello que es igual a ti y que facilita el aprendizaje aquí. Eliges a tus padres por una cuestión de semejanza, pero no lo haces en cuanto a lo descriptivo. Ahora bien, hay personas que tienen un dilema en relación a los cuerpos y siempre han tenido un dilema con los cuerpos. Y siempre se inclinan hacia aquellos que pueden producirles el mejor cuerpo, pero eso es la consciencia cuerpo-mente. Y eso también es muy evidente porque su atributo más valioso es ese y nada más.

¿Qué hay de los genios? Dios mío, ¿no sabes que las mentes más brillantes que hayan existido alguna vez vinieron de linajes muy sencillos? Eso fue extraordinario, ¿no es verdad? Era casi como si el acervo genético en sí mismo no era complejo sino simple. En otras palabras, los genes tenían un campo de visión limpio para que lo que trajeras a través de ellos pudiera manifestarse claramente en una vida, una mente que pudiera crecer y florecer. Puedes crecer y florecer como una flor exquisita en un jardín sencillo. Si está sobrecargado, te asfixiarán las malas hierbas y otros arbustos y demás cosas por el estilo.

Entonces naces —y quiero que pienses en tu cuerpo— exactamente con el cuerpo genético que sea compatible con tu programa alterado, tu karma, tu lección, para resolverla y darle fin. Esto es bastante sorprendente, porque entonces empiezas a mirar los cuerpos y se vuelve muy claro quién eligió qué y por qué razón. Todo es una historia. Los motivos ulteriores se pueden ver en el cuerpo; pueden verse en el cuerpo literalmente. Y tú naces en una familia, ¿quiénes son esas familias? ¿Quiere esto decir que tus hermanos y hermanas con los que compartes una encarnación provienen del mismo lugar en el Plano Sublime? No, porque el acervo genético a través del que vinieron ofrecía oportunidades primitivas o avanzadas. Están en niveles diferentes, pero el cuerpo les sirve.

Ahora bien, quiero hacerte esta pegunta otra vez: ¿Por qué no habrías de creer que estás en una revisión de la luz? ¿Por qué querrías hacerlo? Te lo diré. Las víctimas quieren hacer eso, las personas materialistas y las personas carnales quieren hacer eso. Cuando niegan esta posibilidad que te he dado antes —cuando pueden negar esto— entonces no tienen ninguna amenaza que los obligue a cambiar su vida, no tienen ninguna excusa. Dicen: «Soy lo que soy y no lo puedo cambiar. A mí me gusta lo que soy. Me gusta odiar lo que soy y así no me tengo que preocupar». Ese es un terreno muy seguro, ¿no es verdad? Es seguro. Mañana por la mañana te vas a despertar y aún estarás en la escuela, pero al día siguiente te vas a despertar y vas a estar en algún otro lugar. Puedes contar con ello. En una vida corporal-física, puedes contar con que cada día te despertarás y cada noche te irás a dormir, y en el medio vas a pasártelo bien. Eso es una sensación de seguridad. Tienes una mente pragmática que rechazará la consciencia primaria y dirá que no existe. ¿Tú nunca morirás? Qué tonto. ¿Quién te crees que eres? Ve al cementerio y echa un vistazo. Pero, sabes, hay un pequeño problema con eso. La ciencia está comenzando a despertar con la teoría cuántica de que toda la potencialidad existe simultáneamente —toda la potencialidad— y recuerda lo que te dije acerca de los átomos cósmicos. Lo que eso significa es que no se pueden agotar los potenciales utilizando a los átomos como componentes básicos.

Ahora bien, hay algo más que quiero preguntarte, es una pregunta muy importante. Si aceptaras esto y lo creyeras, ¿cómo cambiaría tu vida hoy si de repente dijeras: «Oh, Dios mío, ¿estoy en una revisión de la luz? ¿Estoy muerto? ¿Estoy presenciando desde el Observador cómo viví mi vida? Y gracias a Dios que vine a esta escuela porque no estaría despierto para reconocer que en la luz debería estar pensando sobre esto. Te estoy llamando desde el más allá». ¿Qué estás pensando al ver esto? ¿Qué deberías estar pensando? «Dios mío, en este preciso instante puedo cambiar mi vida porque lo único que espero es ver lo que recordaba que fui».

¿Sabes lo difícil que es recordar el resto de tu vida? No es tan difícil. Piensa en ello. Si no trabajaras en pensamientos elevados, ¿qué tan difícil sería recordar el resto de tu vida? Es bastante predecible, ¿no es así? Esperas con anticipación esas noches en las que sales y haces esto y aquello, y luego vas a trabajar, y haces esto otro, y tienes pequeños problemas con tu familia, pequeñas rencillas aquí y allá, pero sabes que tarde o temprano se van a resolver. Tienes un pequeño problema aquí, pero todo se arreglará allí. Entonces eres un año mayor y eres esto y eres aquello. ¿Cómo podrías no recordar lo que aún está por suceder? Ya ha sucedido porque es predecible. Esa predictibilidad es una seguridad poderosa, y hay personas que se negarán la oportunidad de cambiar en beneficio de una seguridad predecible. Sucede todos los días.

Ahora bien, ¿por qué no creer en esto? Qué pasaría si ese grandioso y hermoso orbe que se sienta sobre esos hombres finalmente hiciera clic y dijera: «¿Y si estoy muerto? Esta es mi oportunidad. ¿Qué haré diferente en mi vida? ¿Qué saco de todo esto? ¿Qué es lo que quiero sobre todas las cosas? Si tengo la oportunidad de vivir otra vez, ¿qué es lo que quiero? Oh, Dios mío, no quiero olvidar nunca este momento. No quiero nacer ignorante. Quiero retener este momento de alguna manera. No quiero que sea elusivo y que se esfume. No quiero perderlo en el canal de parto y no quiero perderlo en la juventud y no quiero perderlo en la imprudente adultez. ¿Cómo puedo recordar esto?».

Piensa en ello. «Este momento puede cambiar mi vida. No hay nada establecido. Es una revisión de la luz y estoy en medio de ella. ¿Cómo quiero verme en este momento?». Brilla, mi amada entidad. ¿Cómo quieres verte? Quieres verte como te ve la consciencia primaria; eso es lo que quieres. No quieres verte como te ve la consciencia cuerpo-mente, porque si lo haces regresarás de nuevo con toda seguridad. Todo está en juego; esa vida se ha acabado. «Yo sólo pensé que iba a un evento». Maravilloso pensamiento, ¿no es verdad? ¿Es real? Sólo tú sabes la respuesta. Pero si es real, es la libertad absoluta. Dios mío, ¿qué haces con un tesoro? ¿Cómo quieres ser a partir de este momento? «¿Cómo quiero verme? ¿Cómo quiero verme? ¿Cuál es el gran reflejo que debo irradiar a la observación que haré finalmente en la luz?

Ahora piensa en esto. Vas a morir. Aquellos de ustedes que son consciencia cuerpo-mente, van a morir. Vas a ir a la luz porque sabes de ella. Vas a ver este día de nuevo. ¿Por qué tu alma omitiría este día? ¿Por qué omitiría esta mañana? ¿Va a recordar todas las cosas que hiciste a puerta cerrada y a olvidarse de esta? No, lo ha registrado todo. Al igual que aquellos de ustedes que están tomando apuntes, están escribiendo las mismas palabras que está escribiendo su alma, pero el alma está poniendo asteriscos por aquí, notas al pie de página, notas del alma por allí abajo. Las notas del alma son el Observador que observa las notas siendo escritas.

Entonces, si este día va a llegar otra vez —y estás ahí de pie con tu Santo Espíritu y tu Dios, y empieza a aparecer ante ti— y has sido el gran Yo en cada repaso de esta vida desde el vientre materno, ¿por qué se omitiría este día? ¿Qué tan importante es el día de hoy? Es muy importante. ¿Por qué? Porque, ¿qué quieres decirte a ti mismo hoy? ¿Qué quieres decirte a ti mismo? Se va a repetir. ¿Qué quieres ver y oír? ¿Qué quieres?

Quiero que tomes tu papel, tu lápiz —tu instrumento de escritura. Esto no es broma. ¿Qué quieres que se recuerde hoy que ya ha ocurrido y que se está revisando ahora acerca de ti? Vamos, ¿qué quieres oír y ver? Todo se vale. Serías muy sabio si incluyeras en esto lo que has descubierto que es tu motivo ulterior y fueras capaz de decirlo. Apúntalo. ¿Cuál es y cómo te ha servido? Es importante que te recuerdes a ti mismo qué es, qué has sido, cuál es el anzuelo que te sigue trayendo de regreso aquí. Es importante que lo digas.

Dicho esto, también debes añadir, siendo totalmente impecable, si estás dispuesto a renunciar a ello. Si no es así, no importa lo que veas, no importa cuántas personas resulten heridas, no importa cuántas personas sean usadas y abusadas, no importa lo que hayas hecho ni lo astuto que seas, si no puedes soltarlo, estás condenado a vivirlo de nuevo. Estás condenado a revivirlo. Tienes que proclamarle en voz alta a aquello que está observando esto ahora mismo lo que debes cambiar y lo que deseas ser, y luego debe seguir el gran pronunciamiento, la gran pregunta, el gran deseo.

¿Qué tiene que ver esto con el Plano Sublime? Todo.

Las Experiencias Cercanas a la Muerte y los Ritos de Iniciación del Antiguo Egipto

Se dice que las entidades que tienen experiencias cercanas a la muerte —cuando la tienen plenamente—, que la experiencia los enriquece y los cambia maravillosamente y nunca son los que solían ser. Nunca más vuelven a ser quienes solían ser. ¿Por qué? Porque en una sola vida les dio un ataque al corazón, se ahogaron, se electrocutaron, tomaron una dosis fatal de algo, y salieron de su cuerpo y llegaron hasta la gran revisión en la luz. Algunos de ellos hicieron el repaso de su vida completo y llegaron a ver al yo desde todas las perspectivas. Llegaron a ser el yo desde todas las perspectivas excepto ese aspecto llamado Dios; ese gran ser que derramó un profundo amor incondicional. Todos dicen que estuvieron conectados a este ser y, sin embargo, este era Dios. No estaban tan avanzados como para saber que el gran ser radiante eran ellos mismos como Dios. No lo sabían, pero sospechaban que había una interconexión con todo. Llegaron a ver con quién estaban casados, a sus hijos, sus problemas, sus cuestiones de éxito y fracaso, sus prejuicios, sus motivos ulteriores.

¿Qué tan grande es el motivo ulterior de alguien que quiere suicidarse? Las personas que se quitan la vida lo hacen para vengarse de otras personas. Esa es su forma de represalia —lo es—, de hacer que alguien más se arrepienta. ¿Cuál es el peor chantaje emocional que le puedes hacer pasar a alguien para que se sienta culpable? Ese es el peor chantaje emocional. Ahora bien, eso es una exageración, pero un ataque al corazón es el fracaso de vivir; es el fracaso de la expresión; es mantener unidas las cosas que deberían soltarse. Eso es, en cierta manera, un suicidio.

Llegan allí y de pronto ven todas esas cosas, y se dan cuenta del impacto que han creado en la vida de otras personas. Lo ven y de repente adquieren una gran comprensión de la importancia de la vida. En otras palabras, ellos despiertan en la revisión de la luz. Se despiertan en la revisión de la luz y es por eso que pueden regresar. Es por eso que pueden regresar y resucitar ese cadáver que yace en la mesa, esa máquina que vuelve a poner en marcha el corazón o esas sustancias químicas que se introducen en el cuerpo para generar la actividad de las ondas cerebrales. Logran volver a ese cuerpo. ¡Qué liberación! Y cuando regresan y despiertan, no son las mismas personas que, tan solo unos momentos antes, vivían en ese mismo cuerpo. Son diferentes, profundamente diferentes. Sus visiones de la vida se modifican tan drásticamente que hacen sospechar que esta no puede ser la misma persona. ¿Por qué te digo esto? Porque todo lo que ellos llegan a experimentar, a ti te toca experimentarlo hoy y esta noche en el mismo manifiesto. Tienes que saber que este día es inevitable. Debes saberlo, porque lo es.

¿Por qué es tan importante? Porque quizás ya ha sucedido. Quizás esta sea la oportunidad de ver en una revisión lo que te ha atormentado insistentemente toda tu vida. Quizás sea el día que despiertes y te des cuenta del valor de lo que obtendrás al otro lado de este día. ¿Cuál es la diferencia? Tal vez ya estés muerto. «¿No te parece que mejor espero y me preocupo por eso cuando muera?». Tal vez ya lo estés y la broma se ha vuelto en tu contra porque, verás, deberías vivir cada día conscientemente y no posponerlo. Cada día debería de ser la consciencia primaria —no la consciencia secundaria o cuerpo-mente, sino la primaria— porque eso es lo que enciende el espíritu de la secundaria todos los días. ¿Por qué crees que esto es algo que puede esperar y que puedes tratar irresponsablemente? ¿Cómo sabes lo hermosa que está a punto de ser tu vida? ¿Cómo lo sabes? ¿Qué es lo que acabas de decir para que sea recordado? Vas a estar diciéndolo esta noche. Vas a estar hablándote a ti mismo esta noche. Vas a estar hablándote a ti mismo esta noche, y será recordado y será reproducido otra vez. ¿Qué vas a querer oír?

¿Qué es lo que va a marcar la diferencia? Cuando estés haciendo una revisión en la luz, vas a decirle a tu cuerpo —vas a decirle a tu vida—: «Mira, soy tu memoria. Yo existía con anticipación al ahora. Déjame decirte lo que quiero. He estado muerto. He estado desanimado y sin inspiración. He vivido como un ser humano luchando por el éxtasis de la expresión espiritual. Lo he deseado, pero aún no lo he hecho —aún no. Recuérdame, te estoy diciendo esto. ¿Qué es lo que quiero? Quiero que este día en mi vida sea recordado como el día en que me desmoroné y renací a un cambio —un cambio fundamental y arraigado en mí». Quiero que lo recuerdes porque, ya se trate de hoy o del día siguiente, este día ya ha sucedido y seguramente llegará».

¿Qué quieres decir? «Espera, tienes tiempo. ¡Tú!, quiero que resucites mi cuerpo. Quiero que regreses, pero quiero que regreses con este conocimiento. No quiero nacer otra vez en otro cuerpo. Me toca expresar lo que pienso. Escúchame. Quiero otra oportunidad, pero no quiero olvidarlo. Quiero saberlo y recordarlo. Así que regresa al cuerpo y revívelo y ponme allí conscientemente alterado y cambiado. ¿Qué quiero que se altere? No quiero volver a ser un ser humano limitado. No quiero que mi valor se base en mi cuerpo. Quiero que mi valor se base en la consciencia de lo que florece desde mi interior. Ya no quiero seguir jugando. Quiero la realidad del manifiesto del gran arcano. Quiero ser el fuego vivo de un maestro. Regresa a ese cuerpo y despierta».

Nadie te ha dicho que dijeras eso. Te estoy diciendo que lo digas porque ya has muerto. Te estoy diciendo que debes ser inmortal en una encarnación. No necesitas encarnar. Solo necesitas despertarte ahora.

Y dices: «¿Cuál es el problema? No estoy entendiendo esto». ¿Sabes cuál es el problema? Es que no te has dado cuenta de lo que te ha frenado, en dónde está coagulado tu poder. Está coagulado en tus motivos ulteriores. Ahí es donde está tu verdadera pasión. La pasión es poder y si estás tratando de empezar algo nuevo y no está alineado con tu motivo ulterior, no tendrás la pasión para llevarlo a cabo. Esta tiene que ser tu pasión. Si te apasionas tanto por el día de hoy como por tu motivo ulterior, vivirás conscientemente para siempre —para siempre. Vivirás para siempre. ¿Cómo lo sé? Porque yo soy eso. Esta consciencia primaria y esta entidad aquí (consciencia secundaria) deben estar de acuerdo. El acuerdo es el Santo Espíritu y el poder del Santo Espíritu. Estos dos son lo que tú eres. Ellos vivirán de todos modos. Pero ¿qué pasa con ellos? ¿Por qué necesitamos esto? Porque no hemos terminado con esta etapa de exploración. Y la verdad es que no podemos ser esta consciencia primaria plena y ricamente hasta que la hayamos sido en esta consciencia secundaria; hasta que una refleje a la otra. Cuando lo hagas, solamente tendrás la consciencia primaria.

Ahora bien, ¿quién te va a decir —te reto a que me contestes si te atreves— que no te des prisa en cumplir ese mandato? ¿Quién te va a detener? ¿Dios y sus ángeles? Tú eres Dios y sus ángeles. ¿Quién te va a detener? La única persona que te va a detener eres tú. ¿Sabes por qué te vas a detener? Porque no crees en ello. Esa es la razón. Pero te digo que vas a menospreciar el mensaje, y este día se va a repetir de nuevo y alguien tiene que recordarte qué es lo que dices en medio de un repaso de la vida. ¿Qué es lo que dices? ¿Cuándo te despiertas en el sueño y cuándo estás al mando del sueño? Qué va a pasar cuando te digas a ti mismo —cuando te des la vuelta en la revisión de la luz y te estés mirando—: «Sé que me estás mirando ahora. Sé que me estás observando. Tú, que seguiste adelante, te estoy entregando un mensaje ahora porque me volverás a ver. Yo soy tú. Yo soy como me veo en el cuerpo. Tú me estás viendo fuera de ese cuerpo. Déjame decirte lo que quiero que hagas. Acuérdate de mí. Si soy enterrado, también será enterrada la sabiduría que has aprendido. No vas a elegir a un bebé genético que esté abierto por completo. Recuérdame a mí. Vuelve y ven por mí y trae este conocimiento contigo para que resucite a la vida en la que hoy te ordeno que me resucites». ¿Qué crees que va a pasar? La consciencia y la energía crean la naturaleza de la realidad.

¿Qué es la iniciación? ¿Qué es la resurrección? ¿Qué es la muerte resucitada y el renacimiento? ¿Para qué sirve esa iniciación? Es prepararte para que sepas cómo debes actuar. ¿Qué es El Libro de los Muertos del antiguo Egipto? El Libro de los Muertos de los egipcios sirve para enseñarle al soberano qué hacer en el momento que esté fuera de su cuerpo: qué decir, adónde ir, a quién ver, qué hacer. Está bajo el influjo de su hechizo. ¿Por qué los sacerdotes pronuncian plegarias veinticuatro horas al día, recitan esos versos, recitándolos una y otra vez? Porque ese sacerdote está en la revisión de la luz de ese soberano. Ese sacerdote está rezando por ese soberano, y ese soberano, en la revisión de la luz está escuchando al sacerdote desde el otro lado. ¿No lo entiendes? ¿Por qué es necesario rezar por las almas de los que partieron? No reces a menos que tengas algo que decirles.

¿Qué pasaría si tal mandato estuviera en manos de un hábil mediador? El Aleph, que tiene una mano en el cielo y un pie en la Tierra es el árbitro supremo, que puede alcanzar el cielo y alcanzar la Tierra. Ese es un maestro. ¿Qué pasa entonces si un maestro mediador sabe exactamente dónde llegar y encontrarte del otro lado y lo que te quiere decir? Entonces los cánticos serán oídos, y ellos cantan una y otra y otra vez viajando a través de Nut hasta llegar al final, hasta el momento de pesar el corazón, de pesar el alma sobre la balanza.[9]

Una y otra y otra vez el peso ha de corresponder al de una pluma. ¿Cuánto de lo que vea ese soberano no será tan ligero como una pluma? Bastante. ¿Qué es lo que seguirá viendo, sin embargo, cuando vea la balanza? Una pluma. ¿Cómo va a ser sopesado? Contra una pluma. ¿Quién lo está pesando? Él mismo.[10]

Todo esto está sucediendo al mismo tiempo, en el mismo momento. Entonces, ¿quién va a recitar los cánticos por ti a la hora de tu muerte? ¿Quién los recitó? ¿Quién es el mediador supremo en ese momento vulnerable? Eres tú. ¿Qué vas a decir? «Regresa aquí e ilumínate. Por el amor de Dios, desentiérrame y sigamos adelante con esto».

Y tú dices: «Ya no quiero ese cuerpo. Me dolía demasiado. Estoy tan feliz de estar libre de esta insoportable prisión». Y le vas a contestar: «Sé lo que estás pensando ahí arriba —tú te dices esto a ti mismo en la luz—; yo sé lo que estás pensando, qué bien se siente no tenerme. Te sientes tan bien porque ya no me tienes, porque no tengo dolor de cabeza ni me duele la espalda y no soy esto y no soy aquello y estoy gordo y me gusta comer. Y estás pensando que estás

---

[9] 9. La diosa egipcia Nut. Su apariencia es la de una mujer cuyo cuerpo se arquea sobre el cielo, luciendo un vestido decorado con estrellas. Nut era la Diosa del Cielo, cuyo cuerpo creaba una bóveda o un pabellón sobre la Tierra. Era la hermana/esposa de Geb, el Dios de la Tierra. Era también la madre de Isis, Osiris, Neftis y Seth. Los antiguos egipcios creían que al final del día, Nut se tragaba a Ra, el Dios Sol, y lo daba a luz otra vez a la mañana siguiente. A la luz de las enseñanzas de Ramtha, la diosa Nut representa el lugar provisional donde el alma descansa y repasa su vida después de la muerte.

[10] Ver el *Papiro de Ani*, comúnmente conocido como *El Libro de los Muertos del antiguo Egipto*, donde el corazón del individuo se sopesa contra una pluma en el juicio después de la muerte.

mucho mejor sin mí. Escúchame. Los dos estaríamos mucho mejor juntos si regresaras por mí y me hicieras como tú quieres. Hazme a la imagen y semejanza de Dios». Si lo haces, nunca tendrás que morir otra vez y nunca tendrás que reencarnar de nuevo.

LA DIOSA EGIPCIA NUT

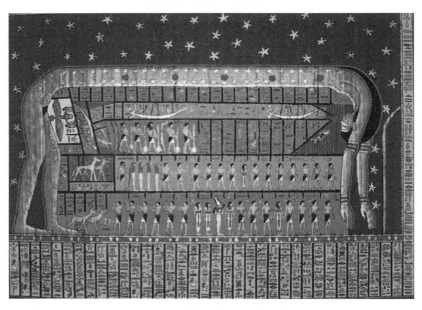

EL PAPIRO DE ANI — EL PESAJE DEL CORAZÓN CONTRA UNA PLUMA

Un día —una espléndida mañana o una maravillosa tarde—, cuando tengas la oportunidad de sentarte en una reunión de maestros, te habrás ganado el derecho a estar allí porque habrás cambiado lo suficiente, durante un tiempo, para pensar literalmente como lo hacen ellos. La enseñanza de hoy es como ellos piensan.

CAPÍTULO 7
CUANDO TE AMAS LO SUFICIENTE

«Cuando te ames lo suficiente como para regresar, entonces te unirás a un gran grupo de maestros porque vas a regresar, y ese corazón va a empezar a latir y traerás aquí memoria consciente y poder. Entonces puedes borrar la edad, puedes crear glamur, puedes volverte joven, viejo, lo que sea. Tú tienes el poder.»

— *Ramtha*

Para un Maestro No Hay Nacimiento ni Muerte; Sólo Hay Creación

Para un maestro no hay nacimiento ni muerte. Simplemente no lo hay. Eso es una ilusión. No hay nada sino la continuidad de su capacidad de soñar estados de realidad. Para poder mantener un diálogo significativo con un maestro tendrías que mantenerlo en niveles de pensamiento como este, porque ser cualquier otra cosa, contraerse y rebajarse otra vez hasta el humano egoísta, no sería una conversación atractiva para ellos. No les atraen las burbujas de jabón, no les atraen las telenovelas y no les atraen las personas volubles.

¿Cómo sería posible entonces? Por ejemplo, hoy, si esto es una revisión en la luz y estás en medio de ella y se te ha dado una poderosa orientación —y si esto tiene sentido para ti y si crees que esto realmente podría suceder—, te has acreditado un salto cuántico en la evolución. Has establecido realmente lo que ya ha sido y llegará a ser y te has dado a ti mismo instrucciones e indicaciones de lo que quieres exactamente. Esas son las cosas apropiadas que habría que ser capaz de hacer.

¿Cuántas personas van a la luz a cada momento y no saben esto? ¿Cuántas personas no podrían ni siquiera comprender que ya están muertas y que simplemente están haciendo un repaso de su vida? ¿Cuántas personas conoces que puedan comprender eso? No muchas. No es una conversación que se tenga en la peluquería o en la carnicería. No es un tema de conversación cualquiera; es un tema extraño. Y, sin embargo, todo debería hacerse como si se hiciera a la luz de toda la eternidad. No puedes demostrarme que no estás muerto —no puedes hacerlo— porque entonces tendrías que demostrar la existencia de que estás vivo, ¿y cómo lo haces?

¿Cómo conseguirías entonces reunirte con las águilas? ¿Cómo llegarías a reunirte con los maestros? ¿Qué es lo que va a producir esa realización? Ahora bien, esta es la parte que vamos a estudiar en profundidad.

Recuerda que en tu curso de principiante —que es tan inmensamente importante para empezar en esta escuela, porque sin este conocimiento estás perdido—, comenzamos con este pequeño Punto Cero, que era el hijo del Vacío, una inmensa nada materialmente y todas las cosas potencialmente, y la única manera en que puede hacer algo es crear el escenario de algo. Desde luego que no va a tener esa interacción con el Vacío, pues el Vacío no tiene parámetros en los cuales establecer fundamentalmente el escenario del tiempo. El tiempo es importante porque es lo que le permite a la energía llegar a ser una fuerza coagulada en una idea. ¿Y no es interesante que para expandirte tuvieras que contemplar yendo hacia adentro? Esa es la ley más grandiosa que ha puesto en movimiento la totalidad de la vida en todos los planos, en todos los espectros, en todos los planetas, en todos los tiempos pasados y en todos los tiempos por venir. Fue este simple concepto de la contemplación.

¿Cuál fue la razón de que tengamos estos dos, el Punto Cero y su reflejo: la consciencia primaria y la secundaria, y que entre ellos hubiera una atmósfera enrarecida como la atmósfera de la Tierra? Hay una atmósfera desde la Tierra hasta el Sol que se comparte entre los dos. Entre la consciencia primaria y la secundaria hay una atmósfera que es exactamente como la atmósfera que tienes aquí. Ahora bien, esto es lo importante que quiero que recuerdes. ¿Cómo sé que eres Dios y cómo puedes saberlo tú con certeza? Porque te separaste desde el principio y comenzaste a contribuir a la atmósfera de la vida. El intercambio de energía entre la consciencia primaria y la secundaria es una onda de energía. Podemos determinar qué frecuencia existe en qué nivel por la anatomía de la propia frecuencia

—cuán corta o larga es— y entendemos perfectamente de dónde proviene esa energía.

Por ejemplo, los superquarks, por así decirlo, taquiones transitorios que solo aparecen por breves momentos en el tiempo —que son tan breves que ni siquiera puedes registrarlos—, deben proceder de una atmósfera extraordinaria. ¿Y qué es una atmósfera extraordinaria? Recuerda esto: atmósfera es aquello que existe entre dos puntos de consciencia, y los dos únicos puntos de consciencia son la consciencia primaria y la secundaria. Un taquión es un estallido, un breve momento en el tiempo, pero proviene de un tiempo diferente, de una atmósfera diferente, y por eso es esquivo aquí abajo. Es escurridizo en esta atmósfera porque es un alienígena; pertenece a otro lugar. También te enseñé que esto es, en realidad, un pliegue y despliegue. Esto es un pliegue y despliegue desde el Vacío, desde la consciencia primaria a la consciencia secundaria. ¿Y qué sucede? Lleva en sí una intención, una consciencia, una idea, de modo que cuando colapsa tiene la inteligencia para convertirse en algo.

«¿Convertirse en algo? Espera un momento. Pensé que esta energía salía de mí».

Lo está.

«Pensé que se reflejaba en la mente de Dios».

Lo hace, pero cuando se conecta desde Dios hacia ti, y los dos están de acuerdo, entonces le das vida a la cosa.

En el principio, la atmósfera entre la primaria y la secundaria eran los hijos de la primaria y la secundaria; la atmósfera. ¿Y de qué estaba hecha la atmósfera? Estaba hecha de energía y de potenciales de partículas. ¿Quién pone la idea, la energía en movimiento? ¿Quién es el responsable de darle a la energía la noción de colapsarse y formularse en un concepto? ¿Quién lo hace? ¿Crees que eso simplemente sucede? ¿Crees que en el cielo hay una gran vasija de la cual llueven estas cosas y de la que no eres responsable? ¿Crees que alguien más es responsable? ¿Crees que esto ocurre por culpa del Sol? Eres tú. Siempre has sido tú.

Entonces, ¿qué te estoy diciendo? ¿Quién creó esta Tierra? ¿Quién creó ese árbol de allí y quién creó a los insectos? ¿Quién creó a los peces y quién creó a los gusanos? ¿Quién creó a las bacterias? ¿Quién hizo todo eso? ¿De dónde proviene esta abundancia de vida natural con inteligencia? ¡Por Dios, hasta las rocas tienen inteligencia! ¿De dónde viene la inteligencia? Solo hay dos lugares de donde podría haber venido: entre los dos puntos de consciencia primaria y secundaria.

«¿Quieres decir que una roca tiene inteligencia?».

Sí.

«Pues bien, ¿de dónde sacó la inteligencia?».

Obtuvo su inteligencia mediante una forma primitiva de polarización.

«Bien, ¿de dónde vino la polarización?».

De dos puntos de consciencia.

«¿Cuáles eran los dos puntos de consciencia?».

La consciencia primaria y la secundaria.

«Bueno, ¿qué diablos estaban haciendo?».

Estaban creando.

«¿Y qué fue lo que crearon?».

Pensamientos.

«Muy bien, ¿dónde están los pensamientos?».

Están en la roca. Nosotros somos y hemos sido la totalidad de la vida.

Yo solía contar esta maravillosa historia en los días de los Diálogos, una maravillosa historia sobre lo que fue y cómo creamos a las flores, cómo creamos a los animales, a los insectos y cómo la relación simbiótica era solamente un reflejo de la relación simbiótica que nosotros compartíamos como poderosos creadores divinos. Esta vida simplemente brotaba de nosotros porque cada vez que teníamos un pensamiento, ese pensamiento era automático. No teníamos que pensar en hacer una roca; la roca simplemente salía de nuestra cabeza. Era el resultado de nuestro movimiento. Cuando nosotros, como consciencia primaria y secundaria, nos separamos, comenzamos a coagular cosas. ¿Qué son estas cosas? Son esos pensamientos inteligentes que nacieron de un modo divino cuando nos volvimos analógicos.

¿Adónde crees que van los pensamientos analógicos? ¿Crees que simplemente tenemos una copulación de la consciencia primaria y la secundaria y que eso es todo? ¿Crees que todos nos sentimos estupendamente y nos separamos y somos amigos para siempre? Bueno, ¿qué pasa con esa unión analógica? ¿Cuál es la reacción de esa unión analógica? Una atmósfera. Y la atmósfera es la coagulación de la unión analógica.

Nosotros creamos este plano de existencia. ¿Cómo lo hicimos? Mediante este proceso, esta unión analógica, y cada vez que lo hacíamos, algo sucedía. La atmósfera se volvía más densa, las cosas empezaban a coagularse, los pensamientos y las ideas comenzaban a tomar forma. ¿Qué era una forma? Nunca antes habíamos visto una forma. No sabíamos lo que era la forma. Esta era una reacción de una intención que nos era natural. El fenómeno que se produjo se hizo en realidad. Eso no lo sabíamos; nadie nos lo dijo. Era la forma en que el tiempo funcionaba en la energía, y es exactamente adonde iban los pensamientos y las ideas con el tiempo. Simplemente brotaban de una fuente analógica, y nosotros éramos eso.

Estoy tratando de decirte que al descender por esta escalera de involución dejamos esos vastos continentes de entornos hermosos y prístinos. Piensa nada más en lo prístinos que deben ser, pues esas fueron las eras de la inocencia —las eras de la divinidad verdadera y pura. Esos planos deben ser indescriptibles y lo son. ¿Y de dónde vino este lugar? De lo indescriptible. Cada vez que afectamos la energía, cada vez que nos separamos en el curso primario de la involución, comenzamos a afectar a todos los planos con nuestras ideas. Quedaron impregnados.

¿De dónde surgió la Tierra? ¿De dónde surgieron cualquiera de los planetas? ¿De dónde surgieron los agujeros negros y los agujeros blancos, esos túneles cuánticos de gas y masa potenciales que se despliegan y se repliegan? Surgieron de la mente analógica y de la inteligencia de todos ustedes que están aquí y de todos los que no están, y de todos aquellos que son visibles e invisibles, de todos aquellos que viven en otras dimensiones, en otros planetas, en otras galaxias, en otras formas y en otros estratos. Surgió de todos ustedes. ¿Deberíamos considerar, entonces, que estamos en este descenso, en una caída? Debido a que somos una multitud, ¿deberíamos considerarnos una chispa o un fuego incontenible? Somos un fuego incontenible. Nunca te consideres una chispa; eso simplemente no basta. Yo nunca me consideraría una chispa. Soy un fuego incontenible y eso es lo que tú eres. ¿Cómo lo sé? Porque solamente puedes habitar el medio ambiente al que le diste inteligencia analógica. No puedes habitar un medio ambiente al que no has contribuido. Siempre estás donde estás y donde deberías estar.

Aún no se te ha ocurrido —y estoy muy deseoso de abrir tu mente porque esto debería ser muy impactante— que la única razón por la que estás en esta encarnación terrícola es porque es el único lugar al que has contribuido. ¿A dónde más vas a ir después del Plano Sublime? ¿Crees que vas a ir a Venus? ¿Crees que vas a ir al vigésimo tercer universo? Mi gran escuela en el vigésimo tercer universo está produciendo seres extraordinarios, y ellos estuvieron en la marcha contigo hace mucho tiempo. ¿Cómo es que han llegado allí y no están aquí? Porque creyeron en la historia que les dejé. Creyeron en la historia que les conté durante los ciento veinte días de comunión. En esa historia te conté a dónde fui: un lugar insondable y de una belleza irresistible. Y aquellos que pudieron entender, lo entendieron. Contribuyeron a ese lugar porque allí estaba su anhelo, su verdadera pasión. ¿Sabes ahora dónde está tu pasión y sabes por qué estás aquí? Porque es el único lugar al que has contribuido.

Esas personas fueron al vigésimo tercer universo porque soñaron un sueño apasionado de seguirme, y fueron allí. Solían ser criaturas de este mundo, pero ahora están en otro lugar. Y también han tenido repasos de la vida. Ellos ya saben lo que acabo de enseñarte, y no fue mucho tiempo después cuando surgieron verdaderos maestros y entre ellos había mujeres. Ellos lo entendieron; lo comprendieron; lo captaron. Estaba allí para que lo tomaran y nunca lo dejaron ir. Batallaron con Dios hasta que lo lograron. Eran guerreros, así que estaba bien que hicieran eso. Eran un ejército en marcha. Ellos entendieron el asedio y no se dieron por vencidos, así que se aferraron al concepto y lo conquistaron.

Si es que sólo llegas a donde perteneces, entonces échale ahora un vistazo a tu vida. Tómate un momento y mírala. Ya no puedes ser víctima de nada ni de nadie en tu entorno. Te mereces exactamente a quienes tienes; te los mereces. Te mereces exactamente lo que tienes en tu vida. No mereces ni más ni menos. Tienes exactamente lo que eres digno de tener y a lo que has contribuido. Sólo vas a tener esas oportunidades en tu vida porque ellas son lo único a lo que has contribuido. Y puede que ni siquiera las consigas porque en algún punto no las creíste hasta hacerlas realidad, pues has estado muy ocupado tratando los asuntos de lo físico aquí. Nunca puedes ir a donde no perteneces. Nunca sucederá. Eso va en contra de la ley de la consciencia primaria y la secundaria que crean la naturaleza de la realidad.

Ahora bien, tú has creado todo el medio ambiente en el que te encuentras. ¿Y qué hay del humilde gusano? ¿Cómo crees que el gusano obtuvo inteligencia? La inteligencia habla entonces de un alma. ¿Tiene alma un gusano? Sí. ¿Cómo consiguió el alma? Cuando tú te convertiste en él. ¿De dónde obtiene un gusano su inteligencia? Sí, es una criatura notable que funciona por medio de su instinto, pero ¿qué hemos llegado a aprender acerca del instinto? El instinto era una sensibilidad que creció hasta convertirse en una memoria genética e instintiva. Eso entonces crea un ser sensible. El ser sensible tiene entonces inteligencia, y donde hay una señal de inteligencia, hay un alma notable según esa inteligencia —pequeña, insignificante; sí, pero inteligencia aún así. ¿De dónde la consiguió? Si solamente existía la consciencia primaria y la secundaria, ¿de dónde vino? De ti.

¿Cómo se les dio vida? De manera fortuita, por medio de ideas creativas incidentales —de ideas. Lo único que tuviste que hacer fue tener la idea. ¿Tuviste que encender los motores de la evolución genética? No, lo único que tuviste que hacer fue tener la idea. Verás, así es como funciona también en el Plano Sublime; ese lugar extraordinario que está desconectado de lo físico. Todo aparece inmediatamente tal como tú deseas que sea. ¿Y puedes decir que es real? ¿A qué llamas real? ¿Cuál es el factor determinante de la realidad? ¿La puedes tocar, oler, sentir? Por supuesto. Quieres que sea real, ¿no es verdad? Pues bien, ve y zambúllete en el lago, en el lago de la tranquilidad, y fíjate si hay peces allí; los habrá. Y fíjate si te mojas; te mojarás. Fíjate si puedes beber el agua; podrás beberla. Fíjate si puedes salir del agua y calentarte en la hierba con el sol radiante. ¿Sentirás el calor? Sí, sentirás el calor. Entonces, ¿es eso real? ¿Es esto real? ¿Dónde estás? ¿No empiezas a preguntarte eso ahora? «¿Dónde diablos estoy? ¿Qué estoy haciendo aquí? ¿Quién soy? Ya ni siquiera lo sé». Es así como se supone que debes pensar.

Es así como se forma un gran iniciado. «Ya no sé dónde estoy. No sé lo que es real, así que voy a actuar como si ahora todo fuera un asunto serio».

Esta es la verdad. La verdad es que el entorno en el que existes es aquel al que has contribuido. Toda la naturaleza que te rodea es un reflejo de ti porque en algún momento le hiciste una visita. ¿No es eso hermoso? Es como si la vida saliera a borbotones por nuestros costados. De nuestra mente brotan ideas con las que ni siquiera tenemos que hacer nada; son las que dictan las leyes al mundo atómico. ¿Y de dónde obtiene el mundo atómico su inteligencia? De nosotros, que lo hemos creado como atmósfera. Yo te digo que es así, y es constante en todo el camino de regreso hacia su Punto Cero.

Ahora bien, quiero que pienses en esto. Si tienes lo que te mereces a causa de lo que piensas, entonces cuando estés hablando contigo mismo en el recuerdo en esta revisión de la luz, hay algo que vas a tener que acordarte de decir: «Mi pasión: tú vas a hacer que mi pasión sea la pasión por lo desconocido. Quiero pertenecer al abismo. Quiero ser parte de los potenciales. Quiero existir en un entorno donde las ideas se empiecen a manifestar como gotas de lluvia a mi alrededor. Quiero eso porque el entorno del que vengo ya está fijo y coagulado. Quiero un entorno nuevo».

La manera de llegar a compartir una cena con maestros es que tienes que pensar como ellos. Cuando empiezas a hablar de un concepto tan elevado y luego te preguntas si lo es o no, ¿cómo vas a convencerte a ti mismo? Nunca lo harás. Pero este día se verá de nuevo, eso es seguro. Lo que quiero dejarte grabado, quizás, es que cuando empiezas a reflexionar sobre estas cosas en la contemplación, algo maravilloso comienza a suceder. En la contemplación te estás convirtiendo en la mente analógica, en la unión analógica.

Veamos esto desde el punto de vista de mis enseñanzas iniciales. Estás aquí abajo en el primer plano viviendo en el cuerpo carnal hertziano. Los pensamientos que estamos teniendo hoy están reservados para las grandes mentes que normalmente existen en el quinto y sexto planos. Eso quiere decir que, sin duda alguna, no estarías teniendo esta conversación basándote en los tres primeros sellos, y puede que la tengas en el cuarto sello, pero lo más probable es que este tipo de conversación suceda en el quinto sello y en el que se encuentra en la base de tu cabeza; el sexto sello. Si contemplas por qué ocurre en estos sellos, te resultará evidente.

Esto es lo que quiero que entiendas. Si tienes esa conversación, entonces realmente ya estás empezando a pensar en el quinto plano. Cuando piensas como lo hemos hecho hoy, ese es el tiempo que lleva volverse analógico en contraste con tratar de hacer que ese péndulo se detenga aquí mismo en el Ahora. Eso es un lío. Estás justo en el sexto plano, el quinto plano —así de cerca. ¿Qué te aporta eso? Eso te trae directamente a una atmósfera enrarecida otra vez. En la consciencia primaria y en la secundaria no te importa el cuerpo porque esto no es una conversación corporal; es una conversación de Dios-espíritu-alma y estás justo en el quinto plano. Cuando estás allí, eres llevado a una atmósfera sublime. ¿Cuántos de ustedes sintieron hoy esa atmósfera en esta habitación? ¿No empezaste a saber algo? ¿Cuántos de ustedes estuvieron de repente a punto de comprender lo que estaba diciendo? Esa es la atmósfera y cuando empiezas a introducirte en ella, se sobrecarga.

Si aprendes a permanecer en esa atmósfera durante un tiempo, inevitablemente vas a pasar a la mente analógica. Y si lo haces, entonces te estarás moviendo hacia una realidad muy cambiada. No va a ser extraño que en un momento en el que estés hablando, de pronto entres en un túnel. Lo verás, mirarás a tu alrededor y no serás capaz de ver con tu visión periférica; se nublará. Mirarás directamente a la niebla y dirás: «Algo raro le pasa a mis ojos». No, te estás yendo. Estás entrando a una realidad menos densa. Puedes regresar a esta frotándote los ojos e insistiendo en estar de vuelta aquí y se aclarará. «Vaya, me alegro de que se me haya pasado. Por un momento pensé que algo andaba mal». Quieres quedarte allí, porque entonces comenzarás a ver destellos de luces azules y doradas muy brillantes y resplandecientes. Cuando los veas, estarás en una atmósfera enrarecida. Estarás en el quinto nivel. Estarás en un lugar donde la atmósfera que sale de tu mente va a empezar a manifestarse. Lo anormal comenzará a suceder como algo normal. Es entonces cuando el maestro saldrá de la niebla, pues ya está allí.

En este lugar de consciencia es donde también hacemos la Gran Obra, la verdadera Gran Obra, y donde impregnamos nuestra vida con la atmósfera. Tenemos que vivir en esta atmósfera, esta energía, con ideas a todo nuestro alrededor que simplemente se desprenden de nosotros. Lo único que tenemos que hacer es estar en ella, permanecer en ella. Las manifestaciones saldrán de nosotros como el sudor y, sin embargo, con cada gota de sudor hay un entendimiento. Hay una sustancia preciosa y acuosa que es el pensamiento coagulado, que es una aventura; algo fantástico y maravilloso. Así es como llegamos a un nuevo estrato. La gente dice: «Bueno, ¿cómo se hace esto? ¿Cómo lo aplicas?». Simplemente hay que regresar al principio: la consciencia y la energía crean la realidad. Si puedes hacer la pregunta, si puedes suplicar por un conocimiento mayor, te mereces vivir en ese conocimiento.

En la luz, si puedes disentir con el *statu quo* de la existencia mundana y poner fin a todo el espectáculo y pedir una reorganización e insistir en esa reorganización, en medio de eso, entonces, la luz y todo lo demás desaparecerá y la nueva vida aparecerá como si fuera un sueño y tú serás transformado, pero recordarás el sueño. Y te preguntarás: «¿Estaba soñando o es este el sueño? ¿Dónde estoy? ¿Quién soy? ¿Qué papel estoy representando aquí? ¿Cómo he producido esto?». Y con ese tipo de mente, comenzamos entonces la verdadera evolución.

Eso también dice entonces que todo —las cosas— tiene un linaje que se remonta a la consciencia primaria. Todo tiene una historia que se remonta a ese momento trascendental. En otras palabras, tal vez el alquimista sepa más de lo que pudiera parecer a simple vista. Quizás el alquimista esté intentando volver a los orígenes para capturar la atmósfera y, quizás, la piedra filosofal sea la atmósfera capturada del séptimo plano. Y si lo es, si se induce en el cuerpo electromagnético, elevará ese cuerpo vertiginosamente hasta convertirlo nuevamente en un ser del séptimo nivel y lo conservará para siempre. Después de todo, ¿no deberías ser tú la Materia Prima?

Quiero que te enfoques en lo que le dijiste y le escribiste hoy a tu Dios, una y otra y otra vez, y que te vayas a dormir repitiendo esa Lista.[11] En otras palabras, vas a empezar a distorsionar la realidad. En algún momento, cuando estés acostado, vas a tener que rendirte y simplemente decir: «Tal vez estoy muerto. Tal vez lo esté realmente. Entonces, ¿qué necesito hacer? ¿Qué necesito hacer aquí para remediar la situación?». Y cuando realmente lo creas y comiences a decir esto, a hablar directamente contigo mismo, ¿qué querrás decir? Porque de una forma u otra ese discurso va a ser visto nuevamente en la luz; ya lo ha sido y aún está por suceder. Si te entregas totalmente a la idea de que tal vez ya haya sucedido, quizás, con tal fortaleza, intención, voluntad y fuerza, mañana por la mañana puedas despertarte y nacer de nuevo. Que así sea.

---

[11] Consulte en el Glosario *La Lista* y *Sueño Crepuscular/Estado de vigilia (Twilight®)*.

Nuestro Corazón Sopesado Contra una Pluma

Oh Dios mío,
mis días se alargan,
mi alma se enciende en llamas,
porque estoy consumiendo
mi pasada regresión.
Mi alma
florece.
Brilla para siempre,
para que aquello que soy
crezca eternamente
y se convierta en la luz
del mundo.
Oh Dios mío,
mis días se alargan,
mi Espíritu nace
por siempre
para siempre
jamás.
Que así sea.
Por la vida.

Todo lo que haces, cada pensamiento que tienes, debería ser sopesado a la luz de toda la eternidad. Cada pensamiento, cada sentimiento, debería ser sopesado contra una pluma. ¿Por qué? Porque el alma se sitúa justo aquí en el pecho. ¿Por qué crees que el corazón está desplazado hacia el lado izquierdo del tórax? Allí hay una cavidad y una glándula muy poderosa; el timo. Allí es donde está situada el alma. ¿Cuántas veces has pensado en algo y has tenido una reacción allí? Es interesante intentar explicarlo, porque si alguna vez has analizado la reacción, cuando sientes un sentimiento en ese sitio es el mismo sentimiento, ya sea culpa, vergüenza, miedo, incertidumbre o indecisión. Piénsalo. Recuerda esta sensación que has tenido en tu pecho. Se sintió igual cuando tenías miedo; cuando te sentiste culpable; cuando estabas avergonzado o te sentías mal. Es el mismo sentimiento. ¿Quién determina el estado emocional de este sentimiento? Lo haces tú.

Cuando vas en contra de esto al pensar en algo, lo que realmente sientes en tu pecho es lo que construiste en el Plano Sublime. En el Plano Sublime estás examinando una vida desde el gran Yo, desde el Dios, el Santo Espíritu, el alma, la personalidad. La estás viendo desde todas las diferentes perspectivas. Y en la visión total te conviertes en las heridas que ocasionaste a otros porque, de pronto, sientes la injusticia que le has hecho a otra persona. Lo sientes. Sientes el dolor que infliges a los demás. Lo sientes primero como el yo, que se siente totalmente justificado en lo que está haciendo, pero también percibe el sentimiento del alma en el momento en que lo hace. Su cerebro está luchando con su alma —o corazón, como se le solía llamar—, y entonces inflige el castigo. Cuando lo hace, entonces se siente justificado. De modo que el yo está viendo eso en la revisión de la luz. Entonces el Dios siente la reacción de ello porque tú creas la realidad. Tu trabajo es crear la realidad. ¿Cuál fue la intención y qué entregó y añadió la intención a la recompensa de la experiencia? Llegas a sentir eso, así que de repente sientes lo que le sucedió a la otra persona. Sientes lo que has hecho.

En esa revisión el alma ha registrado eso y así, de toda la revisión en la luz te llevas una colección de sentimientos, ideas de energía sutil, intenciones, y tienes que agarrar esa bolsa y echarle un vistazo. Lo que le haces a los demás, te lo haces a ti mismo. Le echas un vistazo y todo eso queda grabado, y sales de la experiencia con una bolsa de regalos muy surtida, porque también ves lo que le haces a los demás. Ves tus pensamientos. Cuando eliges la bondad, la compasión y la comprensión por sobre la naturaleza rebelde del ser humano, cuando eliges ser todas las partes y suscitas la bondad — suscitas la comprensión de acuerdo a tu capacidad de comprensión—, puedes decirle a otro individuo: «Yo no entiendo a fondo tu experiencia, pero entiendo parte de ella y entiendo mi parte en ella. Comprendo lo que he contribuido aquí. Ahora, en la claridad de mi ser, podría haberlo hecho mejor. Elegí no hacerlo. Pero no comprendo el pleno impacto de lo que te está pasando porque eso es íntimo y personal. Ese es tu camino y así lo has establecido en el Plano Sublime. Déjame corregir mi parte en él; no por ti, sino por mí».

Cuando ofreces comprensión puedes ser sincero y decir: «No puedo decir y admitir completamente que sé lo que es caminar en tus zapatos. Sí tengo la sabiduría de algunas cosas que he observado en ti y de las que me he adueñado». Pero tienes que adueñarte de ellas para ver los colores que yo veo; de otro modo, no tendrá sentido para ti. Esas son oportunidades. Cuando haces eso en la vida, cuando incitas esos actos de bondad desinteresados —porque puedes hacer cosas que en la superficie parecen ser desinteresadas—, siempre tienes que revisar el motivo ulterior, pues eso es contra lo que vas a ser sopesado. Así es como eres visto al final, y ese es el punto donde quieres ser más claro. Cada vez que te has esforzado y has ayudado y has sido bondadoso sin ningún pensamiento de recompensa —ninguno, esa es su propia recompensa—, cada vez que eres paciente, cada vez que eres fuerte cuando te sientes débil, todo eso también se ve y se pesa. Sales de la experiencia un poco magullado, pero, por otra parte, sintiéndote bien, ya que tu vida se cumplió en cierta medida al hacer mejor la vida para otros porque la hiciste mejor para ti. Verás, lo que tienes que llegar a entender es que todo vuelve al creador supremo, y el creador supremo de cada vida individual eres tú. ¿Por qué? Porque tú eres a quien se le da la autoridad del libre albedrío y de la intención, y puedes usarla de cualquier modo que consideres apropiado, sin el bien ni el mal.

¿Qué es ese dolor por el que sufres? Lo que te hace daño es el dolor que le causas a los demás. Tu sufrimiento no se trata de nadie más; se trata de tu sufrimiento. Es lo que te has hecho a ti mismo. Desde esa perspectiva, todo se sopesa. Y esa bondad desinteresada no pesa más que la intención interesada de destruir, de difamar o de herir con tal de sobrevivir. Tantas vidas se viven injustamente ya que se viven en aras de la supervivencia en lugar de la Divinidad misma. Y así, en aquello que haces en cada vida, pesan más las faltas que la perfección, por eso sigues regresando cada vida. Sigues yendo allí, revisas, regresas, y empiezas a construir hasta que un día inclinas la balanza donde la bondad excepcional en ti pese más que esas faltas. Trabajas para eso; para pulirte. Ahora bien, ¿por qué? Podrías ir a cualquier otro lugar, ¿correcto? Pues, sí. En la totalidad del Vacío y, de hecho, en la totalidad del reino de los cielos puedes ir a cualquier otro lugar. Pero este es el punto que tienes que entender: solo puedes hacer lo que sabes. Solamente puedes ir al lugar que conoces y a lo que estás apegado. Y todo el mundo está apegado a la imperfección, a querer perfeccionarla. ¿Y por qué motivo? Para ser libres. ¿Por qué quieres la libertad? Porque quieres conquistar este plano y conquistar las actitudes rapaces que parecen acompañar a la cultura. Quieres conquistarlas hasta que no haya ninguna en tu interior porque tienes una misión: hacer conocido lo desconocido. En otras palabras, eres un explorador en el Vacío. Eres un viajero hacia el Infinito Desconocido.

¿Sobre qué tipo de Dios te estaría enseñando si el único fin que pudieras verle a esta vida fuera una vida vivida como gente común en una situación mundana que no ofreciera ningún reto, que no tuviera adversidad ni tuviera crecimiento, donde cada vecino está tratando de proteger lo suyo? ¿Qué clase de Dios te daría una vida así? Es decir, ¿es ese el pináculo más alto del logro de una vida? No. Y todo el mundo ya ha vivido eso. El pináculo más alto es afrontar en la vida la adversidad a la que eres vulnerable y, en verdad, hacerlo sin demoras porque no quieres estar apegado a ella. Si estás apegado a ella por cualquier tipo de prejuicio, te encontrarás atado en el momento de ser sopesado en la luz.

El regalo excepcional es esta enseñanza. Es muy profunda. Te sugiere que en este momento sabes que te estás viendo a ti mismo, y si no es en este momento, ese momento va a llegar. Entonces, ¿cómo quieres verlo? Porque esto es una parada de autobús, una estación de tren. Podría ser absolutamente posible que así fuera, pues, ¿qué prueba tienes de que no lo sea? ¿Y no tienes aspiraciones mayores en la vida? ¿Qué hay de todos esos sueños que han ido y venido fugazmente y que no han llegado a experimentarse? ¿Cómo los consigues? Haciendo un espacio para ellos en tu vida. ¿Cómo lo haces? Desbloqueando tu vida y siendo tan claro que puedas considerar una idea y esta se manifieste sin quedarse atascada en las tuberías de la mente.

Te digo que pienses cada pensamiento como si pudiera escribirse a lo ancho del cielo para que todo el mundo lo vea. Piensa cada pensamiento de modo que en cien mil años o en cien años o en cinco, le darías la bienvenida de regreso a ese pensamiento porque vino de un estado de honor. Hay grados de evolución y todo lo que hagas, recuerda de considerar hacerlo a la luz de toda la eternidad. ¿Qué clase de venganza, mezquina venganza, vale diez mil vidas reencarnadas? Me atrevo a decir que el costo es simplemente demasiado elevado, ¿y quién vale realmente tanto? Nadie. No hay nadie por quien valga la pena perder la evolución. Ese es el tren al que quiero que te subas.

Ahora bien, lo que sucede en la revisión de la luz, cuando todo está dicho y hecho, es que se te despoja de las emociones. La luz las alimenta porque son emociones polarizadas. Los señores de la luz se alimentan de sentimientos polarizados —de energía polarizada— porque la luz es eso, y tú estás despojado de ellos. Se te permite ir a descansar y a contemplar, y se te da exactamente el lugar más exquisito que pudieras soñar para hacer tal contemplación. Y en ese descanso cuentas con miles de años —que pueden parecer una tarde—, miles de años para recapacitar, para sanar, para madurar y prepararte para regresar.

El Pensamiento Común Es Lo Que Crea Nuestra Vida Diaria

Ahora bien, ¿funciona la consciencia y la energía del Plano Sublime en el plano de la Tierra? Por supuesto que sí. En la contemplación en el lago de la tranquilidad, mientras contemplas y observas, mientras te conviertes notable y osadamente en la totalidad del Yo en cualquier situación, también llegas a ser eso en cada deseo. No es simplemente un lugar donde contemplas las malas acciones de tu vida. Es un lugar donde contemplas los sueños de tu vida, y allí puedes tener largos sueños —largos sueños— que a menudo son los más sanadores de todos. Los sueños pueden llegar a ser tan apasionados —en el Plano Sublime apasionado quiere decir analógico— que se vuelven tan analógicos y tan impactantes que la totalidad del ser está allí y se transforma en medio del sueño mismo.

232

Y allí pueden soñar sueños, y tú has hecho lo mismo, sobre todo cuando algo te dice que puedes hacerlo.

Como resultado de soñarlo en el Plano Sublime, cuando la totalidad del yo se empodera y concibe analógicamente un mundo, una vida, una experiencia, no es cuestión de que te enfoques allí como si fuera una disciplina, sino que realmente eres eso. No importa lo que hagas, estás en un estado de concentración que es muy profundo y tan fácil porque ese es el estado natural en el Plano Sublime. No tienes un cuerpo físico tironeándote para que te ocupes de él, a menos que hayas estado tan interesado en lo físico que la idea del yo no pueda entenderse a menos que se encuentre dentro de un cuerpo. Pero, por lo general, estás absorto en tu cuerpo espiritual; un cuerpo hermoso y exquisito que no tironea de ti. No tienes problemas corporales. Naturalmente, lo que sucede en un estado en el que el yo está en contemplación o en un sueño es que está totalmente en un sueño, y no hay nada tironeando —nada. Ese es el estado en el Plano Sublime. ¿Qué tan poderoso es esto? Cuando vienes a la escuela y aprendes, y luego me empeño y te suplico que continúes con eso en tu vida, estoy tratando de que aceptes un estado de enfoque y que protejas sumamente bien el estado de enfoque, porque lo que sea que se sitúe allí como pensamiento común es la realidad.

Cambiar los motivos ulteriores en cada uno de ustedes intencionalmente ayuda a alterar dramáticamente la anatomía del pensamiento común, porque si eres una persona infeliz por dentro, tus pensamientos comunes seguirán reflejando eso. Simplemente siguen apareciendo en tu vida. Ahora bien, quiero que escuches esos pensamientos porque la semilla de su florecimiento es el motivo ulterior. Si eres una persona vengativa y tienes odio en tu corazón, eso es una semilla y de ella florece el pensamiento común. Entonces un intercambio cotidiano tiene la oportunidad de ser el florecimiento de una vida. Aquí tienes, literalmente, un florecimiento de veneno. Ese es el jardín. Esa es la consciencia que está floreciendo en algunos de ustedes. Bien, ese pensamiento común es la realidad. La idea es que si pudieras abrir tu pecho, arrancar toda la basura que hay en él, lustrar esa estantería y colocar allí algo hermoso y brillante que se convierta en el motivo ulterior, entonces el florecimiento del pensamiento común a partir de eso asegurará que tengas una vida mágica y una vida dulce, una vida que está empoderada, que es una con la naturaleza en lugar de guerrear contra ella, una vida que permite que el sueño se haga realidad rápidamente. Ya sabes, es la forma en que te sientes ligero en el cuerpo, y no pesado en el cuerpo.

En el Plano Sublime, tu motivo ulterior no está enterrado —está en la superficie— y a partir de eso surge un florecimiento en los sueños prolongados. Aquellos que tienen los excepcionales sueños del futuro son tan analógicos y llevan tanto tiempo en ese estado, que cuando encarnan parecen tener una motivación totalmente diferente. No son normales de la forma que lo son otras personas. Lo que es interesante para otras personas puede interesarles levemente por momentos, pero empiezas a ver que el impulso de este individuo es muy diferente, marginalmente diferente al de las personas que no regresan con grandes sueños. Esto se convierte en su motivo ulterior, incluso desde niños, y ese motivo empieza a edificarse en su vida. Y puede que acumulen óxido y formen costras simplemente por las experiencias horrorosas de la sociedad y la cultura, pero, por lo general, el sueño del Plano Sublime —el deseo del Plano Sublime— está tan integrado que permanece justo debajo de la superficie. Y todo el pensamiento común que proviene de él, aunque esté manchado por la corrosión de la superficie, es generalmente mucho más poderoso. Estas vidas van a ser vidas significativas, porque el motivo ulterior en ellas está lleno de significado —de mucho significado. Velo como una meta innata que se ha establecido.

Cuando no sueñas esos sueños y regresas con tu revoltijo de cosas de las que te tienes que ocupar, entonces esos son los motivos ulteriores que se alojan dentro de ti. Si anteriormente fuiste una entidad cruel, vas a regresar como eso mismo una vez más para que en tu crueldad tengas una oportunidad de anularla y darle la vuelta. Vas a tener en tu vida exactamente la misma clase de individuos que tuviste en la anterior, porque ellos, que también están tratando de aprender, son necesarios para que ocurra un intercambio. Todo en la vida de uno es una oportunidad para elevarse, es una oportunidad para evolucionar, para cambiar.

Ahora el alma: sientes el alma aquí en tu pecho. ¿Por qué te envía esos mensajes? Porque lo que depositas en el alma portadora cuando regresas es el plan de vida para esta existencia. Cuando terminas tu contemplación, ese plan de vida dice: «Voy a hacerlo mejor». Pero cuando surja la oportunidad y vuelvas a caer en los patrones del pasado, recuerda que la basura puede pesar más que lo significativo. Tienes mucha basura allí dentro. Si vuelves a caer en eso y dices: «Bueno, yo soy así», eso es honorable. Pero ahora, ¿no sería honorable decir: «Esta es mi oportunidad para cambiar eso en mí? ¿Quiero o no quiero evolucionar? ¿Quiero crecer o no? ¿Quiero participar en una vida en la que ya no tenga que trabajar tan arduamente, en la que haya establecido las buenas obras de esta vida para que algún día pueda regresar y tener claridad y estar tan desapegado y, a la vez, ser poderoso? Si no he acabado aquí, no puedo ir a ningún otro lugar porque mis asuntos están aquí. Soy demasiado primitivo como para ir a cualquier otro lugar y demasiado avanzado como para ir a algún otro lugar. Estoy atrapado justo donde lo creé». Sí, en algún momento tienes que decidirte a hacer el trabajo.

Cuando vas en contra de eso, sientes este dolor justo en tu pecho. Si lo has sentido, deberías prestarle atención. Deberías prestarle atención siempre porque este es un registro que estableciste en el Plano Sublime. Ir en contra de él es tener que repetirlo. ¿Cuándo te cansas de hacer eso? En algún momento tienes que tomar la iniciativa, hacer la guerra y conquistarlo; tomar el toro por los cuernos, afilar tu espada y marchar. Y no me importa, es una lección de humildad y la grandeza viene de la humildad. Las personas humildes son atrevidamente audaces; son ostentosas. Cuando vives de acuerdo a esto, cuando sientes miedo en el pecho —recuerda que los sentimientos son todos iguales—, ¿quién determina lo que es? Lo haces tú. ¿A qué le temes? Siempre tienes que hacerte esa pregunta: «¿Por qué tengo miedo? ¿Le tengo miedo a esta confrontación? ¿Me da miedo ser sincero? ¿Qué es este miedo que estoy sintiendo aquí? ¿O acaso estoy malinterpretando lo que siento aquí?». La mayoría de las veces sí, porque a la mayoría de las personas no le gusta lidiar con su propia consciencia. Por eso tienes que tener la totalidad del yo en la revisión de la luz, porque presenciarla desde el yo de la personalidad es doloroso y es difícil. Esa es la razón por la que el Observador esta allí, el Espíritu Santo está allí, para que se pueda cambiar con absoluto amor y apoyo para que lo que se vea no resulte aterrador. Tu mayor miedo es hacer contacto con tu consciencia, y lo evitas. Eso es lo que sucede.

Has regresado y vas a regresar con una bolsa llena de regalos. Muchos de ellos no son para nada bonitos, pero muchos otros son exquisitos. Eres hermoso y lo sabes, y hay partes de ti que aman lo que eres. Quizás tu miseria pese más que todo, pero busca un pequeño detalle. Aférrate a ello todos los días y di: «Amo esto de mí mismo». Ya sabes, eso es ver el buen propósito de esto. También tienes que poner una sonrisa en tu rostro y decir: «Lo que es tan maravilloso de esto —de estos problemas que tengo en mi vida y esta personalidad que tengo con la cual es tan difícil convivir—, es que yo sé eso acerca de mí. Pero lo que celebro es que soy tan poderoso que me hice así, y eso es reconfortante porque realmente estoy en camino de darle la vuelta. Sé que tuve el poder de ponerlo ahí. Sé que tengo el poder de borrarlo». ¿Ves? Y quizás esa sea la única pequeña cosa que puedas encontrar que brilla en ti, pero con eso basta.

Hay otros de ustedes que van a tener un montón de bondad, un grandísimo margen de alegría —un gran margen. Esa alegría es la efervescencia natural de alguien que ha conquistado, ¿sabes? Y en su vida hay más de esa alegría que de depresión. Estas personas han salido victoriosas. Y esa maestría no tiene nada que ver con dominar a otras personas; tiene que ver con nosotros mismos. Ellos tienen un estado natural de alegría que es un poco desconcertante, porque casi da mucho coraje el que realmente no estén interesados en tus problemas. No lo están; realmente no lo están. Y eso simplemente te saca de quicio. Te saca de quicio porque quieres que la gente sienta lástima por ti; y a los que no lo hacen, no vas a ocuparte de complacerlos. Tú quieres el grupo de «los, pobre de mí». Mira a tu alrededor. Si tú eres «un pobre de mí», mira a tu alrededor; ellos también lo son.

La alegría es una liberación y también es sabiduría, y eso es lo que obtienes cuando te amas lo suficiente como para afrontar tus dificultades. Esperar que alguien más lo haga por ti no tiene sentido. Yo, como tu Profesor, no te haré feliz. Estoy aquí para decirte lo que eres —y a ti te toca elegir a partir de ahí— y para darte un conocimiento excelente que puedas empezar a integrar, para darte esperanza y para seguir recordándote que aquí estoy hablando con Dioses. Estoy hablando con inmortales que son tan poderosos que pueden llegar a creer en la muerte eterna. Así de poderosos son ustedes. Estoy hablando con Dioses.

Verás, eso es lo que sigues olvidando. Este es el mensaje prístino. Eso es lo que vas a saber en la luz. Eras digno de venir y echarle un segundo vistazo. ¿No lo ves? ¿Y si no lo fueras? ¿Y si esto fuera todo y luego entraras al sueño eterno para nunca volver a despertar? Esto es lo que sigues olvidando: que eres un ser divino. Esto es tan dulce porque significa que existes en el seno de Dios, y que allí, la única condena que has tenido es la de ti mismo. Y la única absolución que obtendrás jamás es la de ti mismo. ¿No es así como debería ser un soberano? Por supuesto que sí.

Ustedes Son Dioses: los Creadores de la Realidad

Cuando te dije que es posible que ya estés muerto, puede que lo estés. Pero lo que he venido a recordarte —y lo que vas a oír de nuevo y que voy a estar diciéndote cuando veas esta vida otra vez— es que eres un Dios. Tú eres divino. Recuérdalo. Todo se trata de la elección y la oportunidad, que es tu legítimo lugar en el reino de los cielos. Aunque mi mensaje parecía proclamar fatalidad y desconcierto, fue un mensaje digno de un oído divino. Sí, eres digno de escucharlo. Eso quiere decir que eres una gran persona, un gran ser, y debes recordarlo cuando me oigas decírtelo de nuevo en ese momento dichoso: tú eres Dios encarnado y debes elegir el camino en el que esa Divinidad se perciba como un poder absoluto, una mente absoluta, un amor absoluto, la eternidad. Debes crear una vida en la que ese carácter notable pueda brillar a través de ti en todo momento. Quiero que recuerdes que tienes el poder de tener una vida en la que Dios se manifieste a través de ti, que las maravillosas obras de una inteligencia suprema puedan manifestarse a través de ti, y que todo el dolor y el sufrimiento que has creado, lo has creado tú mismo.

Nunca es tarde para decir: «¿Quiero seguir con este juego o ser un ser maravilloso en el que el poder y el amor del Santo Espíritu fluyan a través de mí?». ¿Qué tan práctico es eso en la vida? Enriquece el trabajo que estás realizando. No debería ser un trabajo; debería ser una oportunidad, una oportunidad creada y embellecida para superarte. Es una oportunidad de brillar para tu familia, de ser amor incondicional, de permitir la verdad en todos los niveles. Es una oportunidad para amar a tus hijos incondicionalmente, para vivir una vida en la que seas un gigante ante sus ojos en lugar de volverte insignificante para ellos cuando sean lo suficientemente mayores para ver tu falacia. Es una oportunidad de que vivas tu vida de tal manera que sea notable, que ellos, al recibir tu cuidado, estén ejerciendo el gran servicio de mostrarle a otro lo que es ser mejor, ser más grande, y asegurarte de que no haya ningún plan oculto que el niño pueda ver. Esta es una oportunidad de serlo para tu amante, para tu marido, para tu esposa.

Cuando ayer te pregunté: ¿por qué siguen juntos? Eso es más doloroso que ser sincero. Hay que ser una gran persona para amarte tanto como para decir que no; para amarse tanto como para decir que no. ¿No quieres a alguien con sustancia y con un carácter auténtico, que sea confiable y con quien puedas contar? Te respaldarán y estarán a tu lado porque son personas dignas; no son hipócritas.

¿Por qué no dejas que se derrumbe? Para muchos de ustedes eso suena cruel. ¿Por qué? ¿Porque se te ha enseñado que debes sacrificarte, que debes aguantar? ¿Por qué? ¿Por una mentira? ¿Qué clase de fruto da eso en una relación? Déjala ir. Me refiero a cualquier nivel; dondequiera que este problema esté en tu vida, déjalo ir. Brilla.

¿Y entonces qué sucede? Todo el mundo recoge sus cosas y se va. Permítelo. Tú tomaste la decisión. Permítelo. ¿Por qué? Sí, es emocionalmente doloroso, pero ¿cuál es ahora el nuevo motivo ulterior? Es el honor. Es la integridad. Eso suena cruel y egoísta. Pero ¿no es eso de lo que estamos hablando aquí, de estar en sintonía con uno mismo? A veces, cuando lo dejas ir, es como abrir una jaula y dejar que el pájaro emprenda el vuelo. Nunca quieras ser un prisionero o un carcelero porque cuando lo eres, lo eres contigo mismo. Recuerda: estás volviendo a los actos del ser que está solamente en una revisión de la luz. Déjalo ir; deja que se desmorone. Y puede que tú te desmorones, pero aquí hay un motivo ulterior de bienestar. No tienes que decir nada más. No tienes que disculparte. Nada. «No siento nada más que sanación». Eso es suficiente. Todo lo demás es objeto de conjetura. Cómo te vas a remodelar va a ser algo que debes permitir que suceda y permitirte crecer de acuerdo con el motivo ulterior que hay ahí. Siempre hay que cerciorase de que esté en su sitio y que esté limpio.

¿Qué sucede cuando lo haces? Van a suceder muchas cosas. Los inmaduros en tu vida van a ser escoria y se van a marchar. Bien, bien, ya era hora. Deja que se vayan. Los inmaduros siempre se irán chillando, protestando y hablando entre dientes a la distancia: «¡Pobre de mí! ¡Pobre de aquél!». Ahora puedes ver lo que estabas soportando. Es espantoso, ¿verdad? Da un poco de miedo. Lo dejas ir porque ahora todo se vuelve muy claro para ti o lo que dejaste ir está sintiendo lo mismo, y la sanación comienza a suceder para ambas partes. Entonces, lo que tenemos es un nuevo comienzo en una relación, cualquiera que sea esta relación—podría ser entre una mariposa y tú— y estás listo y en camino.

Siempre hay alternativas, pero la que más te importa es la que soportas tú mismo. Y esa es la enseñanza, porque te aseguro que si dices: «Renuncié a mi vida y la viví por esta persona», lo que se va a ver en la luz es el resentimiento. Eso no es amor. Lo que quieres es tener una oportunidad ahora mismo de ser magnífico. Cada oportunidad es magnífica y tienes que hacer una elección. También tienes que hacer algo más que es doloroso: tienes que sacar tu espada y cortarle la cabeza a tu pasado. Tienes que arrasarlo por completo. ¿Por qué? Porque quieres hacerlo de tal manera que nunca tengas que visitarlo de nuevo —nunca jamás. Destrúyelo. Destruye todo lo relacionado con él. Lo destruyes porque no quieres volver a visitarlo nunca más. Yo sé que te ha servido. Sé que tu victimismo, tu tiranía, tu dolor, tu sufrimiento, todo eso te ha servido. Sé que lo utilizas en contra de las personas para que se sientan culpables, avergonzadas, que sientan lástima por ti. Todo es manipulación. Es manipulación. ¿Eres tan desgraciado que necesitas ser tan miserable como para manipular a la gente? ¿Eres realmente tan desgraciado? Verás, yo te veo a ti —y también te ve tu Dios— como un debilucho, un debilucho pernicioso. ¿Eres realmente tan desgraciado como para tener que jugar con la gente? No; córtalo de raíz. Eso es; acabas de nacer hace dos minutos. Renaciste hace dos minutos. Eso es lo que estoy tratando de decirte. Esta es una revisión de la luz; vas a renacer de nuevo. ¿Quieres regresar a tu pasado? ¿Quieres regresar a esa vida anterior? Regresar a tu pasado es regresar a una vida anterior.

Tener el Repaso de la Vida Ahora Mediante la Gran Obra

Les he enseñado que ustedes crean la atmósfera de cada nivel. Hay una escuela de pensamiento que habla sobre la trasmigración de las almas, según la cual, partiendo de una humilde ameba y una piedra, sus almas empezarán a migrar.[12] Eso es cierto hasta cierto punto porque todo está en evolución. ¿Y quiénes son los motores de la evolución? Ustedes. Si la humilde ameba tuvo su pequeño y azaroso comienzo a partir de algo que tú estabas conversando con tu Dios, y de repente apareció una ameba, entonces la ameba representa en realidad esa conversación.

Recuerda que todas las ondas de energía son portadoras de una idea, de una inteligencia, de un pensamiento. Así es como se ve el pensamiento común. El pensamiento común irradia de ti como un sol central. En tus bandas irradias el pensamiento común, y obviamente esta pequeña entidad es una entidad bastante feliz, de modo que el motivo ulterior aquí es como la luz del sol. Debido a que eso se asienta en la base de la inteligencia consciente de este individuo, entonces los pensamientos comunes se están moviendo hacia los potenciales de energía consciente y simplemente comienzan a girar en espiral a su alrededor. Estás dejando caer estas cosas —aquí hay una ameba— y ni siquiera sabes que lo estás haciendo. Cada pensamiento que se está irradiando está haciendo esto y está entrando en espiral en los potenciales de energía, y es así como creas la realidad.

Cuando llegas a la escuela y comienzas tus estudios de maestría, empiezas a ver que esto es lo que siempre has hecho y que el motivo por el que no has visto cosas extraordinarias en tu vida es porque siempre están a tu alrededor. Es como un pez que quiere un trago de agua. ¿Qué le dices a un pez que dice: «Tengo sed»? Pues bien,

---

[12] La creencia en la transmigración de las almas se conoce comúnmente como «metempsicosis»: el paso del alma, el espíritu o la personalidad a otro cuerpo después de la muerte, ya sea de la misma o de una diferente especie. Las raíces griegas de esta palabra son *meta* = cambio y *psique* = alma. Metempsicosis es otra palabra para reencarnación. Esta creencia se sostuvo ampliamente en todas las religiones de la antigua Grecia y el Oriente.

eso es lo que empiezas a entender. Todo empieza a tomar forma. Realmente empiezas a tener una noción de esto en el Plano Sublime, y como todo ya está formado a tu alrededor, no lo ves como algo milagroso, sino que de hecho todo esto ha estado formando tu realidad continuamente. Si dices: «¿Por qué mi vida es como es?», entonces tienes que buscar y encontrar la semilla que está causando que eso suceda.

Si sabemos que el pensamiento común es el poder manifestador, cuando vienes a mi escuela aprendes la diligencia de la disciplina: la concentración enfocada por largos periodos de tiempo. Todas las disciplinas que realizas aquí consisten en crear la realidad intencionalmente. Estás haciendo deliberadamente algo que es un estado natural para ti. Pero lo que es tan maravilloso es que consiste en ideas, pensamientos —yo te los doy y tú empiezas a dibujarlos— que cuando te concentras en ellos intencionalmente, comienzan a irradiar de ti. No estaban ahí por su propia cuenta; no se estimularon por sí mismos porque tu *modus operandi* es un motivo que está ahí y que el cerebro está programado para pensar todos los días. Nada más hemos introducido artificialmente una idea que nunca habías pensado. La grandeza de este entrenamiento es esa idea manifestada en la disciplina. Ahora bien, si esa idea se hubiera afianzado como un motivo ulterior, la estarías irradiando todos los días.

¿Por qué te enseñé a hacer la Lista? La Lista, para el estudiante sincero, se convirtió literalmente en una manera de reconfigurar la red neuronal y, al hacerlo, de reorganizar la intención, excepto que lo que empieza a suceder con la mayoría de las personas, es que su intención o motivo ulterior está tan firmemente arraigado en lo que se refiere a diferentes cosas de la Lista que no creen en ella. Así que cuando llegan a ese punto, hay un motivo ulterior que no apoya la Lista, y eso también comienza a desprenderse de ellos en forma de espiral. Es casi una negación intencional de algo maravilloso para ti.

El estudiante que trabaja seriamente en esta escuela puede mirar su Lista y decir: «Ahora, está bien. He sido capaz de manifestar estas cosas de mi Lista, y mientras lo haga con constancia estoy irradiando ese pensamiento que va a hacerse realidad. ¿Por qué no han sucedido ciertas cosas de mi Lista?». Eso es un indicador de cuál es el motivo ulterior y tiene que ver con el autodescubrimiento.

¿Y por qué no has sido capaz de hacer una curación extraordinaria? Porque no crees en ello; ese es el motivo ulterior. No puedes confiar en que puedes hacerlo si no crees en ello. En otras palabras, tienes una casa dividida contra sí misma. Tienes una oportunidad de hacer lo milagroso, pero hay una decisión que ya está fija dentro de ti que no lo cree, así que no puedes depender del trabajo del Cuerpo Azul porque no es el *modus operandi* en ti. ¿Y qué haces al respecto? Pues bien, esta es la tarea. Tienes que decirte a ti mismo: «Si mi tarjeta se manifestó en el Trabajo de Campo y estas otras cosas se manifestaron, entonces tengo un estado de aceptación por ellas. Si no se manifiestan, no tengo un estado de aceptación, ¿y por qué?». Ahí es cuando tienes que sacar el motivo ulterior, mirarlo y decir: «¿Traje esto del Plano Sublime?». Sí. ¿Por qué? Quizás te has programado para no curarte. Quizás has planeado padecer de esto. Tal vez necesites sufrir. Quizás así es como lo has dispuesto todo, porque nada te sucede por casualidad; todo es intencional. Todo pensamiento común es intencional. Y sentado junto al mar de la tranquilidad en ese hermoso lugar, la contemplación irradia de ti como el gran sol central.

¿Qué es eso que tienes ahí que dice que tú puedes tener esto, pero no puedes tener aquello? ¿Puede cambiarse? Hoy puede cambiarse. Dite a ti mismo al repasar este momento: «Cambia esto. Yo soy merecedor de una salud espléndida. ¿Sabes por qué voy a ser merecedor de ella? Porque me amo y amo mi vida. Quiero amar mi vida en todo momento y simplemente no tengo lugar para nada más que la vida». Tienes que mirarlo de esa manera. ¿Y qué haces entonces? Sacas eso de tu Lista y pones allí el motivo ulterior. Cambias el motivo. En lugar de «Yo acepto la sanación del Cuerpo Azul®», pones ahí «Yo ahora acepto la vida. Yo soy digno de la salud». Cada vez que lo digas y sientas resistencia a eso en ti, repítelo cien veces más hasta que se rinda. Es fácil hacerlo en el Plano Sublime sin el cuerpo. Aquí, sin embargo, la negación está muy arraigada y es un programa en el cuerpo, y tienes que cambiar el programa. Esto es parte de ser un maestro. La otra parte es que si no lo haces, siempre estás irradiando que no eres digno de la vida y eso lo sabotea todo. Y ese es el pensamiento común que sale, ya que tenemos a un amargado sentado ahí arriba que es odioso y vengativo. Durante todo el tiempo que pases sentado ahí con terror e ira y malicia, obsérvalo. No importa lo que pase durante el día, puedes despertarte por la mañana y los pájaros estarán cantando y te daría igual que estuvieran muertos. «¡Sáquenlos de aquí!» Tu niño se despierta contento y tú no lo quieres ver, y todo tiene ese aspecto irritable que es tan feo. Ese es el pensamiento común. ¿Qué es? Algo que está dentro de ti. ¿Cuándo vas a cansarte de eso? Ahora bien, esto también tiene que ver con la alegría. Dios no quiera que seas feliz. Que Dios no permita que seas feliz. No quiere que tengas un día realmente feliz. «Yo sufro». Ya sabes, las palomas se cagan en su cabeza. Esta podría ser una persona que no es digna de la vida y eso se irradia, y está en cada pequeña afirmación, en cada acción y en cada pequeño sentimiento. Es solo que están exudando todo eso. ¿Por qué no lo cambias? Simplemente cámbialo; encárgate de ello.

Luego están las personas que aparentemente no logran hacer realidad su riqueza fabulosa. La autoestima es una cosa maravillosa porque el merecimiento es un intercambio de energía —la propia valía. Hay personas que si no se sienten merecedoras porque llevan la carga de la culpabilidad o la vergüenza o algo por el estilo, entonces, a la hora de aceptar la riqueza fabulosa, la riqueza es equivalente a la autoestima. La falta de autoestima siempre la arruina. ¿Cómo puedes seguir diciendo: «Yo acepto mi riqueza fabulosa» si el verdadero núcleo de tu merecimiento lo niega? Verás, tienes que cambiarlo. Tienes que decir: «¿De qué no soy merecedor?». No hablemos de dólares y centavos y oro y rubíes. «¿De qué no me siento merecedor? ¿Quién me convenció y qué mentira me creí que no merezco ni valgo nada? ¿Qué es lo que acepté que me hace seguir negando oportunidades?». Pregúntatelo y no tengas miedo de saber la verdad. No tengas miedo de sentir lo que es. Recuerda que lo que más temes es tu consciencia humana. Adéntrate en ella y averigua qué has hecho para tener tanta carencia en tu vida. La carencia no tendrá nada que ver con el dinero; tendrá todo que ver con la autoestima. ¿Has programado eso en esta encarnación para que de alguna manera tu mochila sea tan pesada que no te sientas digno de este lado? Tienes que cambiar eso ahora mismo porque el karma se neutraliza en cualquier momento. En el instante en que se cambia el motivo ulterior, ya no hay más karma. Está hecho. No eres Dios en un plan de pago. Ya está hecho. Solo tienes que encontrar la semilla dentro de ti.

Ahora bien, la felicidad. Cuando estás listo para aceptar la alegría, no puedes aceptarla basándola en otra persona. En verdad, no puedes aceptar la alegría basándola en el dinero y no puedes aceptarla en función de la edad y la apariencia. Debes tener alegría incondicionalmente sin personas, lugares, cosas, tiempos o sucesos, porque basarla en cualquier otra cosa es entregar tu poder y tu felicidad provechosa. Tienes que aprender a ser feliz con un grano de arroz. Tienes que aprender a ser feliz sin nadie más en tu vida. ¿No eres lo suficientemente bueno como para quedarte solo? ¿No eres tú compañía suficiente? Si no lo eres y te da miedo estar solo, entonces quizás deberías echarle un vistazo a quién vive contigo, es decir, a ti. ¿Por qué no disfrutas de tu compañía? ¿No te agradan tus pensamientos? ¿No te agrada lo que haces? Pues bien, eso debería ser un claro indicador para ti de que nunca nadie te hará feliz; ni tus hijos ni cómo te ves o cómo no te ves ni cuánto dinero tienes. Nada te va a hacer feliz si no te amas a ti mismo y estás en paz con ello, porque ese es quien va a estar presente en esta revisión de la luz. Hacer eso es amar a Dios. Hacer eso es sentir amor por todos los demás. Ser feliz sin tener que hacer algo constantemente y simplemente sentarte y estar tranquilo con tus pensamientos es algo extraordinario. Cuando estás haciendo algo y estás entretenido todo el tiempo, tu motivo ulterior está cubierto por una conversación o por ese «algo». Eso es lo que estás irradiando hacia afuera. Ser feliz contigo mismo es estar tan limpio que el sol pueda salir. Es entonces que llevas a cabo tu Gran Obra. Ahora bien, esto no es una conversión en masa; es una transformación individual.

Estas son las notables lecciones que vas a escuchar de nuevo. Vas a oír mi voz diciéndote esto cuando estés de pie junto a tu Santo Espíritu. Quiero que lo recuerdes. Recuerda: va a pasar otra vez y vas a volver a oír esto. Y quizás, para cuando lo escuches de nuevo ya te habrás convertido en ello, y el peso de tu alma será tan ligero como el de una pluma. Qué exquisito.

¿Te imaginas a un nivel humano cómo me hace sentir eso? Ahora entiendes mi misión. ¿Entiendes ahora por qué tengo tanta paciencia contigo, por qué te amo tanto? ¿Entiendes por qué te hablo y te enseño como lo hago y nunca dejo que te salgas con la tuya? Porque va a pasar de nuevo, y sé que cuando estés ahí de pie, voy a estar contigo. Te vas a dar cuenta de que realmente hay algo que simplemente te ama. Tu Dios simplemente te ama, y este mensajero te ama verdaderamente y entiende que esto va a venir de nuevo; cada palabra, cada asentimiento de tu parte, cada movimiento y todo lo que sientes y no sientes. Y cuando esto suceda de nuevo, y tú seas simplemente eso y seas hermoso y hayas limpiado tu casa, vamos a brillar juntos. ¿Cómo crees que me siento? ¿No lo sabes? No se trata de creer en mí. Escucha lo que te estoy diciendo. Cree en ti mismo. Es por eso que estoy de regreso aquí, porque cada clase que tenemos está llena de significado y si no te cambia ahora, ya te cambiará. Si no llego a ti ahora, ya lo haré. ¿Entiendes? No seas un bufón y creas que esto no será recordado. No seas un bufón. No seas tan estúpido como para pensar que esto se va a excluir de tu revisión en la luz; está allí.

Piensa en esto por un momento, porque ahora empiezas a entenderme y empiezas a pensar de una forma más elevada. Empiezas a tener patrones de pensamiento mucho más amplios que esa pequeña, pequeñita, diminuta vida que has tenido. Ahora estás comenzando a abrirte. Piensa en esto: ¿y si todo lo que estás viendo ahora ya has llegado a serlo? Piensa en eso. ¿Cómo se siente hoy tu consciencia? ¿Es pesada o se está volviendo más ligera? ¿Se está volviendo más ligera? Verás, eso entonces es evolución y eso es ir despegando esas alas, y te empiezas a sentir más ligero y más efervescente. Eso irradia de ti. Entonces, ¿qué tipo de periodo de descanso vas a tener después de esta revisión? Te he dado tanto conocimiento —y apenas he empezado a rascar la superficie— para que entiendas cómo pensar y decirte cosas que serán conmovedoras para ti en el momento que mires esto, que te van a cambiar. Es como decirte que sé que tienes la opción de recoger el cuerpo o de seguir adelante, y puedes hacer otro cuerpo, pero en algún momento tendrás que llegar a amar a este. Lo has convertido en tu amo. Le has dado el poder de tener dominio sobre ti. Pero al hacer eso lo has perjudicado, porque no estás ahí para rescatarlo cuando está en apuros. No sabes cómo rescatarlo y no tienes el poder para hacerlo. No sabes cómo evitar que envejezca. No sabes cómo mantenerlo sano, cómo darle paz, tranquilidad. No sabes cómo hacerlo. Y al no ser su amo, lo has perjudicado.

Cuando estés ahí de pie —esto vendrá tan rápidamente— y hayas dicho: «Regresa a tu cuerpo», roguemos que para en ese entonces hayas amado a tu cuerpo lo suficiente siendo su amo en vez de su esclavo, y que ya no te interesen las apariencias. Te interesa solo la salud. No te interesan las apariencias, así que deja de echarle la culpa a tu cuerpo por conseguir o no conseguir a alguien, porque se va a morir y se lo comerán los gusanos.

El Triunfo Sobre la Muerte y la Alquimia de la Transmutación

Cuando te ames lo suficiente como para regresar, entonces te unirás a un gran grupo de maestros porque vas a regresar, y ese corazón va a empezar a latir y traerás aquí memoria consciente y poder. Entonces puedes borrar la edad, puedes crear glamur, puedes volverte joven, viejo, lo que sea. Tú tienes el poder. El asunto es que este es el don que nunca muere, de modo que ahora tienes un cuerpo sin la pérdida del conocimiento y la memoria, y puedes acabar con esto, y poco a poco volverte más ligero y más y más ligero. Y lo que ahora es un defecto, lo corregirás porque eres completamente hermoso. No existe tal cosa como la fealdad en el reino de Dios. Y ser juzgado por Dios —no por el hombre ni por la mujer—, ser juzgado por ti mismo y no por los demás, eso es ser absolutamente puro y hermoso. Aquellos de ustedes que elijan hacerlo van a regresar tan extraordinariamente iluminados, y habrán visto el otro lado y sabrán que esta es la verdad. Saben que lo es. Así que todo lo demás que les he dicho es la verdad, y saben que es así y son victoriosos. Han vencido a la muerte y viven la vida en una libertad suprema. No hay ambigüedad; solo hay motivo ulterior. Hay otros de ustedes que dirán: «Ah, no. Ahora sé tanto que quiero construir mi cuerpo. Ahora sé cómo hacerlo. Sé cómo hacerlo y sé cómo hacerlo para que no olvide este momento». Y lo harás porque ese es el alcance del conocimiento que vas a tener a diferencia de esos pobres cristianos que van a la luz esperando que Jesús los salve, y luego los budistas que simplemente van al olvido —al olvido color naranja— con alas y todo.

Vas a tener un conocimiento real para plantearte la vida porque la vida no es mala. Tú hiciste esta vida. Todos estos maravillosos átomos que te rodean, mira cómo se desprenden de ti. Se desprendieron de ti en cada atmósfera que has creado, en cada uno de estos reinos. El solo hecho de tener un sueño y comprimirlo analógicamente y apartarse, impregna y arrastra toda esta energía con la idea misma. Está ahí y su manifestación simplemente se desprende de ti. Mira a tu alrededor; estás caminando en tu propia sustancia. Ahora bien, esa sustancia primordial es la inteligencia y eres tú. Los alquimistas buscan llevar lo más humilde hasta lo más grandioso. ¿Por qué quieren hacerlo? Quieren tomar lo más humilde. No hay nada más humilde que la tierra. Ellos quieren tomar la tierra y convertirla de nuevo en su forma original. Tienen que subir bastante por la escalera para hacerlo. Mira adónde van, al séptimo plano. La piedra filosofal se manifiesta allí mismo en el séptimo plano. Allí, de hecho, se multiplica, se envía de regreso hacia abajo, se envía hacia arriba, involución, evolución, y ahí está. Verás, la alquimia trata de la involución y la evolución. Trata de la vida trascendental de las partículas en la materia y fuera de la materia. ¿Cómo supieron que es el gran arcano y la gran panacea, es decir, que es la cura de todo y el elixir de la inmortalidad? Porque fue concebida en el séptimo plano.

Está ahí mismo con el Punto Cero, el principio. ¿Cuán eterno puedes llegar a ser? Su idea central es llevar lo común a lo poco común, llevarlo de regreso al momento en que nos volvimos analógicos por primera vez. Cualquier cosa que exista ahí será la piedra filosofal, ahí mismo.

¿Es posible? Sí, porque cada partícula está hecha de partículas dentro de sí. Tienen el aspecto de ondas cuando se desenrollan. ¿Qué es entonces la piedra filosofal? Estás consumiendo una sustancia que ha sido desenrollada como una idea que tuviste originalmente como Dios. Estás consumiendo tu consciencia y energía al nivel del séptimo plano. ¿Qué le hace eso al cuerpo? ¿Qué le hace eso a todos los cuerpos? Es una fuerza radiante y poderosa que transforma. El cuerpo ya no está sujeto al tiempo aquí en este plano físico. Está sujeto a la eternidad en el Punto Cero. Cambia la estructura molecular del cuerpo y abre totalmente el cerebro. ¿Qué es? Piensa en esto: vas a comer la sustancia del primer pensamiento. Te estás comiendo tu propio pensamiento original. Te estás comiendo tu propia idea. Estás consumiendo los primeros cuerpos de Dios. Ahora entiendes a un alquimista. Un verdadero alquimista siempre creará la piedra. ¿Sabes por qué? Porque lo que hace a un verdadero alquimista es el conocimiento de los siete niveles. Tienen que tener una mente gnóstica para entender el comienzo, el Punto Cero; el descenso, la involución; la experiencia, la evolución. Los alquimistas lo entendían. Además, también entendían que toda sustancia, todas las cosas, eran una consecuencia natural de ese comienzo, de modo que había niveles en las partículas que contenían, literalmente, lo divino mismo.

Yeshúa ben José dijo algo muy notable, siempre y cuando la gente lo entendiera —también lo hizo Apolonio de Tiana—, cuando dijo que el reino de los cielos se podía encontrar en un grano de arena o en una semilla de mostaza. Nunca nadie lo explicó adecuadamente, pero lo que quiso decir es que una cosa tan pequeña contenía todos los cielos. Los contenía en consciencia y energía atmosférica. Las ideas que existen allí, el conocimiento que existe allí, están contenidos en un grano de arena.

Los alquimistas que entendieron que la consciencia y la energía crean la naturaleza de la realidad —y no todos lo entendieron, no entendían que la energía lleva consigo una idea— fueron los que tuvieron éxito en el desarrollo de la piedra. ¿Por qué? Porque entendieron entonces que la tierra es una idea y es un desprendimiento del cielo. Es una precipitación del Punto Cero. Es un desprendimiento del séptimo plano, del sexto plano, del quinto plano, del cuarto plano. Ellos lo entendieron. Entendieron entonces que lo que necesitaban hacer era tomar un grano de arena y desintegrarlo. ¿Recuerdas cuando te dije que en el momento en el que mueres, cuando el espíritu y el alma abandonan el cuerpo, la descomposición empieza inmediatamente? El *rigor mortis* ocurre en cuestión de minutos u horas, así de rápido comienza la descomposición. Si te alejas de algo que amas y luego regresas en dos semanas, hay una descomposición que se ha producido en tu ausencia, una decadencia. ¿Por qué? Porque tú mantienes las cosas unidas. Cuando te marchas, cuando el espíritu deja la casa, la casa empieza a decaer. ¿Qué es la decadencia? Es simplemente el desenvolvimiento.

Ahora bien, los alquimistas sabían que tenían que descomponer ese grano de arena. En otras palabras, tenían que conseguir que se desintegrara para que el grano de arena empezara a desarmarse molecularmente, y cada molécula que contenía esas partículas también empezara a separarse. Y en la separación, cada una de esas partículas se fue desenvolviendo dentro de una molécula que a su vez se estaba desintegrando, y junto con eso viene la idea. Primero la intención tiene que abandonar el grano de arena. La intención tiene que dejarlo y un maestro puede hacer que la intención abandone el grano de arena. Cuando la intención se va —míralo de esta manera—, el espíritu lo ha dejado, y lo que ellos buscaban era que el espíritu se escapara. Buscas el espíritu en fuga porque el espíritu que escapa es la idea. En su licuación, lo que solía ser sólido está en un flujo líquido. Se está descomponiendo, por lo que se está desintegrando. Es como una oruga en una crisálida, donde el espíritu que mantiene unida a la oruga se ha marchado y hay un espíritu nuevo: se llama mariposa. En la descomposición de la partícula de arena, el espíritu se convierte en una forma líquida junto con ella y toda esta energía libre se mueve dentro de ella. Todo lo que los alquimistas tienen que hacer es seguir descomponiendo esto a partir de los diferentes niveles de energía. En otras palabras, ellos están tomando este pequeño grano de arena y están haciendo que se eleve con el calor. ¿Recuerdas el calor? ¿Qué es el calor? No es más que la fricción de la energía en la atmósfera. Con el calor cambian su atmósfera. Así es como funciona. Con el cambio continuo, lo que sucede entonces es que esta pequeña partícula de arena finalmente se transforma hasta que su núcleo empieza a desintegrarse en su estructura atómica. Tan pronto como consigues que el núcleo se desintegre, tomas los «huevos» dentro del núcleo y dejas que estos se disuelvan. Sigues liberando; sigues sacando el espíritu incluso de los quarks que están dentro de ellos y los disuelves. Los quarks no se van a disolver hasta llegar aproximadamente al quinto plano. Cuando salen, toda su energía, toda su energía corta, pertenece al quinto plano. A partir de ahí, los alquimistas los van a relajar hasta subirlos al sexto plano y hasta el séptimo plano.

Cuando consigues que un grano de arena se relaje de regreso a los comienzos de su idea, has abierto la idea del séptimo plano y del séptimo cuerpo. Estás justo al lado del Punto Cero, y eso es inmortalidad pura. Entonces cuando lo ofreces a un cuerpo físico y este lo consume, hace exactamente lo que se supone que debe hacer: la idea regresa al dador y restaura el cerebro del dador original. Esto quiere decir que el subconsciente cobra vida, pues contiene dentro de sí el momento exacto en que esa idea surgió, y se activa. Entonces tienes un cuerpo cuya tasa vibratoria es extraordinaria y está pasando por una metamorfosis. Se está disolviendo gradualmente en lo inmortal y siempre será hermoso.

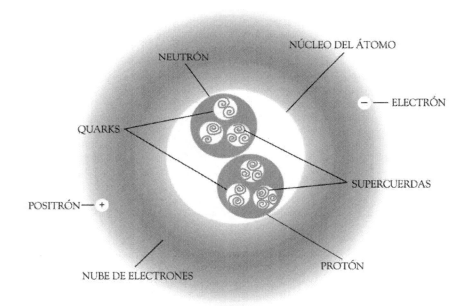

CONCLUSIÓN:
VIVIR COMO SERES MULTIDIMENSIONALES

«Quizás sea hora de que penetraras allí y vieras lo que has tenido miedo de ver, y lo empieces a cambiar. Si lo haces, entenderás el Plano Sublime. Y esta vida —esta vida— puede ser el Plano Sublime. Recuerda: tienes la oportunidad de ser un Dios de pensamiento lineal o un Dios multidimensional. Yo te diría: ve tras eso en cada nivel.»

—Ramtha

Los grandes maestros son seres sumamente compasivos, como podrás imaginar. Están cargados de sabiduría —cargados de sabiduría. Imagina por un momento cómo deben pensar. Recibiste una muestra de ello con esta enseñanza. ¿Qué tienen en mente? Pues bien, lo que tienen en mente es su motivo ulterior. Siempre es su motivo, y puede ser tan vasto como el Vacío a medianoche. Nunca será pequeño; será elevado y progresivo. Ellos han pasado por aquí y con su abundante carga de sabiduría a menudo existe la tentación de ayudar a la gente ignorante. Pero ellos también tienen la sabiduría que les enseña que la gente ignorante lleva consigo el peso del victimismo y que, a veces, ayudarla puede ser el mayor obstáculo. Resulta más difícil tratar de ayudar a alguien que sólo ve la vida como una víctima porque considera que cualquier ayuda le haría la vida más difícil.

¿Qué tipo de visión importante se requiere cuando trabajas con las personas? Tienes que ser capaz de ver sus pensamientos y sus intenciones, y de ver todos los potenciales que surgen de ellos. Tienes que ser capaz de conocer su alma, de leer sus pensamientos y de entender quién necesita ayuda y quién no. Es evidente que todos la necesitan, pero no todos son lo suficientemente maduros para recibirla. No todos, por así decirlo, están listos para avanzar en su vida. Esa es la razón por la que muchas personas tienen la mente tan cerrada y son tan perezosas. Prefieren que alguien más piense por ellos antes que hacerlo por sí mismos.

No todos entenderán este mensaje. No todos lo entenderán porque no pueden comprender nada que no sea una mente lineal. No pueden comprender que la imagen dividida ocurra simultáneamente. No pueden imaginar que ya ha sucedido y que la están viendo de nuevo y que la próxima secuencia de sucesos e iluminación será: «Si esto es así, entonces lo puedo cambiar en cualquier momento». No pueden pensar de esa manera. Solo piensan

257

de forma lineal: arriba y abajo, nacer, morir, adelante y atrás. No pueden pensar de forma múltiple. Una mente dimensional es exactamente lo que debe tener un maestro, porque un maestro sabe que él es consciencia y energía. ¿Por qué los maestros elegirían un sendero lineal? ¿Por qué no elegirían todos los senderos simultáneamente? Un concepto interesante, ¿no es así? En lugar de esforzarse por llegar a serlo, ellos ya lo son. Y para poder ver todos los potenciales simultáneamente, ¿cómo lo hacen? Hicieron que su intención fuera hacerlo. Así como tú tienes la intención de ser de cierta manera, la intención de ellos es saber todas las cosas y lo logran. ¿Qué los va a detener? ¿No es la creación de la realidad igual a lo que puedes soñar? ¿No es igual a aquello que se llama el nivel de conocimiento que uno posee? Es la diferencia entre el sueño de un niño y el sueño de un adulto. A medida que recabamos más información y más datos, nuestros horizontes se amplían. Esta enseñanza se trata de hacer eso, pero debes saber que los seres elevados piensan pensamientos elevados. Los piensan exactamente de la misma manera. «En este momento, a la luz de toda la eternidad, yo existo. ¿Cómo voy a brillar? ¿Qué clase de beneficios quiero que me lleguen? ¿Qué camino quiero andar? Porque el camino que siga estará espolvoreado con la arena de mi consciencia. ¿Será ese un camino lleno de espinas? ¿Será un camino peligroso?». Las arenas sobre las que caminas —los ideales que se coagulan bajo tus pies, ese polvo color azafrán—, ¿son partículas explosivas? ¿Son partículas venenosas? ¿Son partículas peligrosas? ¿Son ideas de amor, de oportunidad e ilimitación? ¿Cómo está coagulado tu sendero? No puedes caminar el sendero de nadie más. El suelo mismo sobre el que caminas, lo cambias. El sendero mismo, la existencia misma del día a día en tu vida está hecha de tu propia consciencia. Así que cuando estés descomponiendo ese pedacito de arena y llevándolo de regreso al séptimo nivel, puedes apostar que te espera un camino pedregoso por delante debido a la forma en que lo estableciste.

A partir de este día, échale un vistazo al lugar en donde estás; échale un vistazo a lo que te rodea. ¿Cuál es el pegamento que mantiene unida a esa cabaña? ¿Cuál es la fuerza de la mente en las cosas que están a tu alrededor? ¿Se construyeron sobre una consciencia cuya base fue la ira? ¿Cuál fue su motivo ulterior? Porque eso está coagulado en todo lo que te rodea y en la superficie sobre la que estás parado. Piensa en ello. Así es como piensa un maestro. Un maestro no caminaría por ningún suelo que no fuera el suyo. No caminará sobre ningún suelo que no sea el propio. Recuerda que en el momento que abandonas tu casa, esta empieza a desintegrarse. Piénsalo. Si alguien viene y la repara, es su energía la que la está reparando. ¿Cómo podría un ser iluminado pisar el suelo de una realidad de cualquier otra persona que no sea sí mismo?

Ahora empiezas a comprender esos misterios sobre aquellos maestros que recorrieron el sendero del polvo color azafrán. Ellos adoran a las criaturas, y ellas se postran a sus pies. Los pájaros se posan sobre ellos y las flores florecen por donde ellos caminan. Esos maestros recorren el sendero de la sanación, y todo el que los siga de cerca se cura simplemente por pisar el suelo que ellos pisan. Y es porque ellos son ese suelo. Tú no estás separado de tu entorno. Tu entorno es la fuerza coagulada del pensamiento común.

¿De dónde sacas la idea de que un lugar está embrujado? ¿No hay algo de verdad en esas supersticiones o cuentos de viejas? Es cierto que los espíritus terrenales, las personas que son individuos muy carnales, no tienen conocimiento más que el vivir día a día para sus cuerpos. No pueden imaginarse sin el cuerpo porque el cuerpo fue cada elemento de su consciencia. Fue su sendero y, sin embargo, ahora está en la podredumbre y la descomposición. Ellos están atados a la tierra y permanecen dentro de las áreas donde tienen su energía. Permanecen en la atmósfera, permanecen en el lugar que ocupan porque ahí es donde están anclados. Asimismo, el lugar en el que están varados reproduce una energía continuamente. ¿Qué es una visión etérea? En efecto, ¿qué es eso de que a veces puedes ver una imagen tenue en el vapor que sale de ciertos terrenos? ¿Sabes por qué? Porque ese suelo estaba hecho de ese pensamiento común.

Hay mucho que decir entonces de los nativos americanos o de los indígenas de Sudamérica que creían que los espíritus de sus abuelos viven en las montañas, o los espíritus de sus madres en las praderas, o que los grandes jefes se reúnen en algún cañón o en la cima de alguna montaña, o que el espíritu del gran búfalo aún existe. ¿Por qué tendrían esa idea? Porque la energía espiritual ha hecho de ese lugar lo que era. Por eso es sagrado. Por eso pueden ir y celebrar sus ceremonias sagradas en ese lugar y sentarse en el mismísimo suelo del intenso pensamiento común y recibir la energía de sus líderes ancianos. Es una verdad.

¿Por qué no sería una verdad? ¿De qué otra manera está hecha la sustancia de la materia? ¿Por accidente? No. No hay accidentes en el reino de Dios; solo hay intención. ¿Qué es lo que hace que un lugar sea sagrado? Un pensamiento sagrado. El Campo en esta escuela es un lugar sagrado. Este auditorio, el Gran Salón, es un lugar sagrado porque tú te has sentado aquí y has hecho aquí la Gran Obra. Si este hubiera sido un gran auditorio de grandes tragedias, estarías sentado sobre la tristeza y la sentirías. ¿Por qué? Porque las partículas que están en una lenta descomposición están emitiendo la energía de esa tristeza. Es por eso que, a veces, al destruir tu pasado, eso es exactamente lo que necesitas hacer. Tienes que desdoblar aquello que se llama la energía y dejar que se pudra, dejar que regrese y dejar que se purifique. La purificación por medio del fuego es un largo ritual de combustión; de quemar un lugar de tristeza, de quemar un lugar de recuerdos, de quemar un fantasma. ¿Qué hace la combustión? Hace que el azufre interno de la madera misma se encienda y se desenvuelva, y el pensamiento común se convierta en humo. Por esa razón, cuando haces el trabajo de Consciencia y Energía® no usas joyas mientras te estás enfocando — particularmente metales que tienen que ver con el pasado— porque el pasado está enlazado con la energía. El metal es quizás el mayor retenedor de consciencia y energía que existe. Por eso el oro se da en señal de amistad y amor. Y cuando el sentimiento ya no existe, deberías quitártelo y fundirlo porque, de lo contrario, si continúas usándolo, estás siendo alimentado continuamente con un pensamiento.

¿Quiere esto decir que regreses a casa y comiences a hacer hogueras? No quiero que lo hagas. Quiero que entiendas que, algunas veces, esa depresión invisible que sientes es quizás el lugar en donde te encuentras, la habitación en la que estás, algo que está a tu alrededor y que te está retroalimentando, y que necesita ser atendido por ti. Recuerda que no puedes pisar ningún suelo que no haya sido afectado; todo el suelo está afectado. Los maestros crean su propio sendero. Te pido que lo hagas, porque ver dónde pisas y adónde vas como una mera extensión del entorno de tu elección, es ser aún un maestro inmaduro; es ser un estudiante inmaduro. Entiende que el efecto está en todas partes y que las consecuencias del pensamiento común se están coagulando todo el tiempo.

Piensa en las veces que has tenido una habitación sellada casi herméticamente y cuando regresas hay polvo. ¿De dónde salió? Son tus pensamientos que se coagulan en la habitación o la habitación que entra en descomposición. No necesitas tener una fuente de donde provenga, simplemente vendrá de sí misma. Está en la atmósfera. Aquí estamos hablando de capas de magia. ¿Qué sucede entonces cuando creas un cambio en el motivo ulterior? Empiezas a emitir el pensamiento común y simplemente empieza a manifestarse a tu alrededor. Cuando los maestros no quieren mugre en sus vestimentas, porque no es ahí donde debe estar, nunca la tienen. Cuando los maestros caminan con ligereza por su sendero, es porque su pensamiento común es un pensamiento común ligero. Cuando los maestros tienen una vida aparentemente sin contratiempos, es porque la han hecho de esa manera. Parece que, sin importar lo que hagan, lo hacen bien y las cosas siempre les salen bien. Eso es porque así lo han creado. Eso es porque, esencialmente, ellos piensan de esa manera y todo lo que está en su órbita está envuelto en esa forma de pensar.

Esto debería resultarte muy impactante. Deberías ir a casa y echar un vistazo a lo que te deprime y ver el lugar en dónde estás. ¿Qué se almacena en la tela que te rodea? ¿Qué tipo de pensamientos? Deberían cambiarse. Más aún, deberías acordarte de recordarte a ti mismo que cuando creas tu día debidamente, como se te ha enseñado, así es como lo estás creando y ese día se convierte en la consecuencia de este pensamiento común, un pensamiento común intencionado.

En este preciso momento no te encuentras en el punto en el que simplemente te despiertas y empiezas a pensar como un maestro. Tienes el hábito de pensar: «Oh, Dios mío, ya es de día. ¿Y la hora? Ya es tarde y quiero dormir más». Verás, no tienes la costumbre de abrir los ojos y para cuando los abres ya has creado la mitad de tu día simplemente por la manera en que piensas. Tienes que disciplinarte para crear esos pensamientos comunes de crear tu día exactamente como lo quieres. Y es como si fuera magia. ¿Por qué? Porque el resultado está sucediendo gracias al pensamiento común coagulándose como tu sendero, como tu día mismo.

¿Qué no podrías incluir en él? Si tu intención es tener un día maravilloso, un día mágico, un día de sanación, un día energético, un día de milagros, ese es el pensamiento común que tienes que irradiar y el día te dará exactamente eso. Siempre funciona, a no ser que, por supuesto, tengas allí un motivo ulterior miserable que esté diciendo: «Sí, sí, claro...». Tienes que deshacerte de esas cosas. Entonces el día tiene las consecuencias de lo milagroso y Dios no te defrauda.

Entonces, ¿qué hay de esta vida? Es una consecuencia del Plano Sublime. ¿Qué hay de esta revisión de la luz? Es una consecuencia de tu vida. ¿Qué sucede con esta revisión? Será recordada. ¿Qué obtienes de ella? Todas las ventajas de la sabiduría extendida, de la oportunidad, de la elección y del cambio. Ahora bien, lo que hagas con eso depende exclusivamente de ti porque tú eres el Señor Dios de tu ser, un soberano. Pero nunca dejes que un día se desperdicie, porque es una vida preciosa y estás un día más cerca de la eternidad. Y recuerda: todo lo que digas y todo lo que pienses hazlo desde una perspectiva que tome en cuenta a la luz de toda la eternidad. Cuando lo hagas, habrás aprendido la regla de los maestros y tu vida será más rica, más feliz, más alegre, más pacífica, más cómoda, hermosa y maravillosamente predecible. Cuando vives de esa manera, no hay nada que temer.

Además, si esta enseñanza te ha enseñado sobre el motivo ulterior y tu intención, y entiendes que el mayor temor que tienes en tu pecho es el de enfrentarte a tu propia consciencia, tal vez sea hora de que entres allí y veas lo que has tenido miedo de ver y lo empieces a cambiar. Si lo haces, entenderás el Plano Sublime. Y esta vida —esta vida— puede ser el Plano Sublime. Recuerda: tienes la oportunidad de ser un Dios de pensamiento lineal o un Dios multidimensional. Yo te diría que lo hagas en todos los niveles. Y vive este día de manera multidimensional, y vívelo de tal manera que pueda ser visto una y otra y otra vez como si este día fuera el día de la revisión y cómo quieres que sea vivido. Que así sea.

Te amo. Te veré en la luz.

Oh, mi amado Dios,
te agradezco infinitamente
esta revisión.
Y a esta vida,
la honro y la aprecio.
Oh, mi amado Dios,
deseo claridad
y aventura.
Libera mi vida
de mis ilusiones,
para que mi aventura
pueda comenzar.
Que así sea.

EPÍLOGO

Una Introducción a las Enseñanzas de Ramtha:
Conocimiento, Experiencia y Sabiduría

Las enseñanzas de Ramtha son un sistema metafísico único. Abordan las preguntas fundamentales acerca de la existencia humana, la persona humana, nuestro destino y orígenes, la naturaleza del bien y el mal, el alma, la muerte y la vida, el mundo y nuestras relaciones con los demás.

El formato con el que se transmiten las enseñanzas es intrínseco al mensaje en sí mismo. Las enseñanzas no son simplemente una disertación intelectual sobre temas específicos o meramente un análisis de estas ni tampoco son una forma de la verdad revelada que requiera la ciega devoción de la fe. Las enseñanzas de Ramtha no son una nueva religión ni tampoco los pilares de una nueva iglesia. Sus enseñanzas son un sistema de pensamiento que contiene dentro de su planteamiento de la realidad los elementos y mecanismos que permiten que el individuo ponga en práctica la filosofía de Ramtha y verifique y experimente su contenido de primera mano. En otras palabras, este aspecto singular de las enseñanzas permite que la filosofía, o los *conceptos de la realidad*, sean experimentados y se conviertan, en su lugar, en *sabiduría acerca de la naturaleza de la realidad*.

Esta cualidad en particular de las enseñanzas de Ramtha se asemeja a las iniciaciones en el conocimiento sagrado practicadas por las antiguas escuelas de misterio de Grecia, Egipto y el Medio Oriente, así como también las antiguas escuelas Gnósticas del Medio

Oriente y de Europa. Es importante notar que esta característica distingue a las enseñanzas de Ramtha de las escuelas filosóficas tradicionales del mundo occidental.

Lo que encontramos en la perspectiva occidental tradicional del conocimiento objetivo y la verdad es una suposición fundamental acerca de la persona humana y de la naturaleza de la realidad. El método científico limita su capacidad de conocimiento alcanzable a fenómenos que pueden ser observados y verificados mediante los sentidos del cuerpo físico. Cualquier cosa fuera de este ámbito es relegado al reino del mito y el folclor. En otras palabras, la naturaleza de la realidad y la persona humana no son otra cosa más que su naturaleza física y su aspecto material. El psicoanálisis de Sigmund Freud y el perfil de la psique humana son un ejemplo claro de esta tendencia.

El cuerpo físico y el mundo material, en el pensamiento de Ramtha, son solamente un aspecto del mundo real. De hecho, son solamente el producto y el efecto del mundo real constituido por la consciencia y la energía. La persona humana se describe de mejor manera como consciencia y energía que crean la naturaleza de la realidad; un creador, un ser divino. El mundo físico es solamente uno de siete niveles de expresión de consciencia y energía. Ramtha usa el concepto del Observador de la física cuántica para explicar su comprensión de la consciencia y la energía. También usa el concepto de Dios como creador y soberano para describir a la persona humana como consciencia y energía.

Puede ser fácil para mucha gente con diversos antecedentes culturales descartar inmediatamente las enseñanzas de Ramtha debido a la manera inusual en la que estas son transmitidas mediante la canalización, un término que él mismo acuñó cuando apareció por primera vez a finales de los setentas. Esta forma singular en la que Ramtha transmite sus enseñanzas no es de ninguna manera arbitraria ni superficial. Él ha señalado explícitamente las razones por las que utiliza ese formato y ha explicado que para poder entender su mensaje, es importante hacerse consciente de las raíces de nuestras ideas preconcebidas, prejuicios inconscientes y los moldes mediante los que normalmente percibimos, juzgamos y evaluamos la realidad.

Las técnicas de las enseñanzas de Ramtha frecuentemente intentan desafiar al individuo, así como también ofrecerle las herramientas para volverse consciente de esas ideas preconcebidas que moldean y establecen los filtros a través de los que normalmente percibimos la realidad. El propósito de esto es permitir, como resultado, el surgimiento de una perspectiva más amplia de la mente, lo que nos permitiría experimentar la realidad de una manera más significativa, ilimitada, consciente y extraordinaria. También nos proporciona un espectro más amplio de potencialidad para nuestra experiencia personal que el que estaba disponible previamente para nosotros por consecuencia de nuestros juicios.

Ramtha, al presentar su filosofía como el fruto de su propia verdad y experiencia personal, señala que él es la personificación de la filosofía, la representación viviente y la manifestación de sus enseñanzas. Ramtha explica consistentemente con sus enseñanzas cómo es que él puede afirmar con certeza que es un Dios inmortal, consciencia y energía, y que vivió como un ser humano hace 35.000 años en el continente de Lemuria desaparecido largo tiempo atrás, y que nunca murió. Ramtha describe cómo en esa vida él abordó las preguntas referentes a la existencia humana y el significado de la vida y que, a través de su propia observación, reflexión y contemplación, se iluminó y conquistó el mundo físico y la muerte. Él enseña que descubrió la manera de llevarse su cuerpo con él hasta un nivel mental en el cual su verdadera esencia como consciencia y energía pudiera permanecer totalmente consciente, ser completamente libre e ilimitado para experimentar cualquiera y todos los aspectos de la creación y continuar haciendo conocido lo desconocido. Ramtha se refiere a este proceso como su ascensión.

El hecho de que ya no esté limitado a su cuerpo físico permite que su consciencia y energía interactúen con el mundo físico en otras formas. Frecuentemente se refiere así mismo como el viento, por ejemplo, o la mañana o un extraño o un mendigo en la calle observando las civilizaciones ir y venir o como cualquier cosa que la consciencia se atreva a imaginar.

Ramtha usa el cuerpo de JZ Knight exclusivamente para canalizar y enseñar en persona. Un canal es diferente a un médium porque el canal no es el intermediario entre la consciencia que pasa a través de este y la audiencia. El canal no permanece en un estado alterado en trance mientras canaliza, sino que se sale del cuerpo por completo y permite que la consciencia que se manifiesta tenga la plena facultad sobre su cuerpo.

La elección de Ramtha de canalizar su mensaje a través de una mujer, en lugar de usar su propio cuerpo físico, es el poderoso mensaje que dice que Dios y la divinidad no son la prerrogativa sólo de los hombres, sino que las mujeres siempre han sido expresiones dignas de la divinidad, capaces de la genialidad y de ser Diosas realizadas. También reafirma que lo que importa no es idolatrar al mensajero o a un rostro o a una imagen, sino escuchar el mensaje en sí mismo. Declara también que nuestra verdadera esencia como seres humanos no está limitada al cuerpo físico o a un género específico. El fenómeno de la canalización, tal y como le sucede a JZ Knight, está profundamente conectado y se entiende de mejor manera de acuerdo a la visión de Ramtha de la naturaleza de la realidad. Por lo tanto, la prueba de la autenticidad de este fenómeno único también implicaría la validez y la verdad de las enseñanzas de Ramtha. Este es un punto importante a considerar porque la ciencia ha desarrollado pruebas y equipos que pueden escudriñar muy de cerca este fenómeno y estudiarlo desde un punto de vista fisiológico, neurológico y psicológico. Hoy en día existen técnicas científicas que descartan la posibilidad de fraude. JZ Knight es uno de los únicos canales —si no es que el único— que se ha abierto ella misma a tal escrutinio científico. Estos estudios científicos tuvieron lugar en el año 1996 cuando un distinguido panel de dieciocho eruditos —compuesto de científicos, psicólogos, sociólogos y expertos religiosos— estudiaron la escuela y a JZ Knight antes, durante y después de canalizar a Ramtha varias veces.

Se formó un equipo de investigadores compuesto de expertos de diversas instituciones, tales como el Seminario Teológico de Chicago, la Universidad de Temple, la Universidad Colgate, la Universidad de California, la Universidad de Oregón, el Instituto y Centro de Investigación Saybrook y el Instituto Birkbeck en la Universidad de Londres: el Dr. Basil Hiley, del Instituto Birkbeck en la Universidad de Londres; la Dra. Joscelyn Godwin, de la Universidad Colgate; el Dr. Robert L. Moore, del Seminario Teológico de Chicago; la Dra. Susan Jean Palmer, de la Universidad de Concordia, Quebec, Canadá; la Dra. Constance A. Jones, de la Unión Teológica de Graduados, Berkeley, California; el Dr. Joseph Bettis, del Grupo de Investigación del Noroeste; el Dr. Stanley Krippner, el Dr. Ian Wickramasekera, la Dra. Judy Wickramasekera y el Dr. Charles Winstead, III, del Instituto y Centro de Investigación Saybrook; el Dr. Franklin H. Littell y la Dra. Marcia Sachs Littell, de la Universidad de Temple; el Dr. J. Gordon Melton, el entonces Director del Instituto para el Estudio de las Religiones Americanas de la Universidad de California, Santa Bárbara; el Dr. Amit Goswami, de la Universidad de Oregón; la Dra. Gail M. Harley, Profesora de Estudios Religiosos de la Universidad del Sur de Florida, Tampa; Carroll Adam Cobbs, Licenciado en Ciencias y el Dr. Charles LeWarne, Profesor de Historia retirado de la

Universidad de Washington; y el Dr. John Simmons, de la Universidad de Western Illinois.

Después de conducir sus investigaciones científicas mediante el uso de pruebas psicológicas y médicas, la tecnología más reciente y el equipo disponible en aquel tiempo, ellos concluyeron que los resultados de los exámenes de las respuestas del sistema nervioso autónomo de JZ Knight fueron tan drásticos que descartaron categóricamente cualquier posibilidad de que fingiera conscientemente de esquizofrenia o de trastornos de personalidad múltiple.

—◇—

Ramtha inicia a sus estudiantes en el conocimiento para que puedan experimentar personalmente lo que aprenden y llevarlos de una mera teoría o filosofía a la sabiduría. Estas iniciaciones toman la forma de varias disciplinas diseñadas por él en las que los estudiantes tienen la oportunidad de participar en las enseñanzas. Ramtha se distingue de otros profesores en este aspecto. Él asume el papel de un Maestro Profesor y Hierofante, un profesor que tiene el poder de manifestar lo que dice y se propone, un profesor que está equipado para iniciar a sus estudiantes. Este es un aspecto importante de las enseñanzas que hace que la Escuela de Iluminación de Ramtha se asemeje al movimiento gnóstico y a las antiguas escuelas de misterio. No obstante, un análisis cercano de las enseñanzas de Ramtha demuestra una clara distinción en su forma y contenido a diferencia de lo que tradicionalmente se conoce como el Gnosticismo y la filosofía de las escuelas de misterio. Ramtha no se refiere a sus enseñanzas en esos términos. Más bien, él la denomina la Escuela de Iluminación de Ramtha: la Escuela de Antigua Sabiduría dedicada a la Gran Obra. La Gran Obra es la aplicación práctica de las enseñanzas de Ramtha en las que cada estudiante tiene la oportunidad de aplicar el conocimiento y convertirlo en una experiencia personal. Los estudiantes de la Gran Obra tienen la oportunidad, en este ambiente de las Escuelas de Misterio, de conocerse a sí mismos y de iluminarse.

Las enseñanzas de Ramtha cubren una vasta cantidad de temas y, sin embargo, todos ellos sirven para exponer los conceptos fundamentales de su propio sistema de pensamiento. En repetidas ocasiones ha enfatizado que la totalidad de su mensaje podría expresarse en la frase: «He aquí a Dios. Ustedes son Dioses». ¿Pero cómo debemos interpretar esta frase? Hay probablemente tantas definiciones del término Dios como lo hay personas sobre la Tierra. Para poder entender correctamente las enseñanzas de Ramtha, es crucial que nos volvamos conscientes tanto de nuestro propio concepto de Dios como de la manera en que se sostiene en contraste con la explicación y definición que Ramtha tiene de Dios y de la naturaleza de la realidad.

¿Cuál es la esencia de todas las cosas? ¿Cuál es su fuente? ¿Cuál es su naturaleza? ¿Cuál es su destino? La manera en que Ramtha responde estas preguntas empieza con su concepto del Vacío. El Vacío es la Fuente a partir de la cual surgió todo lo que existe. Él describe el Vacío como «una vasta nada materialmente y, sin embargo, todas las cosas potencialmente». En el Vacío no hay nada —ni movimiento ni acción. Muchos puntos de vista filosóficos para responder la pregunta de Dios, incluyendo las teologías de las religiones monoteístas, han concebido a Dios como un ser omnisapiente, infinito, absoluto, trascendental e inmutable. En el sistema de Ramtha, los atributos de lo absoluto, el infinito y la inmutabilidad son características del Vacío. El Vacío está autocontenido, es autosuficiente, está en un estado de reposo y sin necesidad. Aún cuando el Vacío se ve como una inmensidad que lo incluye todo, en su estado original no contiene el conocimiento de sí mismo, ya que el conocimiento es una acción.

El concepto de Dios como creador —«la primera causa» y «el motor inmóvil» que encontramos en la filosofía de Aristóteles y en la teología de Tomás de Aquino— es descrito por Ramtha en términos del Vacío contemplándose a sí mismo y conociéndose a sí mismo. Este acto de contemplación representa un movimiento único en el Vacío que produjo un punto de consciencia y saber interior de sí mismo. Se refiere a este punto de consciencia como el Punto Cero, el Observador, la consciencia primaria, consciencia y energía, y Dios. El Punto Cero contiene la intención primordial de hacer conocido y experimentar todo lo que es desconocido y en un estado de potencialidad dentro de la inmensidad del Vacío. Esta es la base de la evolución. El Vacío contemplándose a sí mismo es la Fuente y el origen de la persona humana. La frase de Ramtha «tú eres Dios» se refiere a la persona como el Observador, la personificación del Punto Cero, y la consciencia y energía creativas.

El Punto Cero cumplió con su naturaleza de hacer conocido lo desconocido y evolucionó al imitar el acto de contemplación del Vacío. Al hacerlo, el Punto Cero produjo un punto de referencia de la consciencia que sirvió como un espejo a través del cual podía hacerse consciente de sí mismo. Ramtha se refiere a esta consciencia reflejo como consciencia secundaria. El Punto Cero yace en el seno del Vacío y no tiene límites en cuanto a lo que puede saber. El reflejo entre el Punto Cero y la consciencia espejo es lo que produce un entorno, un plano tangible de existencia en el tiempo y el espacio. El Espíritu es el aspecto dinámico del Punto Cero. Es la voluntad o la intención que desea saber y experimentar lo desconocido. La exploración de los potenciales del Vacío por el Punto Cero y la consciencia reflejo es lo que produjo los siete niveles de consciencia y, por consecuencia, siete niveles de tiempo y espacio o frecuencia.

Esta travesía y acto de la creación bajando por los siete niveles de consciencia y energía se refieren a la travesía de la involución. La travesía de vuelta a Dios y el Vacío se denomina la travesía de la evolución. El alma es diferente al Espíritu. Ramtha habla del alma como el Libro de la Vida. El alma es la grabadora de todas las experiencias y la sabiduría obtenida en la travesía de la involución y la evolución.

El dilema del ser humano se expresa en términos del olvido, la amnesia, y la ignorancia de sus orígenes y destino. El viajero, o la consciencia reflejo, se identificó de tal manera a sí mismo con el plano más denso y más lento de existencia que olvidó su propia inmortalidad y divinidad. La humanidad se ha vuelto extraña para sí misma, para el Dios que vive dentro de nosotros y que somos nosotros, y ha buscado ayuda, significado y redención de una fuente externa. Al hacerlo, la humanidad niega su propia divinidad y excluye cualquier oportunidad de liberación de su condición presente.

Es importante notar que en las enseñanzas de Ramtha, el mundo material —el plano más denso de existencia— y el cuerpo físico nunca se les considera como algo malvado, indeseable o intrínsecamente malo. Una interpretación dualista de la realidad típica en las tradiciones gnósticas —enfatizando la lucha entre el bien y el mal, lo bueno y lo malo, la luz y la oscuridad, el Espíritu y la materia, el pecado y la rectitud— es intrínsecamente excluida en las enseñanzas de Ramtha. Lo que se convierte en una condición indeseable es permanecer en un estado de ignorancia y negación en cuanto a nuestra verdadera naturaleza y destino. Es absurdo defender nuestras limitaciones cuando nosotros mismos somos, como consciencia y energía, los que las creamos.

El sendero de la iluminación es la travesía de la evolución de vuelta al Punto Cero. Al lograr llevar a cabo esta tarea, la persona cumple con el mandamiento de hacer conocido lo desconocido y lleva al Vacío su experiencia para convertirla en sabiduría perenne.

Todas las disciplinas de la Gran Obra diseñadas y usadas por Ramtha para iniciar a sus estudiantes son modeladas de acuerdo, e imitan en cierta manera, al proceso del Vacío contemplándose a sí mismo, el cual dio a luz a la consciencia y energía, las que a su vez crean la naturaleza de la realidad.

En conclusión, los cuatro pilares de la filosofía de Ramtha son el concepto del Vacío, consciencia y energía que crean los siete niveles de la realidad, la frase «Tú eres Dios», y el mandamiento de hacer conocido lo desconocido y conquistarte a ti mismo. Hay muchas pistas de las enseñanzas de Ramtha que se pueden encontrar en las tradiciones antiguas, aunque en la mayoría de los casos lo único que queda son ecos distantes que apenas han sobrevivido el transcurso del tiempo y han perdido el contexto apropiado para su interpretación. Algunas de estas tradiciones son las filosofías de los antiguos egipcios y del faraón Akhenatón; Buda y la descripción de sí mismo como el Despierto; el entendimiento de Sócrates de la virtud y la inmortalidad del alma; el concepto de Platón de las formas universales; la vida y las enseñanzas de Yeshúa ben José; las obras de Tomás el Apóstol y su *Himno de la Perla*; el himno de la palabra divina en el evangelio según Juan; la vida y las enseñanzas de Apolonio de Tiana; Orígenes de Alejandría; Mani; Francisco de Asís; los místicos judíos y cristianos; el boceto de Juan de la Cruz de *La Ascensión del Monte Carmelo*, donde el ápice está colocado en la punta de la cabeza del cuerpo humano; las obras de arte de varios artistas como Miguel Ángel y Leonardo da Vinci; los escritos y las experiencias místicas de Teresa de Ávila; las obras de Fray Luis de León; los cátaros y los albigenses; los humanistas del movimiento del Renacimiento en Europa; los rosacruces; los maestros del Lejano Oriente, entre muchos otros.

Las enseñanzas de Ramtha ofrecen una perspectiva única a partir de la cual ver el misterio de la vida. Estas nos ofrecen un esbozo en el que las preguntas que han permanecido sin responder por la filosofía, la ciencia y la religión encuentran un nuevo significado. Estas enseñanzas pueden ampliar el alcance de la experiencia humana mucho más allá de los límites establecidos por la ciencia y las diferentes religiones del mundo hoy en día. Las enseñanzas de Ramtha no son una religión ni tampoco una interpretación filosófica de la realidad; son la verdad que fue obtenida y verificada por la experiencia de un miembro de la raza humana. En este sentido son el conocimiento de Ramtha, la ciencia y la sabiduría de Ramtha. Y ahora que el sendero ha sido transitado, las puertas están abiertas para todos aquellos que desean explorarlo y hacer su propia travesía hacia lo desconocido.

Jaime Leal-Anaya
Editor y Escritor, JZK Publishing

Material Fuente

Los capítulos de este libro fueron confeccionados a partir de varios eventos de Ramtha en vivo sobre el tema que se llevaron a cabo en el transcurso de varias décadas.

El *Capítulo I: La Rueda de la Reencarnación* se extrajo de Ramtha Dialogues® Cinta de audio 268, *The Plateau for Learning*, 7 de noviembre de 1989 y Ramtha Dialogues® Cinta de audio 336, *Only One Thing*, 19 de septiembre de 1996.

El *Capítulo II: El Arte del Desapego y el Amor Incondicional* se extrajo de Ramtha Dialogues® Cinta de audio 336, *Only One Thing*, 19 de septiembre de 1996.

El *Capítulo III: La Última Batalla Contra la Tiranía y la Esclavitud*, se extrajo de Ramtha Dialogues® Cinta de audio 302, *Update on Change*, 9 de enero de 1991.

El *Capítulo IV: Redefinir el Yo Como el Yo Espiritual* y el *Capítulo V: Tomar una Decisión que Perdure hasta la Eternidad* se extrajo de Ramtha Dialogues® CD-9703 y CD-9703.1, *Plane of Bliss I — On Earth As It Is In Heaven: Our Journey Through Life, Death, and Beyond*, 24-26 enero de 1997.

El *Capítulo VI: La Muerte y la Revelación de Nuestro Motivo Ulterior*, el *Capítulo VII: Cuando Te Amas Lo Suficiente* y *Conclusión: Vivir Como Seres Multidimensionales*, se extrajo de Ramtha Dialogues® CD-9716, *The Plane of Bliss II*, 8-10 agosto de 1997.

GLOSARIO SELECTO
DE TÉRMINOS Y DISCIPLINAS DE
RAMTHA

Para más información sobre las enseñanzas de Ramtha, sus disciplinas y técnicas de enfoque y transformación personal, favor de visitar o escribir a La Escuela de Iluminación de Ramtha, P.O. Box 1210, Yelm, WA 98597, E.U.A., www.ramtha.com. El libro de Ramtha: *Guía del Iniciado para Crear la Realidad* (Sin Límites, 2007), reúne las enseñanzas fundamentales e introductorias de Ramtha y su escuela.

Alma: Ramtha se refiere al alma como «el Libro de la Vida», en el que el viaje completo de la involución y la evolución del individuo se graba en forma de sabiduría.

Analógico: ser analógico significa vivir en el Ahora. Es el momento creativo y existe fuera del tiempo, el pasado y las emociones.

Arquería Analógica (Analogical Archery®): disciplina creada por Ramtha para que los estudiantes obtengan una respuesta inmediata de su capacidad para manifestar la realidad. A los estudiantes se les enseña a ampliar y refinar el poder de enfoque de la mente mientras tienen los ojos tapados.

Bandas, las: los dos conjuntos de siete frecuencias que rodean al cuerpo humano y lo mantienen integrado. Cada una de esas siete capas de frecuencia en cada banda corresponde a los siete sellos de los siete niveles de consciencia en el cuerpo humano. Las bandas son el campo áurico que hace posibles los procesos de la mente binaria y la mente analógica.

***C&E®* = *R*:** Consciencia y Energía crean la naturaleza de la realidad.

***C&E®*:** abreviatura de Consciencia & Energía®. Esta es la marca registrada de la disciplina fundamental que se enseña en la Escuela de Iluminación de Ramtha (RSE) empleada para la manifestación y para elevar la consciencia. Por medio de esta disciplina el estudiante aprende a crear un estado mental analógico, abrir los sellos superiores y crear la realidad desde el Vacío. El Retiro de Principiantes es el curso introductiorio de Consciencia y Energía (C&E®) en el cual los estudiantes principiantes aprenden las disciplinas y los conceptos fundamentales de las enseñanzas de Ramtha. Estas enseñanzas introductorias pueden encontrarse en el libro *Guía del Iniciado para Crear la Realidad* (Lugar: Sin Límites, 2007). Los estudiantes que deseen aprender las técnicas y disciplinas creadas por Ramtha pueden recibir esta instrucción personalmente en uno de los eventos que ofrece la Escuela de Ramtha.

***Caminata del Cristo*:** disciplina diseñada por Ramtha en la que el estudiante aprende a caminar con lentitud y plenamente consciente; aprende a manifestar la mente de un Cristo a cada paso que da.

***Caminata del Vecindario (Neighborhood Walk®)*:** disciplina creada por JZ Knight para elevar la consciencia y energía, modificando intencionalmente nuestra red neuronal y patrones de pensamiento preestablecidos que ya no deseamos tener, reemplazándolos con conexiones nuevas de nuestra elección.

Esta técnica se enseña exclusivamente en la Escuela de Iluminación de Ramtha.

Campo, el: Véase Trabajo de Campo (Fieldwork®).

Campo del Tanque (Tank Field): es el nombre que se le da al extenso terreno donde se encuentra el laberinto y que se utiliza para hacer la disciplina del Tanque. *Véase* **Tanque, el (The Tank®).**

Cerebro Amarillo: con este término Ramtha se refiere a la neocorteza, la morada del pensamiento emocional y analítico. La razón por la que se llama cerebro amarillo es porque el neocórtex fue coloreado de amarillo en el dibujo bidimensional original, en estilo de caricatura, que Ramtha usó en sus enseñanzas sobre la función del cerebro y sus procesos. Explicó que, en este dibujo en particular, los diferentes aspectos del cerebro están exagerados y resaltados con colores para facilitar su estudio y comprensión. Este dibujo específico se convirtió en una herramienta estándar que posteriormente utilizó en todas las enseñanzas relativas al cerebro.

Consciencia: el hijo que nació del Vacío cuando este se contempló a sí mismo. Es la estructura y esencia de todo ser. Todo lo que existe ha sido originado en la consciencia y manifestado exteriormente por su servidora, la energía. El flujo de consciencia alude al estado continuo de la mente de Dios.

Consciencia Cuerpo/Mente: consciencia que pertenece al plano físico y al cuerpo humano.

Consciencia Primaria: el Observador, el gran Yo, el Dios interior de la persona humana.

Consciencia Reflejo: cuando el Punto Cero imitó el acto de contemplación del Vacío, creó un reflejo de sí mismo, un punto de referencia que hizo posible la exploración del Vacío. Se le llama consciencia reflejo o consciencia secundaria. *Véase* **el Yo**.

Consciencia Secundaria: cuando el Punto Cero imitó el acto de contemplación del Vacío, creó un reflejo de sí mismo, un punto de referencia que hizo posible la exploración del Vacío. Se le llama consciencia reflejo o consciencia secundaria. *Véase* **el Yo**.

Consciencia Social: consciencia del segundo plano y de la banda de frecuencia del infrarrojo. También se le llama la imagen de la personalidad humana y la mente de los tres primeros sellos. La consciencia social se refiere a la consciencia colectiva de la sociedad humana. Es la colección de pensamientos, suposiciones, juicios, prejuicios, leyes, moralidad, valores, actitudes, ideales y emociones de la fraternidad de la raza humana.

Consciencia y Energía: consciencia y energía están combinadas de manera inextricable y son la fuerza dinámica de la creación. Todo lo que existe se origina en la consciencia y se manifiesta en la materia a través de la modulación del impacto de su energía.

Crea Tu Día (Create Your Day®): disciplina creada por Ramtha para elevar la consciencia y energía y crear intencionalmente un plan constructivo de experiencias y sucesos para el día, muy temprano por la mañana antes que comiencen las actividades de tu día. Esta técnica se enseña exclusivamente en la Escuela de Iluminación de Ramtha.

Cuarto Plano: el cuarto plano de existencia es el reino de la consciencia puente y la frecuencia ultravioleta. Se le define como el plano de Shiva: el destructor de lo viejo y creador de lo nuevo. En este plano la energía todavía no se ha divido en polaridad positiva y negativa. Todo cambio o curación permanente del cuerpo físico debe realizarse primero en el nivel del cuarto plano y el Cuerpo Azul (Blue Body®). A este plano se le llama también el Plano Azul o plano de Shiva.

Cuarto Sello: está asociado con la glándula del timo y con el amor incondicional. Cuando se activa este sello, se libera una hormona que mantiene al cuerpo en un perfecto estado de salud y detiene el proceso de envejecimiento.

Cuatro Sellos Superiores: el cuarto, quinto, sexto y séptimo sello.

Cuerpo Azul (Blue Body®): cuerpo correspondiente al cuarto plano de existencia, la consciencia puente y la banda de frecuencia ultravioleta. El Cuerpo Azul es el Señor que está por encima del cuerpo de luz y del plano físico.

Cuerpo Azul, Curación por el: disciplina creada por Ramtha. El estudiante eleva su consciencia despierta al nivel de consciencia del cuarto plano y del Cuerpo Azul con el fin de curar o modificar el cuerpo físico.

Cuerpo Azul, Danza del: disciplina creada por Ramtha. El estudiante eleva su consciencia despierta hasta el nivel de consciencia del cuarto plano. Esta disciplina permite el acceso al Cuerpo Azul y la apertura del cuarto sello.

Cuerpo de Luz: es lo mismo que el cuerpo radiante; es el cuerpo que corresponde al tercer plano, a la consciencia despierta y a la banda de frecuencia de la luz visible.

Cuerpo Dorado: cuerpo correspondiente al quinto plano, a la superconsciencia y a la frecuencia de los rayos X.

Cuerpo Emocional: colección de emociones pasadas, actitudes y patrones electroquímicos que componen la red neuronal del cerebro y que definen la personalidad humana de un individuo. Ramtha lo define como la seducción de quien no está iluminado. Es la causa de la reencarnación cíclica.

Dios: las enseñanzas de Ramtha son una exposición de la frase: «Tú eres Dios». La humanidad puede definirse como los «dioses olvidados», los seres divinos por naturaleza que han olvidado su herencia e identidad verdadera. Es precisamente esta declaración la que representa el desafiante mensaje de Ramtha a nuestra era moderna; una época plagada de supersticiones religiosas y de conceptos erróneos respecto a lo divino y el verdadero conocimiento de la sabiduría.

Dios Desconocido, el: el único Dios de los ancestros de Ramtha: los Lemurianos. El Dios Desconocido también representa la divinidad olvidada y el origen divino del ser humano.

Dios Interior: el Observador, el gran Yo, la consciencia primaria, el Espíritu, el Dios dentro de la persona humana.

Dios/Hombre: la realización plena de un ser humano.

Dios/Mujer: la realización plena de un ser humano.

Dioses: seres tecnológicamente avanzados provenientes de otros sistemas estelares que llegaron a la Tierra hace 455.000 años. Estos dioses manipularon genéticamente a la raza humana, modificando y mezclando nuestro ADN con el suyo. Son responsables de la evolución de la neocorteza y utilizaron a la raza humana como mano de obra esclava. Evidencia de estos sucesos ha quedado grabada en las tablas y artefactos sumerios. Este término se utiliza también para describir la verdadera identidad de la humanidad: los «dioses olvidados».

Disciplinas de la Gran Obra: la Escuela de Antigua Sabiduría de Ramtha está dedicada a la Gran Obra. Todas las disciplinas de la Gran Obra que se practican en la Escuela de Iluminación de Ramtha han sido diseñadas en su totalidad por Ramtha. Estas prácticas son iniciaciones poderosas en las que el estudiante tiene la oportunidad de aplicar y experimentar por sí mismo las enseñanzas de Ramtha.

Emociones: una emoción es el efecto físico y bioquímico de una experiencia. Las emociones pertenecen al pasado porque son la expresión de experiencias ya conocidas y fijadas en los mapas de las conexiones neuronales del cerebro.

Energía: la energía es el complemento de la consciencia. Toda consciencia lleva consigo un impacto dinámico de energía, una radiación o expresión natural de sí misma. Asimismo, todas las formas de energía contienen una consciencia que las define.

Enfoque de Vela (Candle Focus): Disciplina que enseña Ramtha para serenar la mente sensorial y analítica y alcanzar el estado de mente analógica.

Enviar y Recibir: disciplina que enseña Ramtha en la cual el estudiante aprende a obtener información usando las facultades del cerebro medio excluyendo la percepción sensorial. Esta disciplina desarrolla en el estudiante la capacidad psíquica de telepatía y adivinación.

Evolución: el viaje de regreso a casa, desde los niveles más bajos de frecuencia y la materia hasta los niveles más elevados de consciencia y Punto Cero.

Extraordinario («Outrageous»): Ramtha utiliza esta palabra para referirse a algo o alguien que está más allá de lo común, que es ilimitado y que posee gran audacia y bravura.

Fuerza Vital: el Padre/Madre, el Espíritu, el aliento de vida dentro de la persona; la plataforma desde la cual la persona crea sus ilusiones, sueños e imaginación.

Gran Obra, la: aplicación práctica de las enseñanzas de las Escuelas de Sabiduría Antigua. Alude a las disciplinas mediante las cuales la persona humana se ilumina y se transmuta en un ser divino e inmortal.

Hacer Conocido lo Desconocido: esta frase expresa el mandato prístino y divino que recibió la consciencia original: manifestar y hacer conscientes todos los potenciales infinitos del Vacío. Representa la intención primordial en la que se inspira el proceso dinámico de la creación y evolución.

Hierofante: maestro profesor capaz de manifestar aquello que enseña e iniciar a sus estudiantes en ese conocimiento.

Hiperconsciencia: consciencia correspondiente al sexto plano y a la frecuencia de los rayos gamma.

Iluminación: realización plena de la persona humana, la conquista de la inmortalidad y la mente ilimitada. Es el resultado de elevar la energía Kundalini desde la base de la columna vertebral hasta el séptimo sello, despertando las partes del cerebro que están en estado latente. Cuando la energía penetra en el cerebelo inferior y el cerebro medio y la mente subconsciente se abre, la persona experimenta un destello de luz cegadora llamado iluminación.

Infinito Desconocido: banda de frecuencia del séptimo plano de existencia y de la ultraconsciencia.

Involución: el viaje desde Punto Cero y el séptimo plano hasta los niveles de materia y frecuencia más bajos y densos.

JZ Knight: la única persona que Ramtha ha designado como su canal. Ramtha se refiere a JZ como «su amada hija». Ella fue Ramaya, la hija mayor de los niños que le fueron entregados a Ramtha durante su vida.

Kundalini: la energía Kundalini es la fuerza vital que durante la pubertad de la persona desciende desde los sellos superiores hasta la base de la columna vertebral. Es un gran paquete de energía que está reservado para la evolución humana y usualmente se representa como una serpiente enroscada en la base de la columna. Es diferente de la energía que emana de los tres primeros sellos y que es responsable de la sexualidad, del dolor y el sufrimiento, y del poder y el victimismo. Se le llama, generalmente, «la serpiente» o «el dragón durmiente» y el trayecto que realiza desde la base de la columna hasta la coronilla se llama el camino de la iluminación. Esto ocurre cuando la serpiente despierta y empieza a dividirse y a danzar alrededor de la columna vertebral, ionizando el líquido cefalorraquídeo y cambiando su estructura molecular. Como resultado de esto, se abren el cerebro medio y la puerta a la mente subconsciente.

Libro de la Vida, el: Ramtha se refiere al alma como «el Libro de la Vida» en el que se registra, en forma de sabiduría, el viaje completo de la involución y la evolución de cada individuo.

Lista, la: disciplina que enseña Ramtha, en la cual el estudiante escribe una lista de lo que quiere saber y experimentar, y aprende a enfocarse en ella en un estado analógico de consciencia. La Lista es el mapa que una persona usa para diseñar, cambiar y reprogramar su red neuronal. Es una herramienta que ayuda a la persona a producir cambios significativos y duraderos en sí misma y en su realidad.

Luz, la: tercer plano de existencia.

Mensajero («Runner»): en la vida de Ramtha, un mensajero era el responsable de entregar información o mensajes concretos. Un maestro profesor posee la capacidad de enviar «mensajeros» a otras personas para manifestar sus palabras o intenciones en forma de una experiencia o suceso.

Mente: el producto de la acción de los flujos de consciencia y energía en el cerebro que crea formas de pensamiento, segmentos holográficos o patrones neurosinápticos llamados memoria. Los flujos de consciencia y energía son lo que mantienen vivo al cerebro; son su fuente de poder. La capacidad de pensar de una persona es lo que la provee de una mente.

Mente Analógica: significa «una sola mente». Es el resultado de la alineación de la consciencia primaria y la consciencia secundaria, del Observador y la personalidad. En este estado mental se abren los sellos cuarto, quinto, sexto y séptimo y las bandas giran en dirección opuesta —como una rueda dentro de otra— creando un vórtice poderoso que permite que los pensamientos alojados en el lóbulo frontal se coagulen y manifiesten.

Mente Binaria: significa «dos mentes». Es la mente que se produce cuando se accede al conocimiento de la personalidad humana y el cuerpo físico, sin llegar al conocimiento de nuestra mente subconsciente. La mente binaria se basa únicamente en el conocimiento, la percepción y los procesos de pensamiento de la neocorteza y los tres primeros sellos. En este estado mental, los sellos cuarto, quinto, sexto y séptimo permanecen cerrados.

Mente de Dios: constituye la mente y la sabiduría de todas las formas de vida que existen, han existido y existirán en cualquier dimensión, tiempo, planeta, estrella o en alguna otra región del espacio.

Mente de Mono: la mente vacilante de la personalidad.

Mente Subconsciente: la mente subconsciente está ubicada en el cerebelo inferior o cerebro reptiliano. Esta parte del cerebro tiene, de manera independiente, sus propias conexiones con el lóbulo frontal y con la totalidad del cuerpo. Tiene el poder de acceder a la mente de Dios, a la sabiduría de las eras.

Red Neuronal: conjunto de neuronas que realizan una función determinada.

Observador: se refiere al observador responsable de colapsar la partícula/onda de la mecánica cuántica. Representa el gran Yo, el Espíritu, la consciencia primaria, el Dios que vive dentro del ser humano.

Pensamiento: el pensamiento es diferente de la consciencia. El cerebro procesa un flujo de consciencia modificándolo en segmentos —imágenes holográficas— de impresiones neurológicas, eléctricas y químicas llamadas pensamientos. Los pensamientos son los componentes básicos de la mente.

Personalidad, la: *véase* **Cuerpo Emocional.**

Personas, Lugares, Cosas, Tiempos y Sucesos: principales áreas de la experiencia humana a las que la personalidad está ligada emocionalmente. Representan el pasado de la persona y constituyen la gratificación del cuerpo emocional.

Plano de la Demostración: al plano físico se le llama también plano de la demostración, ya que en él la persona tiene la oportunidad de demostrar su potencial creativo en la materia y presenciar la consciencia como forma material a fin de expandir su entendimiento emocional.

Plano Sublime: plano de descanso donde las almas proyectan su próxima reencarnación luego de haber hecho el repaso de la vida. También se lo conoce como el Cielo o Paraíso, donde no hay sufrimiento, pena, necesidad ni carencia y donde todo lo que se desea se manifiesta inmediatamente.

Primer Plano: plano físico o material. Es el plano de la consciencia de la imagen y la frecuencia hertziana. Es la forma más baja y densa de consciencia y energía coaguladas.

Primer Sello: el primer sello está asociado con los órganos de reproducción, la sexualidad y la supervivencia.

Principio Madre/Padre: la fuente de toda la vida, el Padre, la Madre eterna, el Vacío. En las enseñanzas de Ramtha la Fuente y el Dios creador no son lo mismo. Al Dios creador se lo considera el Punto Cero y la consciencia primaria, y no la Fuente o el Vacío.

Proceso de Torsión (Torsion Process®): técnica creada por Ramtha para elevar la consciencia y la energía y crear intencionalmente un campo de torsión con la mente. Mediante esta técnica el estudiante aprende a formar un agujero de gusano a través del espacio/tiempo alterando la realidad y creando fenómenos dimensionales tales como invisibilidad, levitación, bilocación, teletransportación y otros. Esta técnica se enseña exclusivamente en la Escuela de Iluminación de Ramtha.

Proceso de Visualización Twilight (Twilight®): proceso empleado cuando se practica la disciplina de la Lista y sus variaciones.

Punto Cero: punto primigenio de consciencia creado por el Vacío mediante el acto de contemplarse a sí mismo. Punto Cero es el hijo original del Vacío, el nacimiento de la consciencia.

Quinto Plano: plano de existencia de la superconsciencia y de la frecuencia de los rayos X. También se le conoce como el Plano Dorado o paraíso.

Quinto Sello: centro en nuestro cuerpo espiritual que nos conecta con el quinto plano. Está asociado con la glándula tiroides, y con hablar y vivir la verdad sin dualidad.

Ram: abreviación del nombre Ramtha. Ramtha significa «el Padre».

Ramaya: Ramtha se refiere a JZ Knight como «su amada hija». Ella fue Ramaya, la primera que se convirtió en hija adoptiva de Ramtha durante su vida. Ramtha encontró a Ramaya abandonada en las estepas de Rusia. Mucha gente le entregó sus hijos a Ramtha durante la marcha como gesto de amor y el más alto respeto; estos niños crecerían en la Casa del Ram. Sus hijos llegaron a ser 133 en número, aunque él nunca tuvo hijos biológicos.

Ramtha (Etimología): el nombre Ramtha el Iluminado, Señor del Viento, significa «el Padre». También se refiere al Ram que descendió de la montaña en lo que se conoce como El Terrible día del Ram. «En toda la antigüedad se hace referencia a eso. Y en el antiguo Egipto había una avenida dedicada al Ram, el gran conquistador. Y eran lo suficientemente sabios como para saber que cualquiera que pudiera caminar por la avenida del Ram podría conquistar el viento». La palabra Aram, nombre del nieto de Noé, está formada por el nombre arameo Araa —tierra, continente— y la palabra Ramtha, que quiere decir «elevado». Este nombre semítico nos evoca el descenso de Ramtha desde la montaña, que inició la gran marcha.

Rejilla, la (The Grid®): técnica creada por Ramtha para elevar la consciencia y la energía e introducirse intencionalmente en el campo de la energía del Punto Cero y la estructura de la realidad mediante la visualización mental. Esta técnica se enseña exclusivamente en la Escuela de Iluminación de Ramtha.

Repaso de la Vida (o Revisión de la Luz): cuando una persona llega al tercer plano después de morir, realiza una revisión de la encarnación que acaba de dejar. La persona tiene la oportunidad de ser el observador, el ejecutor y el receptor de sus propias acciones. Todo lo que ha quedado sin resolver en esa vida y que sale a la luz en este repaso o revisión de la luz, establece el plan que ha de seguirse en la próxima encarnación.

Segundo Plano: plano de existencia de la consciencia social y de la banda de frecuencia del infrarrojo. Está asociado con el dolor y el sufrimiento. Este plano es el polo negativo del tercer plano de la frecuencia de la luz visible.

Segundo Sello: centro de energía correspondiente a la consciencia social y a la banda de frecuencia del infrarrojo. Está asociado con el dolor y el sufrimiento y se ubica en la zona inferior del abdomen.

Séptimo Plano: plano de la ultraconsciencia y de la banda de frecuencia del Infinito Desconocido. Es aquí donde comenzó el viaje de la involución. El séptimo plano fue creado por el Punto Cero al imitar el acto de contemplación del Vacío y, de este modo, se creó la consciencia secundaria o de reflejo. Entre dos puntos de consciencia existe un plano de existencia o dimensión de espacio y tiempo. Todos los otros planos se crearon a partir de reducir la velocidad del tiempo y frecuencia del séptimo plano.

Séptimo Sello: este sello está asociado con la coronilla, la glándula pituitaria y el alcance de la iluminación.

Sexto Plano: reino de la hiperconsciencia y la banda de frecuencia de los rayos gamma. En este plano se experimenta la consciencia de ser uno con la totalidad de la vida.

Sexto Sello: sello asociado con la glándula pineal y la banda de frecuencia de los rayos gamma. Cuando se activa este sello, se abre la formación reticular que filtra y mantiene velado el saber de la mente subconsciente. La apertura del cerebro alude a la apertura de este sello y a la activación de su consciencia y energía.

Shiva: el Señor Dios Shiva representa al Señor del Plano y el Cuerpo Azul. No se usa en referencia a la deidad particular del hinduismo. Es más bien la representación del estado de consciencia correspondiente al cuarto plano, a la banda de frecuencia ultravioleta y a la apertura del cuarto sello. Shiva no es hombre ni mujer, es un ser andrógino, ya que la energía del cuarto plano aún no se ha dividido en polaridad positiva y negativa. Esta es una diferencia importante en comparación con la tradición hindú, la cual representa a Shiva como una deidad masculina y con una esposa. La piel de tigre a sus pies, el tridente, y el sol y la luna al mismo nivel que su cabeza, simbolizan el dominio de este cuerpo sobre los tres primeros sellos de consciencia. La energía Kundalini está representada como una llamarada de energía que sube desde la base de la columna vertebral hasta la cabeza. Esta es otra diferencia con la tradición hindú, la cual a veces representa a la energía de la serpiente saliendo del cuerpo de Shiva a la altura del quinto sello o la garganta. Otra simbología en la imagen de Shiva son los largos mechones de cabello oscuro y los abundantes collares de perlas, que representan la riqueza de la experiencia convertida en sabiduría. El carcaj y el arco y las flechas son el instrumento con el cual Shiva dispara su voluntad poderosa, destruye la imperfección y crea lo nuevo.

Siete Niveles de Consciencia y Energía: Los siete niveles de consciencia y energía es el modelo de Ramtha de la realidad y explica nuestros orígenes y destino. Se representa gráficamente como una triada, con el séptimo nivel en la parte superior y el Punto Cero en el vértice. La consciencia y la energía están inextricablemente combinadas, y los siete niveles de consciencia se corresponden con los siete niveles del espectro electromagnético. También representan niveles de energía, frecuencia, densidad de la materia, espacio y tiempo. Los niveles o planos de consciencia y su energía del primero al séptimo son: 1. Subconsciencia y hertziano; 2. Consciencia social e infrarrojo; 3. Consciencia despierta y luz visible; 4. Consciencia puente y azul ultravioleta; 5. Superconsciencia y rayos X; 6. Hiperconsciencia y gamma; y 7. Ultraconsciencia e infinito desconocido.

Siete Sellos de Consciencia y Energía: poderosos centros de energía en el cuerpo humano que corresponden a siete niveles de consciencia. En relación con estos sellos, las bandas mantienen al cuerpo integrado y unido. De los tres primeros sellos o centros de todo ser humano pulsan espirales de energía. Esta energía que sale de los tres primeros sellos se manifiesta como sexualidad, dolor y poder, respectivamente. Cuando los sellos superiores se abren, se activa un nivel más elevado de consciencia.

Sueño Crepuscular/Estado de Vigilia (Twilight®): este término se usa para describir una disciplina enseñada por Ramtha en la cual los estudiantes aprenden a poner al cuerpo en un estado catatónico similar a un sueño profundo, pero reteniendo su consciencia consciente.

Superconsciencia: consciencia del quinto plano y de la banda de frecuencia de los rayos X.

Tahumo: disciplina enseñada por Ramtha en la cual el estudiante aprende la habilidad de dominar los efectos del entorno natural —frío y calor— en el cuerpo humano.

Tanque, el (The Tank®): nombre que se le da al laberinto usado como parte de las disciplinas de la Escuela de Iluminación de Ramtha. Con los ojos tapados, los estudiantes tienen que encontrar la entrada al laberinto y recorrerlo enfocándose en el Vacío, sin tocar las paredes y sin usar los ojos ni los sentidos. El objetivo de esta disciplina es encontrar, privados del sentido de la vista, el centro del laberinto o el lugar designado y representativo del Vacío.

Telarañas Azules: representan la estructura básica del cuerpo humano en un nivel sutil. Es la estructura invisible del esqueleto del reino físico que vibra en el nivel de la frecuencia ultravioleta.

Tercer Plano: plano de la consciencia despierta y de la banda de frecuencia de la luz visible. Se le conoce también como el Plano de la Luz y el plano mental. Cuando la energía del Plano Azul baja a esta banda de frecuencia, se divide en polos negativo y positivo; en este momento el alma se divide en dos originando el fenómeno de las almas gemelas.

Tercer Sello: centro de energía de la consciencia despierta y de la banda de frecuencia de la luz visible. Está asociado con el control, la tiranía, el victimismo y el poder. Está ubicado en la región del plexo solar.

Trabajo de Campo (Fieldwork®): una de las disciplinas fundamentales de la Escuela de Iluminación de Ramtha. Los estudiantes aprenden a crear el símbolo de algo que desean saber y experimentar y lo dibujan en una tarjeta blanca de papel. Estas tarjetas se colocan sobre las vallas que cercan un extenso campo, de manera que la cara en blanco es lo único que queda a la vista. Los estudiantes, con los ojos tapados, se enfocan en su símbolo y dejan que el cuerpo camine libremente hasta que llega a su tarjeta aplicando su enfoque y la ley de consciencia y energía y la mente analógica.

Tres Primeros Sellos: los sellos de la sexualidad, el dolor y el sufrimiento, y el poder controlador. Son los que normalmente están en funcionamiento en todas las complejidades del drama humano.

Ultraconsciencia: consciencia del séptimo plano y de la banda de frecuencia del Infinito Desconocido. Es la consciencia del maestro ascendido.

Vacío, el: el vacío se define como una vasta nada materialmente, sin embargo, todas las cosas potencialmente. *Véase* **Principio Madre/Padre**.

Yeshúa ben José (Yeshua ben Joseph): Ramtha se refiere a Jesucristo con el nombre de Yeshúa ben José, siguiendo la tradición judía de la época.

Yo, el: verdadera identidad de la persona humana, su aspecto trascendental diferente de su personalidad. Alude a la consciencia secundaria, el viajero en su travesía de involución y evolución haciendo conocido lo desconocido.

BIBLIOGRAFÍA

Fischer, Stefan. *Hieronymus Bosch: Complete Works.* Colonia, Alemania: Taschen, 2016 [hay trad. esp., *El Bosco. La Obra Completa.* Colonia, Alemania: Taschen, 2020].

Ramtha. *A Beginner's Guide to Creating Reality* [«Guía del Iniciado para Crear la Realidad»]. 3ª ed. Yelm: JZK Publishing, una división de JZK, Inc., 2004.

Ramtha. *A Master's Reflection on the History of Humanity.* Part II, *Rediscovering the Pearl of Ancient Wisdom* [«Reflexiones de un Maestro sobre la Historia de la Humanidad. Parte III, Redescubrimiento de las Perlas de la Antigua Sabiduría»]. Yelm: JZK Publishing, una división de JZK, Inc., 2017.

Ramtha. *The Brain — The Creator of Reality and a Lofty Life.* Rainier: Hun Nal Ye Publishing, 2014 [hay trad. esp., *El Cerebro — El Creador de la Realidad y de una Vida Sublime.* Rainier: Hun Nal Ye Publishing, 2015].

Ramtha. *Crossing the River.* Fireside Series, Vol. 2, No. 1. Yelm: JZK Publishing, una división de JZK, Inc., 2002 [hay trad. esp., *Cruzar el Río.* Barcelona: Correo del Ram S.L., 2005].

Ramtha. *Only One Thing* [«Solo Una Cosa»]. Cinta de audio ed. 336. Yelm: Ramtha Dialogues®, 1996.

Ramtha. *Plane of Bliss I — On Earth As It Is In Heaven: Our Journey Through Life, Death, and Beyond.* Edición CD-9703 y CD-9703.1. Yelm: Ramtha Dialogues, 1997. [hay trad. esp., *El Plano Sublime — Parte I.* CD-071 Yelm: Bel Shanai Productions, 2020].

Ramtha. *Plane of Bliss II.* Edición CD-9716. Yelm: Ramtha Dialogues®, 1997. [hay trad. esp., *El Plano Sublime — Parte II.* Yelm: Bel Shanai Productions, 2023].

Ramtha. *Revolution of the Spirit and Mammy, the Goddess of Genesis.* [«La Revolución del Espíritu y Mammy: la Diosa del Génesis»] Cinta de audio ed. 444. 10 de marzo de 2000. Yelm: Ramtha Dialogues®, 2000.

Ramtha, *Selected Stories III: Shambhala — Leaving No Footprints* [«Historias Selectas III: Shambhala — Sin Dejar Huellas»] Cinta de audio ed. *Specialty* 033. Yelm: Ramtha Dialogues®, 1989.

Ramtha. *The Plateau for Learning.* [«Las Bases para el Aprendizaje»] Cinta de audio ed. 268. Yelm: Ramtha Dialogues®, 1989.

Ramtha. *Update on Change* [«Actualización Sobre el Cambio»] Cinta de audio ed. 302. Yelm: Ramtha Dialogues®, 1991.

Reese, William L. *Dictionary of Philosophy and Religion: Eastern and Western Thought* [«Diccionario de Filosofía y Religión: Pensamiento de Oriente y Occidente»]. Edición ampliada. Nueva York: Humanity Books, 1999.

Wallis, E.A. *The Egyptian Book of the Dead; the Papyrus of Ani, Egyptian Text Transliteration and Translation.* [«El Libro de los

Muertos del Antiguo Egipto; el Papiro de Ani, Transliteración y Traducción el Texto Egipcio»]. Nueva York: Dover Publications, Inc., 1967.

Wasserman, James. *The Egyptian Book of the Dead: The Book of Going Forth by Day* [«El Libro de los Muertos del Antiguo Egipto: El Libro de la Marcha Diurna»]. San Francisco: Chronicle Books LLC, 2008.

William Shakespeare —Sonetos (Versión William Ospina). Edición Bilingüe. Barcelona: Navona, 2016.

ACERCA DE LA ESCUELA DE ILUMINACIÓN DE RAMTHA

La Escuela de Iluminación de Ramtha (RSE), creada por Ramtha el Iluminado, es una academia de la mente. Utilizando la sabiduría antigua y los más recientes descubrimientos de la neurociencia y la física cuántica, RSE ofrece retiros y talleres, y enseña a estudiantes de todas las edades y culturas cómo tener acceso a las extraordinarias facultades del cerebro para «Vivir una Vida Extraordinaria».

Ramtha es un Maestro Profesor legendario que conquistó su propia humanidad siglos atrás, y ha regresado en nuestra época actual para contar su historia y enseñarnos lo que aprendió. Él afirma que en su vida abordó los interrogantes sobre la existencia humana y el significado de la vida, y que a través de su propia observación, reflexión y contemplación alcanzó la iluminación y conquistó el mundo físico y la muerte. Su filosofía refleja la experiencia de su propia vida. Las enseñanzas de Ramtha no son una religión; nos brindan una perspectiva única desde la cual contemplar el misterio de la vida.

Las enseñanzas de Ramtha hacen hincapié en que cada individuo es responsable de su propia realidad, que nuestros pensamientos y actitudes afectan y crean nuestra vida, y que cambiando creativamente nuestros pensamientos, podemos cambiar intencionalmente nuestra vida. Ramtha canaliza su sabiduría a través del cuerpo de JZ Knight, quien comenzó a canalizar públicamente a Ramtha en 1979. RSE se fundó en 1988 en Yelm, Washington y desde entonces más de 100.000 personas provenientes de todo el mundo han asistido a los cursos de Ramtha.

JZ Knight es el único canal de Ramtha y es también autora de la exitosa autobiografía *Un estado mental: mi historia.* Los historiadores y expertos religiosos que han estudiado su vida y su obra llaman a JZ Knight el «Gran Canal de América», y la reconocen como uno de los líderes más carismáticos y atrayentes de la era moderna. JZ Knight es el único canal que ha elegido Ramtha para transmitir su mensaje. Durante las últimas cuatro décadas, Ramtha y JZ Knight han inspirado a audiencias de todo el mundo, combinando la sabiduría y el poder de la consciencia con los últimos descubrimientos de la ciencia. La sede de la escuela está situada en 30 hectáreas cubiertas de prados y frondosos bosques de altas coníferas. Grandes cedros y abetos embellecen la propiedad, donde reina la sensación de que no existe el tiempo. Los eventos se realizan en el Gran Salón, que tiene una capacidad de hasta mil estudiantes. RSE ofrece eventos traducidos a varios idiomas en Yelm, en sedes alrededor del mundo y transmitidos por Internet en www.ramtha.com. Para más información, favor de visitar www.ramtha.com.

«¿Cuál es la tarea del Maestro Profesor?
Brindar un conocimiento extraordinario, capaz de hacer que la mente humana
se plantee interrogantes que no son mundanos, sino que se aventuran en lo asombroso y lo inexplicable, pues al hacernos tales preguntas despertamos al Espíritu y a nuestra verdadera naturaleza espiritual».
«Puedes hacer cualquier cosa. La clave es el enfoque».
«Un día saldrán Cristos de esta escuela
y el mundo se regocijará, pues esa es la misión».

— *Ramtha*

Bel Shanai Publishing

Una Division de Bel Shanai Productions, LLC.

P.O. Box 1777

Yelm, Washington 98597

www.belshanai.com

info@belshanai.com

ANOTACIONES

Capítulo 1

[1] Ramtha. *Revolution of the Spirit and Mammy, the Goddess of Genesis.* [«La Revolución del Espíritu y Mammy: la Diosa del Génesis»] Cinta de audio ed. 444. 10 de marzo de 2000 (Yelm: Ramtha Dialogues®, 2000); también en Ramtha. *A Master's Reflection on the History of Humanity.* Part II, *Rediscovering the Pearl of Ancient Wisdom* [«Reflexiones de un Maestro sobre la Historia de la Humanidad. Parte III, Redescubrimiento de las Perlas de la Antigua Sabiduría»]. (Yelm: JZK Publishing, 2017).

[2] Ramtha. *The Plane of Bliss, Part II.* Edición CD-9716. 8-10 de agosto de 1997 [«El Plano Sublime, Parte II»] (Yelm: Ramtha Dialogues®).

[3] Consulte el Glosario para más información acerca de la disciplina de Ramtha de Consciencia y Energía (C&E®).

Capítulo 2

[4] La disciplina de Ramtha de Consciencia y Energía (C&E®). Ver el Glosario.

Capítulo 4

[5] Esta historia se encuentra en Ramtha, *Selected Stories III: Shambhala — Leaving No Footprints* [«Historias Selectas III: Shambhala — Sin Dejar Huellas»] Cinta de audio ed. *Specialty* 033 (Yelm: Ramtha Dialogues®, 1989).

Capítulo 5

[6] Ver Ramtha. *Crossing the River.* Fireside Series, Vol. 2, No. 1. Yelm: JZK Publishing, 2002 [hay trad. esp., *Cruzar el Río.* Barcelona: Correo del Ram S.L., 2005].

Capítulo 6

[7] Ver *Los Siete Sellos* y *Las Bandas* en el Glosario.

[8] Ver Ramtha. *A Beginner's Guide to Creating Reality* [«Guía del Iniciado para Crear la Realidad»]. 3ª ed. Yelm: JZK Publishing, una división de JZK, Inc., 2004.

[9] La diosa egipcia Nut. Su apariencia es la de una mujer cuyo cuerpo se arquea sobre el cielo, luciendo un vestido decorado con estrellas. Nut era la Diosa del Cielo, cuyo cuerpo creaba una bóveda o un pabellón sobre la Tierra. Era la hermana/esposa de Geb, el Dios de la Tierra. Era también la madre de Isis, Osiris, Neftis y Seth. Los antiguos egipcios creían que al final del día, Nut se tragaba a Ra, el Dios Sol, y lo daba a luz otra vez a la mañana siguiente. A la luz de las enseñanzas de Ramtha, la diosa Nut representa el lugar provisional donde el alma descansa y repasa su vida después de la muerte.

[10] Ver el *Papiro de Ani*, comúnmente conocido como *El Libro de los Muertos del antiguo Egipto*, donde el corazón del individuo se sopesa contra una pluma en el juicio después de la muerte.

Capítulo 7

[11] Consulte en el Glosario *La Lista* y *Sueño Crepuscular/Estado de vigilia (Twilight®)*.

[12] La creencia en la transmigración de las almas se conoce comúnmente como «metempsicosis»: el paso del alma, el espíritu o la personalidad a otro cuerpo después de la muerte, ya sea de la misma o de una diferente especie. Las raíces griegas de esta palabra son *meta* = cambio y *psique* = alma. Metempsicosis es otra palabra para reencarnación. Esta creencia se sostuvo ampliamente en todas las religiones de la antigua Grecia y Oriente.

Otros títulos de Ramtha publicados en Bel Shanai Publishing:

Libros

El Libro Blanco, Nueva Edición 2018 Corregida y Aumentada
El Último Vals de los Tiranos: La Redefinición del Yo

Próximamente:

El Libro Mágico: Ámate y Crea tu Vida
OVNIS y la Naturaleza de la Realidad: Preparación para el Contacto

Audiolibros

Acceso a un Nuevo Estado Días 1 y 2
Amanecer de Pascua
Animales, Música, Cristales y Criaturas Míticas
Aventuras en la Consciencia
Cultivando la Neurogénesis y la Neuroeconomía
Del Caos a Nuevas Realidades Partes 1 y 2
Dinero y Manifestación
El Amor y las Relaciones
El Asedio a la Ciudad de la Raza Azul
El Cerebro: El Gran Arquitecto
El Cuerpo Azul y los Reinos Irreales Partes 1 y 2
El Descubrimiento del Alma y el Libro de la Vida: La Re-formación
El Enigma del Tiempo y Tú
El Espejo Mágico del Vacío
El Holodeck: La Matriz y los Constructores Sagrados
El Juego de la Vida
El Poder de la Mente Partes 1 y 2
El Retorno del Guerrero
El Rito de Halloween
El Secreto de Cómo los Maestros se Convierten en Maestros

Más allá de los Límites de tu Credibilidad
Mi Vida en el Más Allá – JZ Knight
Recordando el Futuro
Recupera tu Poder
¿Sabías que tienes un Espíritu?
Visionarios: Artistas de las Probabilidades
Una Introducción a las Bandas de Energía, el Espectro de la Luz y
la Mente Analógica

Serie Alienígenas y Ovnis

Los Tiranos
Los Dioses, Nuestro Legado y el Planeta X

Serie El Plano Sublime

El Plano Sublime Parte 1 Día 1
El Plano Sublime Parte 1 Día 2

Próximamente:

El Plano Sublime Parte 1 Día 3
El Plano Sublime Parte 2 Día 1
El Plano Sublime Parte 2 Día 2

Serie Enseñanzas Navideñas

La Revolución Espiritual en la Temporada Navideña
La Sagrada Celebración de la Navidad
Una Navidad Mística

Serie Las Enseñanzas del Legado

Legado 1 La Proeza del Cerebro y la Partícula Omni
Legado 2 Anclado en la Omni

Bel Shanai Publishing

Una Division de Bel Shanai Productions, LLC.

P.O. Box 1777

Yelm, Washington 98597

www.belshanai.com

info@ belshanai.com